本书为国家社科青年项目基金"生态环境损害救济制度冲突与消解研究"（20CFX071）的阶段性研究成果

重大法学文库

中国环境公益诉讼制度构造研究

薛艳华 ◎ 著

中国社会科学出版社

图书在版编目(CIP)数据

中国环境公益诉讼制度构造研究 / 薛艳华著 . —北京：中国社会科学出版社，2021.4

（重大法学文库）

ISBN 978-7-5203-8131-4

Ⅰ.①中… Ⅱ.①薛… Ⅲ.①环境保护法—行政诉讼—司法制度—研究—中国 Ⅳ.①D925.304

中国版本图书馆 CIP 数据核字（2021）第 053636 号

出 版 人	赵剑英
责任编辑	梁剑琴
责任校对	杨　林
责任印制	郝美娜

出　　版	中国社会科学出版社
社　　址	北京鼓楼西大街甲 158 号
邮　　编	100720
网　　址	http://www.csspw.cn
发 行 部	010-84083685
门 市 部	010-84029450
经　　销	新华书店及其他书店

印刷装订	北京市十月印刷有限公司
版　　次	2021 年 4 月第 1 版
印　　次	2021 年 4 月第 1 次印刷

开　　本	710×1000　1/16
印　　张	14.75
插　　页	2
字　　数	250 千字
定　　价	88.00 元

凡购买中国社会科学出版社图书，如有质量问题请与本社营销中心联系调换
电话：010-84083683
版权所有　侵权必究

《重大法学文库》编委会

顾　问：陈德敏　陈忠林
主　任：黄锡生
副主任：靳文辉
成　员：陈伯礼　陈　锐　胡光志　黄锡生
　　　　靳文辉　刘西蓉　李晓秋　秦　鹏
　　　　王本存　吴如巧　宋宗宇　曾文革
　　　　张　舫　张晓蓓

出版寄语

《重大法学文库》是在重庆大学法学院恢复成立十周年之际隆重面世的，首批于 2012 年 6 月推出了 10 部著作，约请重庆大学出版社编辑发行。2015 年 6 月在追思纪念重庆大学法学院创建七十年时推出了第二批 12 部著作，约请法律出版社编辑发行。本次为第三批，推出了 20 本著作，约请中国社会科学出版社编辑发行。作为改革开放以来重庆大学法学教学及学科建设的亲历者，我应邀结合本丛书一、二批的作序感言，在此寄语表达对第三批丛书出版的祝贺和期许之意。

随着本套丛书的逐本翻开，蕴于文字中的法学研究思想花蕾徐徐展现在我们面前。它是近年来重庆大学法学学者治学的心血与奉献的累累成果之一。或许学界的评价会智者见智，但对我们而言，仍是辛勤劳作、潜心探求的学术结晶，依然值得珍视。

掩卷回眸，再次审视重大法学学科发展与水平提升的历程，油然而生的依然是"映日荷花别样红"的浓浓感怀。

1945 年抗日战争刚胜利之际，当时的国立重庆大学即成立了法学院。新中国成立之后的 1952 年院系调整期间，重庆大学法学院教师服从调配，成为创建西南政法学院的骨干师资力量。其后的 40 余年时间内，重庆大学法学专业和师资几乎为空白。

在 1976 年结束"文化大革命"并经过拨乱反正，国家进入了以经济建设为中心的改革开放新时期，我校于 1983 年在经济管理学科中首先开设了"经济法"课程，这成为我校法学学科的新发端。

1995 年，经学校筹备申请并获得教育部批准，重庆大学正式开设了经济法学本科专业并开始招生；1998 年教育部新颁布的专业目录将多个部门法学专业统一为"法学"本科专业名称至今。

1999年我校即申报"环境与资源保护法学"硕士点，并于2001年获准设立并招生，这是我校历史上第一个可以培养硕士的法学学科。

值得特别强调的是，在校领导班子正确决策和法学界同人大力支持下，经过校内法学专业教师们近三年的筹备，重庆大学于2002年6月16日恢复成立了法学院，并提出了立足校情求实开拓的近中期办院目标和发展规划。这为重庆大学法学学科奠定了坚实根基和发展土壤，具有我校法学学科建设的里程碑意义。

2005年，我校适应国家经济社会发展与生态文明建设的需求，积极申报"环境与资源保护法学"博士学位授权点，成功获得国务院学位委员会批准。为此成就了如下第一：西部十二个省区市中当批次唯一申报成功的法学博士点；西部十二个省区市中第一个环境资源法博士学科；重庆大学博士学科中首次有了法学门类。

正是有以上的学术积淀和基础，随着重庆大学"985工程"建设的推进，2010年我校获准设立法学一级学科博士点，除已设立的环境与资源保护法学二级学科外，随即逐步开始在法学理论、宪法与行政法学、刑法学、民商法学、经济法学、国际法学、刑事诉讼法学、知识产权法学、法律史学等二级学科领域持续培养博士研究生。

抚今追昔，近二十年来，重庆大学法学学者心无旁骛地潜心教书育人，脚踏实地地钻研探索、团结互助、艰辛创业的桩桩场景和教学科研的累累硕果，仍然历历在目。它正孕育形成重大法学人的治学精神与求学风气，鼓舞和感召着一代又一代莘莘学子坚定地向前跋涉，去创造更多的闪光业绩。

眺望未来，重庆大学法学学者正在中国全面推进依法治国的时代使命召唤下，投身其中，锐意改革，持续创新，用智慧和汗水谱写努力创建一流法学学科、一流法学院的辉煌乐章，为培养高素质法律法学人才，建设社会主义法治国家继续踏实奋斗和奉献。

随着岁月流逝，本套丛书的幽幽书香会逐渐淡去，但是它承载的重庆大学法学学者的思想结晶会持续发光、完善和拓展开去，化作中国法学前进路上又一轮坚固的铺路石。

陈德敏

2017年4月

目 录

引言 ……………………………………………………………… （1）
  一　问题提炼 ……………………………………………… （1）
  二　研究综述 ……………………………………………… （3）
  三　研究思路与方法 ……………………………………… （22）
  四　创新之处与局限 ……………………………………… （26）

第一章　我国环境公益诉讼制度的缘起、嬗变及现实问题 …… （29）
  第一节　我国环境公益诉讼的缘起 ……………………… （29）
    一　转型中的中国 ……………………………………… （30）
    二　转型中的中国环境问题 …………………………… （32）
    三　转型中的中国环境法治 …………………………… （34）
    四　转型背景下环境公益诉讼的提出 ………………… （37）
  第二节　我国环境公益诉讼的历史嬗变 ………………… （41）
    一　理论初探及其个别实践尝试（2005 年前） ……… （42）
    二　理论深探及政策指导下部分地区司法实践
      （2005—2012 年） …………………………………… （45）
    三　法律不断完善后环境公益诉讼的新发展
      （2013 年至今） ……………………………………… （50）
    四　环境公益诉讼的历史嬗变的归结 ………………… （54）
  第三节　我国环境公益诉讼制度的现实问题 …………… （59）
    一　现有环境公益诉讼制度困境反思 ………………… （59）
    二　我国环境公益诉讼制度构造的提出 ……………… （68）

第二章 环境公益诉讼制度构造的实证考察及其启示 …………（74）
第一节 统一式的环境公益诉讼模式 ………………………（74）
一 统一式的环境公益诉讼模式形成之历史考察 ………（75）
二 统一式的环境公益诉讼模式的特征 …………………（80）
第二节 单一式的环境行政公益诉讼模式 …………………（84）
一 单一式的环境行政公益诉讼模式形成之历史考察 …（84）
二 单一式的环境行政公益诉讼模式的特征 ……………（89）
第三节 二元并存式的环境公益诉讼模式 …………………（93）
一 二元并存式的环境公益诉讼模式形成的历史考察 …（93）
二 二元并存式的环境公益诉讼模式的特征 ……………（95）
第四节 环境公益诉讼制度构造选择的考量因素启示 ……（99）
一 环境公益诉讼产生背景 ………………………………（99）
二 司法制度及其变迁 ……………………………………（100）
三 环境公益诉讼制度所需承担的角色和功能 …………（102）

第三章 环境公益诉讼制度构造之中国选择 ……………………（104）
第一节 我国环境公益诉讼的特征及功能 …………………（104）
一 我国环境公益诉讼本质特征 …………………………（105）
二 环境公益诉讼的目的及功能 …………………………（114）
第二节 我国环境公益诉讼制度构造选择的考量因素 ……（120）
一 环境公益诉讼在我国的产生背景 ……………………（121）
二 我国的司法制度及传统 ………………………………（121）
三 环境公益诉讼在我国的功能与角色定位 ……………（123）
四 现实环境公益诉讼制度构造状况 ……………………（125）
第三节 我国环境公益诉讼二元构造之选择 ………………（126）
一 我国可供选择的环境公益诉讼制度构造 ……………（126）
二 对以环境民事公益诉讼为主模式的理性批判 ………（127）
三 以环境行政公益诉讼为主模式的提倡及缺陷分析 …（129）
四 我国应以二元并存环境公益诉讼制度构造为最优选择 …（131）

第四章 我国环境公益诉讼二元构造的制度构架 ………………（134）
第一节 环境公益诉讼二元构造的主要内容 ………………（134）
一 环境公益诉讼的基本类型 ……………………………（134）

二　不同原告主体在环境公益诉讼中的角色与序位……………（141）
　第二节　环境公益诉讼二元构造的制度完善……………………（150）
　　一　我国环境民事公益诉讼制度困境及完善……………………（150）
　　二　我国环境行政公益诉讼制度困境及完善……………………（158）
　第三节　环境民事公益诉讼与环境行政公益诉讼之关系………（167）
　　一　环境民事公益诉讼与环境行政公益诉讼的区分……………（167）
　　二　环境民事公益诉讼与环境行政公益诉讼的衔接……………（170）

第五章　我国环境公益诉讼二元构造的相关制度衔接……………（172）
　第一节　我国环境公益诉讼与环境行政执法的制度衔接………（172）
　　一　环境公益诉讼与环境行政执法之制度定位…………………（173）
　　二　环境公益诉讼与环境行政执法之制度衔接…………………（178）
　第二节　我国环境公益诉讼与环境私益诉讼的制度衔接………（190）
　　一　环境公益诉讼与环境私益诉讼的区分标准…………………（190）
　　二　环境民事公益诉讼与环境民事私益诉讼的功能
　　　　区分及相互衔接…………………………………………………（193）
　　三　环境行政公益诉讼与环境行政私益诉讼的功能
　　　　区分及相互衔接…………………………………………………（197）

结语………………………………………………………………………（203）

参考文献…………………………………………………………………（207）

后记………………………………………………………………………（226）

引 言

一 问题提炼

伴随着我国环境公益诉讼制度立法的不断完善，尤其是近年来环境行政公益诉讼立法得以发展，环境公益诉讼制度内容更加丰富庞杂。2013年12月修正的《海洋环境保护法》第90条间接规定了行使海洋环境监督管理权的部门可以代表国家对污染责任者提出环境民事公益诉讼；2014年4月修订的《环境保护法》第58条规定符合特定条件的社会组织可以向人民法院提起环境民事公益诉讼；2015年1月最高人民法院颁布的《关于审理环境民事公益诉讼案件适用法律若干问题的解释》对环境民事公益诉讼的原告主体资格、跨行政区域管辖、减轻诉讼费用负担等一系列问题作了规定；2015年12月16日最高人民检察院发布的《人民检察院提起公益诉讼试点工作实施办法》及2016年2月25日最高人民法院发布的《人民法院审理人民检察院提起公益诉讼试点工作的实施办法》则规定人民检察院对"污染环境……损害社会公共利益的行为"可提起环境民事公益诉讼；2018年3月最高人民法院与最高人民检察院联合发布了《关于检察公益诉讼案件适用法律若干问题的解释》对于人民检察院提起环境民事公益诉讼的具体规则予以翔实规定。至此，我国建立起了以社会组织、行政机关、检察机关三种不同主体提起环境民事公益诉讼的制度格局。那么如何实现环境民事公益诉讼制度优化，则需要对各种诉讼主体提起环境民事公益诉讼的功能定位和相互关系深入研究。

自2014年10月《中共中央关于全面推进依法治国若干重大问题的决定》提出探索建立检察机关提起环境公益诉讼制度后，十二届全国人大常委会第十五次会议于2015年7月1日通过了《关于授权最高人民检察院在部分地区开展公益诉讼试点工作的决定》。2017年6月27日全国人民代表大会常务委员会作出关于修改《行政诉讼法》的决定，对第25条增加一款①，明确规定了检察机关可提起行政公益诉讼。至此，我国正式建立起检察机关提起环境行政公益诉讼制度。不可否认，赋予检察机关环境行政公益诉权，在监督行政机关环境权力、保护生态环境、遏制环境违法行为、维护环境公共利益等方面发挥着重要的作用。但是，对于检察机关提起环境行政公益诉讼目前尚处于摸索阶段，其理论构建准备并不充分，在制度构建具体规则与细节方面仍存在诸多问题。在此背景下，环境民事公益诉讼与环境行政公益诉讼两大公益诉讼类型的整体性功能设计、诉讼规则与相互衔接是否科学合理则成为亟待解决的一大问题。

与此同时，近年来环境公益诉讼在我国司法实践中亦成为一道亮丽的风景线。从2014年的"泰州天价赔偿案"到2015年的"康菲溢油重大事故案"再到2016年的"常州毒地案"，在社会上都引起了广泛关注与影响，是我国环境司法不断前行的一个缩影。透过这些案件的受理，更多反映出我国环境公益诉讼实践不断推进过程中存在诸多弊端，同时也凸显我国环境公益诉讼制度理论准备不充分的现实。诸如"在'常州毒地案'中，案件诉讼开始前常州市新北区政府就对涉案地块开展环境污染应急措施及环境修复工作"②。"案涉地块土壤和地下水对外界环境的威胁已经得到初步控制"③ 的情况下，是否还能提起环境公益诉讼？也即，行政监督管理机关已采取相应环境污染预防与治理措施，依法履行行政职责发挥生态环境损害④救济功能时，是否有必要提起环境公益诉讼或通过对诉讼请

---

① 该款规定为"人民检察院在履行职责中发现生态环境和资源保护、食品药品安全、国有财产保护、国有土地使用权出让等领域负有监督管理职责的行政机关违法行使职权或者不作为，致使国家利益或者社会公共利益受到侵害的，应当向行政机关提出检察建议，督促其依法履行职责。行政机关不依法履行职责的，人民检察院依法向人民法院提起诉讼"。

② 李超、恽奎照：《"常州毒地"环境公益诉讼一审宣判——自然之友等环保组织败诉》，《中国青年报》2017年1月7日第1版。

③ 罗丽：《我国环境公益诉讼制度的构建问题与解决对策》，《中国法学》2017年第3期。

④ 本书所指的"生态环境损害"，是指因环境污染或生态破坏行为所导致的生态环境本身功能之减损，即生态本身的损害，而不包括以环境为介质所导致的个体人身、财产等民事权益之损失。有关生态损害相关概念的界定，参见徐祥民、刘卫先《环境损害：环境法学的逻辑起点》，《现代法学》2010年第4期；柯坚《环境法的生态实践理性原理》，中国社会科学出版社2012年版，第218页。

求的支持以实现司法救济？申言之，对于生态环境损害救济，当环境行政救济与环境司法救济均可实现时，应该如何协调二者之关系？

上述诸多问题实质上折射出我国环境公益诉讼缺乏高瞻远瞩的整体性构架和严丝合缝的衔接制度，更深层次的原因在于忽视了其宏观性、本源性中的一个基础性问题，即环境公益诉讼制度构造问题。该问题是在我国环境公益诉讼制度取得实质性进展前提下，对实践中出现问题的理论反思与经验总结，既是近年来环境公益诉讼快速发展下面临的一个关键性问题，也是重要的基础性理论。由于环境公益诉讼基础理论中关于对制度构造研究不足，本书试图以我国环境公益诉讼制度构造为视角，通过对环境公益诉讼制度构造的因素进行考察及理论分析，提炼出关键性的主要因素，并结合我国的实际情况分析与讨论我国环境公益诉讼制度构造设计。

二 研究综述

环境公益诉讼制度发端于美国，在美国称为"环境公民诉讼"（Environmental Citizen Suit），最早创设于1970年《清洁空气法》（Clean Air Act）。作为一种所谓的"私人执法"[①]（Private Enforcement）的理论产物，是美国环境治理的重要手段之一，在保护生态环境、保障环境与资源法实施方面发挥着积极作用，被证明是行之有效的制度工具，并为世界多国所借鉴，我国也不例外。[②] 2002年实务部门率先发表《市民状告青岛规划局行政许可案——兼论我国建立公益诉讼制度的必要性与可行性》一文，以案说理方式呼吁我国建立公益诉讼。[③] 随即2003年有学者首次以"环境公益诉讼"为题发表论文，指出"传统诉讼法理论下原告须有直接利害关系，公民无法通过司法手段来维护环境公共利益。但随着环境公益诉讼

[①] 法的执行一般有两种基本方式：一种是公共执法（Public Enforcement），是指政府公务人员，如检察官、行政规制人员、警察对违法行为进行调查，并对违法者进行惩罚或提起诉讼。另一种是私人执法（Private Enforcement），是指由个人或企业调查违法行为，缉拿违法者或提起诉讼。参见李波《公共执法与私人执法的比较经济研究》，北京大学出版社2008年版，第1页。

[②] 20世纪70—80年代在美国联邦环境法律的立法浪潮中，绝大多数法律都包含了公民诉讼条款。参见薛艳华《美国环境公民诉讼制度对我国的启示——以环境民事公益诉讼为视角》，《科技与法律》2012年第6期。

[③] 姜培永：《市民状告青岛规划局行政许可案——兼论我国建立公益诉讼制度的必要性与可行性》，《山东审判》2002年第1期。

制度的产生，突破了诉讼法仅限于私人利益的狭隘性，更是超越了传统诉讼法律制度"①。2003—2004 年专家学者们对环境公益诉讼的理论基础与制度构建提出诸多建议，如史玉成认为："环境权是提起环境诉讼、维护环境公共利益的权利基础，在某种意义上是一种社会性权利。提议从对原告资格的适度放宽、举证责任的合理配置、诉讼途径之拓展、诉讼费用公平负担等方面构建环境公益诉讼制度。"② 2005 年 12 月，国务院发布了《关于落实科学发展观加强环境保护的决定》，明确了"推动环境公益诉讼"，标志着我国政策层面上对于环境公益诉讼的认同及其法律制度建设的启动。随后，学界对于环境公益诉讼的研究也逐渐深入与系统化。概言之，对于环境公益诉讼的研究主要集中在以下几方面：

（一）环境公益诉讼的基础理论篇

1. 环境公益诉讼的概念界定及其类型化

对于环境公益诉讼的概念，目前大部分学者观点认为环境公益诉讼是纯粹以保护环境公共利益为目的，将主观上维护自身利益的而客观上造成对环境公共利益保护的环境诉讼类型排除在外。在此共识下，我国环境公益诉讼概念之争，主要存在广、中、狭三种代表性观点。第一种观点以别涛为代表，认为"为保护公共环境利益，制止危害环境的行为，对破坏、污染生态环境的企业进行诉讼，即属环境公益诉讼。根据原告的不同加以划分为普通环境公益诉讼与环境公诉两大类型，从而使环境公益诉讼的范畴囊括了民、行、刑三大诉讼领域"③。此属广义之观点，即认为环境公益诉讼应包含三大诉讼内容。在此需要说明的是，对于诉讼类型的划分学者们的观点存在一定的差异性，如詹建红认为"环境公益诉讼的整体类型化应当分为环境行政公益诉讼、环境民事公益诉讼和环境公益宪法诉讼"④。第二种观点以邓一峰为代表，认为"环境公益诉讼是指公民、社会团体和其他组织针对行政机关、企事业单位或其他组织及个人产生致使环境受到或可能受到污染和破坏的不当行为或违法行为，为维护环境公共

---

① 张明华：《环境公益诉讼制度刍议》，《法学论坛》2003 年第 6 期。
② 史玉成：《环境公益诉讼制度构建若干问题探析》，《现代法学》2004 年第 3 期。
③ 参见别涛《中国环境公益诉讼的立法建议》，《中国地质大学学报》（社会科学版）2006 年第 6 期；何国萍《环境公益诉讼的理论解读与制度创新》，《甘肃政法学院学报》2008 年第 5 期。
④ 詹建红：《论环境公益诉讼形态的类型化演进》，《河北法学》2006 年第 8 期。

利益免受损害而依照法律提起诉讼的制度,其特征包括诉权放宽、适格主体的扩展、公益性目的、预防性功能"①。该中义观点实质上认为环境公益诉讼只包含环境民事公益诉讼与环境行政公益诉讼两大类型。第三种观点以吕忠梅为代表,她质疑了环境公益诉讼中义观点的二分法,认为"将环境民事公益诉讼和环境行政公益诉讼作为环境公益诉讼的划分类型不够准确,所谓环境公益诉讼是指国家以排除环境危害和赔偿环境损害所带来或可能带来的环境损害为基本诉求,主要通过追究环境污染或破坏责任人的民事责任来实现对环境社会利益的保护和救济的一种专门诉讼"②。此狭义之观点,认为环境公益诉讼属于与传统三大诉讼类型并列的新型诉讼类型,尤其着重于其民事诉求。

2. 环境公益诉讼的理论基础及其功能

鉴于环境公益诉讼属舶来品,因此国内对其理论基础探究借鉴了域外又加以本土化,具体主要存在四种理论:"公共信托"(Public Trust)理论、"私人检察总长"(Private Attorney General)理论、公众参与理论和环境权理论。"公共信托"理论最早可追溯至罗马私法,其经典论述是以美国 Sax 教授为代表,他认为阳光、水、野生动植物等环境要素是全体公众的共有财产;共有人为了管理这些共有财产,而将其委托给国家,由此建立起信托关系,公众是委托人,国家是受托人;作为受托人的国家有责任为公众的利益对作为受托财产的环境要素加以保护和管理。③"公共信托"理论经过普通法到制定法发展历程,成为美国自然资源开发利用和保护相关的公民诉讼的理论基础。

"私人检察总长"理论是指"对于行政违法行为,联邦国会可以根据宪法的规定,授予检察总长、其他公务员、非公务员的个人或组织提起诉讼的权利"④。它来源于美国的司法判例,亦是美国环境公民诉讼的理论来源之一。以美国 Jordan 教授为代表,其经典论述为:在政府不保护公共利益的情况下站出来保护公共利益的个人。由于资源有限,并且受到政治

---

① 邓一峰:《环境诉讼制度研究》,中国法制出版社 2008 年版,第 67—89 页。
② 吕忠梅:《环境公益诉讼辨析》,《法商研究》2008 年第 6 期。
③ See Joseph L. Sax, "The Public Trust Doctrine in Natural Resources Law: Effective Judicial Intervention", *Michigan Law Review*, Vol. 68, No. 3, March 1970, p. 471.
④ 陈冬:《美国环境公民诉讼的理论基础之探析》,《郑州大学学报》(哲学社会科学版) 2005 年第 6 期。

原因的左右,政府的"检察总长"以及其他政府机构不能也不会落实所有法律的执行,由此产生的结果就是"很多制定法的执行责任就依赖于个体公民,就违法行为向法院提起诉讼"。①

公众参与理论则是对公众参与原则②的理论化延伸,之所以能够成为环境公益制度的理论基石在于"公众参与理论"中的公众享有环境司法救济权。美国最先将公众参与作为环境公民诉讼的理论基础源于1970年的《清洁水法》。随后几乎所有的环境法都明确规定了"公众参与"的形式与程序,包括依法提起公民诉讼。反观国内早期对公众参与原则的定义,如有学者认为"生态环境的保护和自然资源的合理开发利用必须依靠社会公众的广泛参与,公众有权参与解决生态问题的决策过程,参与环境管理并对环境管理部门以及单位、个人与生态环境有关的行为进行监督"③,并未将公众参与作为"法的执行"与司法救济手段。直至2014年修订的《环境保护法》第一次明确规定了公众参与权,该法第53条规定"公民、法人和其他组织依法享有获取环境信息、参与和监督环境保护的权利"。换言之,我国的环境基本法规定了环境公众参与权的三大基本权能即环境信息获取权、环境参与权以及环境监督权。根据"无救济即无权

---

① See Scott J. Jordan, "Awarding Attorney's Fees to Environmental Plaintiffs under a Private Attorney General Theory", *Boston College Environmental Affairs Law Review*, Vol. 14, No. 2, April 1987, p. 287.

② 公众参与经历了1948年《世界人权宣言》(Universal Declaration of Human Rights)、1996年《公民权利和政治权利国际公约》(International Covenant on Civil and Political Rights),正式成为国际法的一项权利。1972年被联合国《人类环境宣言》(Declaration of the United Nations on the Human Environment)作为一项环境目标,正式引入国际环境法。1982年联合国大会通过《世界自然宪章》(World Charter for Nature),第一次明确规定公众参与环境事务,并且应当享有司法救济权。1992年里约热内卢联合国环境与发展大会上通过的《里约宣言》(The Rio Declarration on Environment and Development)确定其为国际环境法的基本原则,并规定了公众参与的基本权利内容,包括了信息知情权、决策参与权以及司法救济权。1998年欧盟委员会制定了《环境信息知情、公众参与决策以及司法救济公约》(Conventions on Access to Information, Public Participation in Decision-making and Access to Justic in Envirenmental Matters),简称《奥胡斯公约》(Arhus Conventions),进一步明确了信息知情权、决策参与权以及司法救济权。现今公众参与原则已成为环境法学界所公认的少数环境法基本原则之一。参见张辉《美国环境法研究》,中国民主法制出版社2015年版,第433—435页。

③ 曹明德:《生态法原理》,人民出版社2002年版,第224页。

利"的基本法理,环境公众参与权需有相应的司法救济路径。于是,《环境保护法》第五章"环境信息公开和公众参与"第58条①引入了环境公益诉讼制度。由此观之,公众参与理论之所以成为环境公益诉讼的理论基础在于:公众参与理论中公众所享有的环境司法救济权构成了"环境公益诉讼"的法律依据。②

环境权理论是不是国外尤其是美国的环境公民诉讼的理论基础,对此存在争议,如陈冬认为环境权理论是美国环境公民诉讼制度的理论基础之一,并主要存在于州层面的。③ 对此,有学者提出质疑意见,认为"美国属于典型的'方便法学',较少探讨何种法律主体享有何种法律权利以及司法实践该如何保障法律主体的法律权利,这就使得'环境权'在美国难有足够的伸展空间,亦不被主流法学所接纳。仅有非主流、个别的理论作为公民诉讼存在合理性过于牵强"④。在国内,学者们对于环境权研究却如火如荼。对其属性认定一般分为两大类:单一性质说和多重性质说。⑤ 前者包括财产权说、人格权说、人类权说、社会权说、新型民事权利说、产权说等观点。⑥ 后者如有学者认为环境权是一种生态权利、经济性权利和精神性权利三性一体的新型权利,其内容包括程序性权利和实体性权利。⑦ 有学者认为环境权不仅是人权和普通权利的复合,而且是接受权和行为权的复合。与此同时,他还提出当下中国环境立法应当确认公民的环境救济权,检察机关的环境公诉权和非政府环境组织请求行政救济和

---

① 《环境保护法》第58条规定:"对污染环境、破坏生态,损害社会公共利益的行为,符合下列条件的社会组织可以向人民法院提起诉讼:(一)依法在设区的市级以上人民政府民政部门登记;(二)专门从事环境保护公益活动连续五年以上且无违法记录。符合前款规定的社会组织向人民法院提起诉讼,人民法院应当依法受理。提起诉讼的社会组织不得通过诉讼牟取经济利益。"

② 张辉:《美国环境法研究》,中国民主法制出版社2015年版,第441—442页。

③ 陈冬:《美国环境公民诉讼的理论基础之探析》,《郑州大学学报》(哲学社会科学版)2005年第6期。

④ 张辉:《美国环境法研究》,中国民主法制出版社2015年版,第432—433页。

⑤ 陈海嵩:《解释论视角下的环境法研究》,法律出版社2016年版,第72页。

⑥ 具体内容可参见吕忠梅《论公民环境权》,《法学研究》1995年第2期;周训芳《环境权论》,法律出版社2003年版,第116—117页。

⑦ 吴国贵:《环境权的概念、属性——张力维度的探讨》,《法律科学》(西北政法大学学报)2003年第4期。

诉诸司法的权利。[①]还有学者认为"环境权是维护公众环境利益的法律基础和依据；环境公益诉讼是因侵犯环境权而引起的诉讼，是对受到侵犯的环境权进行救济的主要途径；公民为了维护其环境权而提起环境公益诉讼，就是为了保护作为公众共用物的环境而提起诉讼"[②]。由此观之，环境权理论的提出为环境公益诉讼的存在提供有力的权益基础，成为我国环境公益诉讼的重要理论来源之一。

关于环境公益诉讼的功能定位，学者们亦存在不同的阐释。第一种论述为"多元功能说"，即环境公益诉讼既具备传统诉讼的一般性功能，又具有环境公益诉讼的特殊性功能。如陈虹认为"环境公益诉讼的功能包括执行法律、补充政府执法、促使政府守法、适用与解释法律并生成新的权利、形成环境公共政策、促成社会变革等"[③]。陈亮认为"环境公益诉讼的定位应包括督促环境行政机关勤勉执法；促进环境决策理性化；为公民参与环境决策提供制度内渠道；减少环保自力救济，促进社会和谐发展。其中，督促环境行政机关勤勉执法是最重要的功能"[④]。第二种论述为"二元功能说"，即依据环境公益诉讼类型的"二分法"将其功能定位为两方面。如邓一峰认为"环境公益诉讼作为维护环境公共利益的手段，能够切实实现公民环境权益；作为环境民主的手段，能够切实保障公民参与到环境民主和法制建设中来"[⑤]。张晏则认为"环境公益诉讼是由与诉争案件没有直接利害关系的原告出于保护环境公益的目的所提出的客观诉讼，实质是多元主体共同参与形成的一种利益平衡与协作共治机制，目的是寻求公众在法律执行中的参与，核心功能在于补充与监督行政执法"[⑥]。第三种论述为"一元功能说"，即对二元类型划分持否定态度，其主张应增强对环境监管部门的监管职能之功能。如黄锡生等认为"环境公益诉讼并非通过与环境行政监管者的结盟为环境行政监管补强，而是通过'监管

[①] 王小钢：《揭开环境权的面纱：环境权的复合性》，《东南学术》2007年第3期。
[②] 蔡守秋：《从环境权到国家环境保护义务和环境公益诉讼》，《现代法学》2013年第6期。
[③] 陈虹：《环境公益诉讼功能研究》，《法商研究》2009年第1期。
[④] 陈亮：《环境公益诉讼研究》，法律出版社2015年版，第254页。
[⑤] 邓一峰：《环境诉讼制度研究》，中国法制出版社2008年版，第67页。
[⑥] 张晏：《环境公益诉讼的法律适用——基于对环境公益诉讼功能定位的思考》，《南京工业大学学报》（社会科学版）2016年第4期。

(二) 环境公益诉讼的构成要素篇

1. 环境公益诉讼的原告

在早期的研究中，有学者主张扩大环境公益诉讼的原告资格，如郭英华等从理论和司法实践两方面分析了在我国扩大原告资格的依据，将直接受害人、社会一般公众、社会组织、检察机关和后代人列为环境公益诉讼的适格原告。[2] 此外，戴德军增列了环境行政机关作为环境公益诉讼原告。[3] 随后，部分学者主张在对环境公益诉讼原告资格进行扩张的同时，亦需要加以适当的限制，以防止滥诉造成司法资源的浪费，并保障原告适格。如张锋认为"应当将原告资格放宽，采纳'与自己无法律上的利害关系'标准，但也必要加以限制，包括对公益诉讼设置提前通知制度、行政机关采取勤谨的行动可以阻止公益诉讼的提起，并将原告限于环保组织"[4]。张敏纯等认为"我国环境公益诉讼实践中确立的原告类型并不一致，基于中国国情不应当允许环保行政机关提起诉讼"[5]。龚学德认为"应将环境公益诉讼原告资格赋予公民或民间非政府组织而不应赋予行政机关"[6]。高雁等指出"应当增加检察机关和环保团体的环境公益诉讼资格，同时应限制主体的任意扩张"[7]。黄忠顺指出"在公共信托理论的解释框架下，任何公民在理论上都可通过环境公益诉讼对公共执法进行补充或监督，环境公益诉讼适格原告应当'仅向私益受害人扩张'。同时，为确保预防或修复环境损害的规模效应，并克服环境民事公益诉讼惩罚性赔偿制度缺失的弊端，环境公益诉讼'适格被告应当涵盖环保机关'"[8]。概言之，目前学界提倡充当环境公共利益的捍卫者，提起环境公益诉讼的原告囊括了环保组织（团体）、检察机关、环境行政机关、公民个人四元主体。

---

[1] 黄锡生、谢玲：《环境公益诉讼制度的类型界分与功能定位——以对环境公益诉讼"二分法"否定观点的反思为进路》，《现代法学》2015年第6期。
[2] 郭英华、李庆华：《试论环境公益诉讼适格原告》，《河北法学》2005年第4期。
[3] 戴德军：《环境公益诉讼主体类型化研究》，《社会科学研究》2009年第6期。
[4] 张锋：《环境公益诉讼原告资格分析》，《政法论丛》2010年第3期。
[5] 张敏纯、陈国芳：《环境公益诉讼的原告类型探究》，《法学杂志》2010年第8期。
[6] 龚学德：《行政机关不宜作为环境公益诉讼之原告论》，《求索》2013年第1期。
[7] 高雁、高桂林：《环境公益诉讼原告资格的扩展与限制》，《河北法学》2011年第3期。
[8] 黄忠顺：《环境公益诉讼制度扩张解释论》，《中国人民大学学报》2016年第2期。

(1) 环保组织（团体）的原告资格。绝大多数学者依国外的立法及实践经验，认为有关环保组织（团体）如 ENGO，其建立本质上是一个"利益组织化"的过程，① 是对分散的公民个人环境保护诉求的一种有组织有目的的聚合。环保组织（团体）参与环境公共利益的价值追求与环境公益诉讼的公益性和普惠性高度契合，并通过集体的力量实现公民参与环境保护的现实需求，因而广被提倡为环境公益诉讼起诉主体。② 对于环保社会组织（团体）作为起诉主体并不存在过多的争议，其争议焦点在于资格限制条件上。就环保组织（团体）限制条件而言，张锋指出"环保社会组织在《环境保护法》中的限制条件，是对其作为环境公益诉讼起诉主体的积极层面的'抑'。环保社会组织面临内、外部困境，要充分发挥环保社会组织环境公益诉讼起诉主体的作用，需要遵循'欲扬先抑'的路径，采取诉前通知、司法审查等制度对其积极层面的'抑'予以加强，并就消极层面的'抑'改善，促进抑制向激励的转化"③。胡静指出"我国司法解释将环保组织提起环境公益诉讼目的是对执行之诉的取代，与行政机关的公益代表性优先于环保组织的原则以及司法谦抑性原则相背离。环保组织提起的公益诉讼目的有所失当可以从增加通知行政机关的诉前条件与增加违法性为责任要件两方面进行修补，但根本的解决之道是完善行政公益诉讼制度"④。

(2) 检察机关的原告资格。检察机关是否具有原告的诉讼主体资格，在检察机关提起环境公益诉讼的政策试点开启及《行政诉讼法》修订等之前，多数学者持肯定态度，认为基于"公共信托"理论、检察机关的法律监督职责定位等理论基础，其有权力有义务代表社会公共利益运用公权力对侵害环境公共利益的行为提起司法救济。检察机关因其具备的诉讼专

---

① 王锡锌：《利益组织化、公众参与和个人权利保障》，《东方法学》2008 年第 4 期。

② 参见郭会玲《环保 NGO 在环境民事公益诉讼的困境与出路》，《环境保护》2009 年第 19 期；李玉娟《论 NGO 在环境民事公益诉讼中的路径选择与突破》，《行政论坛》2010 年第 3 期；李玉娟《环境民事公益诉讼中环保 NGO 法律地位的反思与重构》，《南昌大学学报》（人文社会科学版）2011 年第 1 期。

③ 张锋：《环保社会组织环境公益诉讼起诉资格的"扬"与"抑"》，《中国人口·资源与环境》2015 年第 3 期。

④ 胡静：《环保组织提起的公益诉讼之功能定位——兼评我国环境公益诉讼的司法解释》，《法学论坛》2016 年第 4 期。

业性、司法权威性等优势,理应成为环境公益诉讼最适合的起诉主体之一,赋予其适格原告资格。① 同时,指出"应当厘清检察机关的环境民事公益诉权及其他环境受害人民事诉权之间的关联,并对环境民事公益诉讼案件的可调解性或可合意性、诉讼费用等具体问题进行制度规范"②。也有少数学者持否定态度,认为检察机关具备公益诉讼的主体资格,尤其具备环境民事公益诉讼的主体资格,打破了传统民事诉讼的角色分配,违背了民事权利义务主体的平等原则,导致检察机关权力膨胀等。③ 同时,我国尚未对检察机关提起环境公益诉讼的职能做出明确规定,其原告主体资格受到质疑。④

在检察机关提起环境公益诉讼的政策试点开启、《行政诉讼法》修订及《关于检察公益诉讼案件适用法律若干问题的解释》颁布之后,学者们不再关注检察机关资格的正当性与合理性,转而对如何完善检察机关提起环境公益诉讼发挥其应有之功能进行深入探索。李义松指出"环境公益诉讼制度建设需要兼顾环保需要和法治稳定,其生成必定是一个渐进的过程,包含着司法经验与立法理性的无限往复和有序提升,检察机关应当在这一过程中寻找自身的位置"⑤。李艳芳等指出"检察机关在参与环境公益诉讼时,应当处理好公益诉权与行政权和社会监督权之间的关系,防止检察监督权与环境行政权失衡,避免检察机关过度干涉社会公众的诉权。

---

① 参见段厚省、郭宗才《论我国检察机关提起公益民事诉讼》,《法学》2006年第1期;张式军、谢伟《检察机关提起环境公益诉讼问题初探》,《社会科学家》2007年第5期;梅宏《由新〈民事诉讼法〉第55条反思检察机关公益诉讼的法律保障》,《中国海洋大学学报》(社会科学版)2013年第2期;张敏纯、陈国芳《环境公益诉讼的原告类型探究》,《法学杂志》2010年第8期;蔡彦敏《中国环境民事公益诉讼的检察担当》,《中外法学》2011年第1期;廖柏明《检察机关介入环境公益诉讼的思考与建议》,《法学杂志》2011年第6期等。

② 蔡彦敏:《中国环境民事公益诉讼的检察担当》,《中外法学》2011年第1期。

③ 参见杨秀清《我国检察机关提起公益诉讼的正当性质疑》,《南京师大学报》(社会科学版)2006年第6期;章志远《行政公益诉讼热的冷思考》,《法学评论》2007年第1期;王蓉、陈世寅《关于检察机关不应作为环境民事公益诉讼原告的法理分析》,《法学杂志》2010年第6期;章礼明《检察机关不宜作为环境公益诉讼的原告》,《法学》2011年第6期等。

④ 梅宏、李浩梅:《论人民检察院提起环境公益诉讼的原告主体资格》,《中国海洋大学学报》(社会科学版)2010年第6期。

⑤ 李义松:《检察机关在我国环境公益诉讼中的定位》,《兰州学刊》2015年第1期。

基于此，对检察机关提起环境公益诉讼需要设计针对性的特殊安排"①。胡卫列等指出"检察机关提起行政公益诉讼整体上呈现出积极发展的趋势，但还需科学认识合理的立法路径、诉讼形式上的直接起诉、案件范围的大与小和案件数量的多与少"②。杨解君等指出"公益诉讼中检察机关与其他国家机关的关系的处理，重点是理顺检察机关与其他国家机关或组织在诉前程序中和提起诉讼中的关系"③。

（3）环境行政机关的原告资格。环境公益诉讼中行政主管机关是否能成为起诉主体争议颇大，主要形成了三类意见。第一类持赞同意见，认为环境行政机关作为适格原告有其正当性，④ 以环境权理论为基础，弥补现行环境行政手段的不足和环境司法手段的局限等。⑤ 第二类持否定意见，认为环境行政主管部门和资源行政主管部门不宜作为环境公益诉讼的原告。理由如下：这些部门在法律上已经具备了保护公共环境资源的权力，拥有管理权及一定的行政强制权且若这些行政行为还不足以制止不法行为，其可通过向人民法院提起强制执行的申请解决；⑥ 有怠于履行行政职责之嫌；⑦ 可能在一定程度上浪费了行政和司法资源。⑧ 第三类则视具体情况而定，环境行政机关主观上不主动履行职责、推脱责任即属行政职责履行"主观不能"，不能具有环境公益诉讼的主体资格；环境行政机关客观上不能履行行政职责即属行政职责履行"客观不能"，则可以拥有环

---

① 李艳芳、吴凯杰：《论检察机关在环境公益诉讼中的角色与定位——兼评最高人民检察院〈检察机关提起公益诉讼改革试点方案〉》，《中国人民大学学报》2016年第2期。

② 胡卫列、田凯：《检察机关提起行政公益诉讼试点情况研究》，《行政法学研究》2017年第2期。

③ 杨解君、卢淦明：《公益诉讼试点若干重大理论问题探讨——以环境公益诉讼为重点》，《中国地质大学学报》（社会科学版）2016年第6期。

④ 宋宗宇、郭金虎：《扩展与限制：我国环境民事公益诉讼原告资格之确立》，《法学评论》2013年第6期。

⑤ 参见杨朝霞《论环保机关提起环境民事公益诉讼的正当性——以环境权理论为基础的证立》，《法学评论》2011年第2期；杨朝霞《论环保部门在环境民事公益诉讼中的作用——起诉主体的正当性、可行性和合理性分析》，《太平洋学报》2011年第4期。

⑥ 叶勇飞：《论环境民事公益诉讼》，《中国法学》2004年第5期。

⑦ 郑贤宇：《我国环境公益诉讼原告资格的完善》，《东南学术》2011年第4期。

⑧ 王小钢：《为什么环保局不宜做环境公益诉讼原告？》，《环境保护》2010年第9期。

境公益诉讼的主体资格。①

（4）公民个人的原告资格。公民个人是否享有起诉资格是学界最具争议性的。支持者认为，公民有权提起公益诉讼，但对起诉资格进行一定的限制，如需具备利害关系、好事者除外标准、设置前置程序等。② 反对者认为，基于滥诉导致诉讼的不经济、公民个人能力、信息与资源的有限等因素考量不宜赋予原告诉讼资格。③

另外，学界亦对环境公益诉讼的多元主体的起诉顺位意见不一。张海燕认为"环境公益诉讼原告范围的确定前提是明确环境公益诉讼的性质是一种专门公益诉讼，不应对其进行环境民事和行政公益诉讼的二元界分……环境公益诉讼原告应当根据公权主体优于私人主体的原则，按照政府环境管理机关、检察机关、环保团体和公民个人的先后顺位来行使环境公益诉权"④。杨朝霞指出"起诉顺位的设置应根据实体权利的不同而作针对性的安排：以自然资源所有权为基础，环保机关、检察机关、公民和环保组织分别列为第一、第二、第三顺位；以环境权为基础，公民和环保组织、环保机关、检察机关分别列为第一、第二、第三顺位"⑤。张锋认为"起诉资格是环境公益诉讼得以启动的关键，通过最强公共利益标准与诉讼经济标准的衡量，将检察机关定位为环境公益诉讼的第一起诉顺位，环保社会组织位列第二顺位、公民位列第三顺位。不同顺位之间的环境公益诉讼起诉主体应相互协作，合力推动环境公益诉讼的司法救济功能的实现"⑥。王丽萍认为"在我国目前的司法实践背景下，环境民事公益诉讼中的原告起诉顺位问题，建议具有提起环境公益诉讼资格的社会组织与公

---

① 曹树青：《"怠于行政职责之辩"——环保行政部门环境公益诉讼原告资格之论见》，《学术界》2012年第3期。

② 参见解志勇《论公益诉讼》，《行政法学研究》2002年第2期；张廉《公益诉讼之法理分析》，《求是学刊》2004年第3期；颜梅林《探究我国公益诉讼制度之构建》，《东南学术》2006年第2期；许清清、颜运秋、周晓明《好事者除外：公益诉讼原告资格标准》，《湖南科技大学学报》（社会科学版）2012年第2期。

③ 参见张晓民、汪剑歆《公益诉讼及其"外部性"的经济学分析》，《社会科学》2005年第8期；梁玉超《民事公益诉讼模式的选择》，《法学》2007年第6期。

④ 张海燕：《论环境公益诉讼的原告范围及其诉权顺位》，《理论学刊》2012年第5期。

⑤ 杨朝霞：《论环境公益诉讼的权利基础和起诉顺位——兼谈自然资源物权和环境权的理论要点》，《法学论坛》2015年第3期。

⑥ 张锋：《环境公益诉讼起诉主体的顺位设计刍议》，《法学论坛》2017年第2期。

民个人是第一顺位的诉讼主体，如果社会组织与公民个人同时提起诉讼，二者可以作为共同原告，并应当秉持一定将社会组织列入原告的原则；环境行政机关可作为第二顺位的诉讼主体；而检察机关则作为第三顺位的'替补'性诉讼主体。在环境行政公益诉讼中，原告起诉顺位为具有提起环境公益诉讼资格的社会组织与公民个人、检察机关是第一顺位的诉讼主体。如果公民个人与社会组织或者检察机关中的多方提起诉讼的，可以作为共同原告，并应当秉持一定将社会组织或检察机关列入原告的原则。如果社会组织与检察机关共同提起诉讼，可以将二者作为共同原告，或者仅将社会组织作为原告，由检察机关履行监督责任。环境行政机关则作为第二顺位的诉讼主体"[1]。综观上述观点，环境公益诉讼启动主体的起诉顺位基于公法优先性原则、实体权利、便利标准等考量因素进行位序排列。

2. 环境公益诉讼的可诉范围与救济方式

（1）环境公益诉讼的可诉范围。有学者认为"环境公益诉讼是以处于继续或者连续状态的环境污染或者生态破坏行为为对象"[2]。有学者将环境公益诉讼的范围定为"环境公益民事诉讼及环境公益行政诉讼，不管是环境民事还是行政公益诉讼都必须以保护环境公益为目的，具备被诉的行为必须对环境公益造成或可能造成危害。对于前者，若未违反法律规定的环境行为，应以已经发生的实际损失或对有充足证据证明即将造成环境损害为前提；对于后者，只要违反法律规定，无论是否造成环境损害后果，对于行政机关的行政行为均可成为被诉对象"[3]。有学者对检察环境行政公益诉讼受案范围进行翔实的分析，认为"检察环境行政公益诉讼的被告类型应限于国务院或地方各级人民政府中对环境、生态、资源保护领域负有监督管理职责的职能部门，可以是单一被告，也可是共同被告，但一般多属于普通共同诉讼。被告的涉诉行为既可能是环保领域的行政不作为，也可能是违法行使职权。检察环境行政公益诉讼应以救济环境公共利

---

[1] 王丽萍：《突破环境公益诉讼启动的瓶颈：适格原告扩张与激励机制构建》，《法学论坛》2017年第3期。

[2] 别涛：《中国环境公益诉讼的立法建议》，《中国地质大学学报》（社会科学版）2006年第6期。

[3] 徐祥民、胡中华、梅宏等：《环境公益诉讼：以制度构建为中心》，中国法制出版社2009年版，第305—307页。

益为主，环境公共利益应区别于基于国家自然资源所有而产生的国家利益"①。还有学者对环境行政公益诉讼行为进行司法裁判标准化，认为"行政行为违法性、撤诉、确认之诉和课以义务之诉的司法裁判标准是关键要素。以行政机关直接环境致损行为、非法许可且后期缺乏监管、行政不作为行为、不履行先前行为义务等案件类型对行政行为的违法性进行判断；司法实践中通过确认之诉和课以义务之诉进行裁判，司法裁判中体现了司法能动原则和环境修复的严格标准"②。概言之，环境公益诉讼的可诉范围随着环境民事公益诉讼与环境行政公益诉讼的不断完善而呈现出精细化态势。

（2）环境公益诉讼的救济方式。环境公益诉讼的救济方式主要通过责任承担方式加以体现。对环境公共利益的损害均需以固有的环境立法与部门法为依托，进行相关救济。换言之，我国对于环境本身遭受损害的救济并无专门性的法律规范，必须依附于环境侵权损害救济，从而对环境本身损害进行救济，仅《海洋环境保护法》第89条③对破坏海洋生态、海洋水产资源、海洋保护区予以明确损害赔偿救济。由此可见，我国环境公益诉讼的救济方式在现行环境法律体系中明显存在不足。因此有学者提出环境公益诉讼应包括四个方面的救济方式：一是责令制定与实施良好的环境政策；二是颁发预防性禁止令；三是损害赔偿；四是民事罚金。同时对于救济方式的具体条件与执行提出建议。④ 其中关于损害赔偿，徐以祥等指出"虽然我国环境民事公益诉讼制度日趋完善，但由于生态环境损害难以量化以及司法实践较为贫乏，使得具体赔偿数额的确定仍未得到有效的解决。为实现环境民事公益诉讼的赔偿功能，应首先对环境民事公益诉讼

---

① 秦鹏、何建祥：《检察环境行政公益诉讼受案范围的实证分析》，《浙江工商大学学报》2018年第4期。

② 黄辉：《检察机关提起环境行政公益诉讼的司法裁判标准研究》，《法学杂志》2018年第8期。

③ 2017年修订的《海洋环境保护法》第89条规定："造成海洋环境污染损害的责任者，应当排除危害，并赔偿损失；完全由于第三者的故意或者过失，造成海洋环境污染损害的，由第三者排除危害，并承担赔偿责任。对破坏海洋生态、海洋水产资源、海洋保护区，给国家造成重大损失的，由依照本法规定行使海洋环境监督管理权的部门代表国家对责任者提出损害赔偿要求。"

④ 徐祥民、胡中华、梅宏等：《环境公益诉讼：以制度构建为中心》，中国法制出版社2009年版，第329—334页。

赔偿功能和范围进行界定，厘清各种不同赔偿范围下须考量的问题，探寻环境民事公益诉讼赔偿数额的方法，从而对我国环境民事公益诉讼损害数额确定进行明确基本路径，使受损的环境公共利益获得更为有效的司法救济"①。

3. 环境公益诉讼的被告

张忠民认为"中国环境公益诉讼的核心更在于'谁'应当是被告，通过检视 2014 年修订的《环境保护法》等法律实施后的案件，环境公益诉讼的被告存在局限性，主要表现在地域、类型、身份构成和其他当事人的情况等方面，间接表现在权利主张和事实主张、举证责任分配、责任承担方式和结案情况等方面。对此，应通过解释论和立法论的双重路径予以克服，前者以诉讼当事人为中心，包括扩张原告的范围、起诉人的地位和审视检察院试点等内容；后者以法院为中心，包括妥善分配举证责任、科学判断因果关系和创新责任承担方式等内容"②。颜运秋等指出"我国环境公益诉讼两造结构模式的完善方向应从公权主导向社会主导转变，即在建立环境行政公益诉讼制度的基础上，确立符合我国国情的原告序位制度和被告选择制度，同时，应当确保司法机关在面对两造对抗时进行有限度的能动司法，实现对环境公益诉讼审判的中立性"③。概言之，环境公益诉讼被告的研究从其适格、地位、局限性到与环境公益诉讼构成要素之间的互动性，逐步深入。

（三）环境公益诉讼的制度建构篇

对于环境公益诉讼的制度建构篇主要围绕纵向和横向两维度开展开来。

一是纵向维度，即环境民事公益诉讼与环境行政公益诉讼分离式的"碎片化"制度构建研究。在环境民事公益诉讼制度研究领域，有学者试图在传统诉讼原理基础上优化制度，认为"环境民事公益诉讼的兴起，提出了对传统民事诉讼基本理论的挑战，传统民事诉讼基本理论也必须对此做出回应。解决此问题的路径，乃是在既有民事诉讼基本理论的框架下，根据环境民事公益诉讼的性质与特点，对环境民事公益诉讼的诉讼目的、

---

① 徐以祥、王宏：《论我国环境民事公益诉讼赔偿数额的确定》，《法学杂志》2017 年第 3 期。
② 张忠民：《环境公益诉讼被告的局限及其克服》，《环球法律评论》2016 年第 5 期。
③ 颜运秋、杨志华：《环境公益诉讼两造结构模式研究》，《江西社会科学》2017 年第 2 期。

诉权、诉讼构造、诉讼标的和既判力等问题进行诠释"①。有学者从执行制度入手，认为"环境执行程序需专门化，在执行开始前，强化对环境侵害人履行义务情况的监督与管理，考虑赋予原告监督债务人履行环境修复义务的主体资格；在执行进程中，识别金钱给付与行为给付等执行标的，采取对应的执行措施，并根据执行程度采取不同序位的执行措施；在执行终结后，建立回访制度，监督赔偿金是否用于修复被损害的生态环境以及是否存在重复侵害行为，并评估是否再次启动执行程序"②。有学者在环境民事公益诉讼中引入惩罚性制度，认为"惩罚性赔偿因其威慑有力的特征，从而成为补强环境民事公益诉讼威慑水平的最优选择。私人执法和惩罚性赔偿均滥觞于'公法私法化'的浪潮之中，两者均将通过私人行为保护公共利益作为其价值目标，并且惩罚性赔偿实质上是私人执法有效实施的保障手段。在将惩罚性赔偿引入环境民事公益诉讼的过程中，应从功能定位、运行机理以及外部约束三个方面，把握其实现的路径，明确制度设计中所要遵循的约束条件，合理地设计惩罚性赔偿的适用范围、数额确定规则以及赔偿金分配规则"③。有学者着力于支持起诉制度优化，认为"环境民事公益诉讼中的支持起诉存在依据模糊化、功能虚置化和角色替代化等问题。环境民事公益诉讼中的支持起诉应当在明确功能定位的基础上进行制度的改革完善。同时，应当在支持起诉之条件、支持起诉之启动、支持起诉之方式和支持起诉之保障等方面进行具体的制度完善"④。有学者认为环境公益诉讼激励机制的缺位是环境民事公益诉讼积极开展的一大罅隙，并借鉴美国1970年《清洁空气法》引入了律师费"败诉方承担"原则⑤进行有益探索。如李义松等主张"建立原告胜诉奖励机制，主

---

① 段厚省：《环境民事公益诉讼基本理论思考》，《中外法学》2016年第4期。
② 王惠：《环境民事公益诉讼案件执行程序专门化之探讨》，《甘肃政法学院学报》2018年第1期。
③ 周晓然：《论环境民事公益诉讼中惩罚性赔偿制度的构建》，《中南大学学报》（社会科学版）2018年第2期。
④ 秦天宝：《论环境民事公益诉讼中的支持起诉》，《行政法学研究》2020年第6期。
⑤ 所谓律师费"败诉方负担"是指法律授权法院，在其认为适当的时候，将胜诉原告所应承担的律师费用判给被告方承担的一种律师费分担方式，其目的在于克服传统"美式规则"激励不足之缺陷。参见陈亮、刘强《纠缠于正诉激励与滥诉预防之间——美国环境公民诉讼中"败诉方负担"规则之考察》，《法律适用》2007年第8期。

要通过精神奖励与物质奖励并行的激励手段，以实现环境公益最大化的追求目标，是一种对特定原告类型，在特定条件下，由特定资金来源经过特定程序给以胜诉原告奖励的制度"①。栗楠指出"将管理与心理学下的激励理论引入环境民事公益诉讼，将'自然人'明确为激励对象并根据'自然人'的需要梳理激励因素，通过权利义务方式将激励因素法律化，并借助合适的激励方式形成更加适合环境民事公益诉讼发展的激励制度，以此缓解日益紧张的环境关系"②。王丽萍则认为"应当建立环境公益诉讼启动的激励机制，反思当前地方政府在环境公益诉讼中的激励机制，即采用环境公益诉讼救济基金承担原告诉讼费用与直接'免交或者缓交诉讼费用'的合理性。环境公益诉讼的开展绝非逞一时之快，需要长期推进，具有'正诉激励'、'滥诉预防'与'行为矫正'三重功能的'败诉方负担'规则才应是构建环境公益诉讼激励机制所遵循的规则"③。还有学者认为环境民事公益诉讼的诉讼时效具有特殊性，"诉讼时效作用于实体法上的请求权，然环境民事公益诉讼并不存在相对应的基础权利，为契合'二元诉讼结构'，采用'公益诉讼请求权'概念，并代替私益诉讼中'知道或应当知道'作为时效起算标准。同时，考虑到权责相称、企业寿命的事实，最终确立环境民事公益诉讼的时效期间为'公益诉讼请求权产生之日起十年内，最长期限为损害行为终了之日起二十年；如遇有特殊情况，可以申请最高法院延长'，以兼顾公益和私益间的平衡"④。

在环境行政公益诉讼制度研究领域，有学者从环境行政公益诉讼的运行有效性方面进行探讨，认为"目前的环境行政公益诉讼制度试验具备了形式合法性和实质正当性，对其现实可行性的判断应考虑我国实际变化中的政治经济状况及其是否能够成为更为有效的政治控制手段"⑤。有学者

---

① 李义松、陈昱晗：《论环境民事公益诉讼之原告胜诉奖励机制》，《西部法律评论》2015年第1期。

② 栗楠：《环境民事公益诉讼导入激励理论的合理性和可行性分析》，《郑州大学学报》（哲学社会科学版）2017年第1期。

③ 王丽萍：《突破环境公益诉讼启动的瓶颈：适格原告扩张与激励机制构建》，《法学论坛》2017年第3期。

④ 李树训、冷罗生：《论环境民事公益诉讼的诉讼时效》，《中国地质大学学报》（社会科学版）2019年第4期。

⑤ 湛中乐、尹婷：《环境行政公益诉讼的发展路径》，《国家检察官学院学报》2017年第2期。

对环境行政公益诉讼的功能进行拓展，认为"预防性环境行政公益诉讼的必要性体现为双重预防性，容许性体现为规范和实践两个层面。预防性环境行政公益诉讼需要在启动要件、举证责任、适用范围、与诉前程序调适、与暂时法律保护措施对接等方面建构和完善相关规则"①。有学者以诉前检察建议为视角，认为"传统'诉前柔性督促+诉讼强制保障'模式存在督促对象错置、督促种类适用范围难以把握等问题，而'柔性问询+刚性督促+起诉'模式具有动员促进、环境保护施压功能。自然保护区生态环境修复案件中诉前检察建议拓展功能的法律实现，需要重视诉前检察建议前的动员教育，可以引入问询函制度；需要强化诉前检察建议的督促功能，实现由'形式督促'转向'实质督促'，重点是诉前检察建议的制发对象要适格、内容应公开、回复需审查评估、落实回访应强调责任追究；需要明确诉前检察建议督促失效后的保障，合理启动环境行政公益诉讼"②。有学者从执行制度入手，认为"执行阶段的规则尚不具体，这会导致实践执行过程中存在模糊不清之处。力图通过对环境行政公益诉讼试点中形成的既有程式规则以及《最高人民法院、最高人民检察院关于检察公益诉讼案件适用法律若干问题的解释》的检视，对执行程序进行剖析，建议完善检察机关依法监督法院启动强制执行、推行环境行政执行过程中的代履行制度、协调衔接检察与监察机制"③。还有学者建议环境行政公益诉讼引入和解制度，认为"基于传统的公权力不可处分理论及检察机关作为法律监督机关的角色定位，一些学者否认环境行政公益诉讼适用和解的可行性。然而，公权力不可处分理论的发展、检察机关提起行政公益诉讼权的重构以及司法实践的需求，都为环境行政公益诉讼适用和解提供了空间。在不损害公共利益、符合环境行政公益诉讼目的的前提下，应允许环境行政公益诉讼以和解方式结案"④。还有学者对环境行政公益诉讼启动程序进行专门化研究。如王昌奎等将环境公益诉讼的启动模式分为了三大类：第一类为一元启动模式与多元启动模式；第二类为直接启动模式与

---

① 吴良志：《论预防性环境行政公益诉讼的制度确立与规则建构》，《江汉学术》2021年第1期。

② 王国飞：《环境行政公益诉讼诉前检察建议：功能反思与制度拓新——基于自然保护区生态环境修复典型案例的分析》，《南京工业大学学报》（社会科学版）2020年第3期。

③ 庞新燕：《环境行政公益诉讼执行制度之探究》，《环境保护》2020年第16期。

④ 张式军、赵妮：《环境行政公益诉讼中的和解制度探究》，《中州学刊》2019年第8期。

间接启动模式；第三类为事后追惩模式与事前预防模式。① 郝海青则将前置程序精细化，指出"环境公益诉讼制度的特殊规定可能导致公民的滥诉，需要设立前置程序加以限制，并分析了通知和举报程序、环境行政公益诉讼中的行政复议前置程序、公益上书、公民向检察机关提出建议、前置审查起诉程序等前置程序的可行性，应该通过立法对环境公益诉讼设置必要的前置程序，对于环境公益诉讼应通过立法一律设定必要的前置程序，不宜采用直接诉讼模式，根据环境民事公益诉讼和环境行政公益诉讼设置不同的前置程序"②。

二是横向维度，即环境公益诉讼制度优化的"统筹性"设计。有学者从权力配置角度出发，如王明远指出"我国环境民事公益诉讼制度对司法权进行了突出强化，对行政权与司法权的配合做出了要求，极易造成司法权的越权，环境公共利益的保护须充分发挥行政权的专业性和司法权的监督作用，并避免司法权对行政权造成不当干涉"③。有学者从立法视角，试图让环境公益诉讼从传统的立法当中剥离出来，如孙洪坤指出"环境公益诉讼立法模式的选择，直接决定了环境公益诉讼实施的法治效果。目前我国采取环境公益诉讼立法的附属型模式，从立法条件的可行性和必要性意义上而言，环境公益诉讼应采用专门立法型模式，具体建言是：构建将社会公共利益作公益救济的立法模式；建立公共执法为主的起诉模式，能动司法为主的审理模式"④。还有学者对关联性诉讼做比较研究，如牛颖秀认为"生态环境损害赔偿诉讼与环境民事公益诉讼的制度设计高度重合，为解决两类诉讼主体分别起诉造成的重复索赔等问题，应当确立行政机关提起生态环境损害赔偿诉讼的优先顺位"⑤。周勇飞认为"现有法律规范抑或学理研究并未充分化解'两诉'的适用冲突。对此，借助功能

---

① 王昌奎、王勐视：《中国环境公益诉讼启动模式研究》，《重庆大学学报》（社会科学版）2015年第6期。

② 郝海青：《环境公益诉讼中的前置程序研究》，《中国海洋大学学报》（社会科学版）2010年第2期。

③ 王明远：《论我国环境公益诉讼的发展方向：基于行政权与司法权关系理论的分析》，《中国法学》2016年第1期。

④ 孙洪坤：《环境公益诉讼立法模式之批判与重构》，《东方法学》2017年第1期。

⑤ 牛颖秀：《生态环境损害赔偿诉讼与环境民事公益诉讼辨析——以诉讼标的为切入的分析》，《新疆大学学报》（哲学·人文社会科学版）2019年第1期。

主义研究范式分析'两诉'背后的政治、社会等形态语境及其社会作用或许是解决二者冲突的新理路,由此界明'两诉并行'背景下的功能逻辑——'损害填补 VS 预防与监督',并围绕多元主体(政府机关、社会组织、检察机关)的职能定位进行有序整合与衔接"①。

(四) 总结

概览之,自 2005 年国务院出台《关于落实科学发展观加强环境保护的决定》提出"推动环境公益诉讼"以来,制度构建与司法实践历经十五年的迅速发展。我国环境公益诉讼实现从无到有的突破,理论研究从一般理论到构成要素再到具体实施制度构建,已然形成具有系统性的研究成果,并对司法实践起到了积极的推动作用。但是也应当认识到,由于环境公益诉讼属于舶来品,在我国生根发芽仍需进行本土化建设,因此我国环境公益诉讼的理论研究和制度构建依然处于不断完善阶段,"摸着石头过河"的发展路径,对于司法实践与执法实践中不断涌现出的新问题,无法得到圆满的解决。"实践是检验真理的唯一标准",从环境公益诉讼的现实执法与司法困境来看,我国环境公益诉讼的核心已从具体实施机制构建问题转向对环境公益诉讼内部不同诉讼类型的相互关系、外部与环境行政执法及环境私益诉讼的衔接等基础性理论问题的反思,也即环境公益诉讼制度构造问题。该基础理论研究,一方面有助于夯实环境公益诉讼制度的理论基石,实现功能的最优化,建立起一个主体多元化、内容互补化、系统协调化的环境公益诉讼机制,完善我国生态环境损害治理理论,推进国家治理体系和治理能力现代化;另一方面能够指导我国环境司法与行政执法实践,优化环境行政执法与司法间联动性,实现国家行政权与司法权通力合作,为保护与救济环境公共利益、增进生态福利,提供科学、合理、高效的运行机制。当然,如何在司法实践中和制度构造上发挥其功能、合理配置环境保护的行政权与司法权,既不是单纯的学理问题,也不是某个特定的法学学科可以解决的问题,只有多学科、多部门法的交叉研究和专家学者们的集思广益,才能对环境公益诉讼制度进行最优化,实现社会公众对"美好环境"的追求。

---

① 周勇飞:《生态环境损害赔偿诉讼与环境民事公益诉讼的界分——功能主义的视角》,《湖南师范大学社会科学学报》2020 年第 5 期。

三 研究思路与方法

(一) 研究思路

本书以环境公益诉讼制度构造为研究对象，通过对环境公益诉讼制度构造实证考察及理论分析提炼出环境公益诉讼制度构造选择所应当考量的主要因素，在此基础上结合我国实际情况提出我国环境公益诉讼制度构造之未来选择——二元构造论，并依此设计环境公益诉讼制度构架及其相关制度衔接。全书始终贯彻以问题为导向，以理论反思为关键，以制度回应为核心的逻辑思路。

问题缘起：对我国环境公益诉讼的产生之源、发展历程回顾及其鲜活案例的现实关怀，我们能够洞察到现阶段环境公益诉讼的制度困境：其一，环境公益诉讼制度内部安排缺乏沟通协调，主要表现为环境公益诉讼内部规则的相互冲突及不同主体提起环境公益诉讼的角色定位及次序安排问题。其二，环境公益诉讼制度外部缺乏系统性衔接机制，主要表现在与环境行政执法、环境私益诉讼等已有制度的衔接不畅上。这实质上涉及一个理论问题，即环境公益诉讼制度构造。环境公益诉讼制度构造这一基础性问题的提出与厘清，是解决我国环境公益诉讼制度及司法实践困境的出路，亦是环境公益诉讼实施中法律问题的解释适用和未来环境公益诉讼制度的完善不能回避的问题。它直接决定了我国环境公益诉讼实施的法治效果。

他山之石：环境公益诉讼制度构造实证考察能够为我国环境公益诉讼制度构造的选择提供良好的实践基础。通过对域外多国的环境公益诉讼制度之实证分析，运用类型化分析方法可将环境公益诉讼制度构造大体分为三种模式：统一式的环境公益诉讼模式、单一式的环境行政公益诉讼模式以及二元并存式环境公益诉讼模式。统一式的环境公益诉讼模式是指未将环境公益诉讼进行二分，实行环境民事公益诉讼和环境行政公益诉讼合二为一的统一制度构造，以美国为典型代表。单一式的环境行政公益诉讼模式是指在环境公益诉讼的基本架构上，采取环境行政公益诉讼这一种诉讼类型，而不包括环境民事公益诉讼，以德国为典型代表。二元并存式的环境公益诉讼模式是指在环境公益诉讼的基本构架上，采取了环境民事公益诉讼与环境行政公益诉讼并存的制度构造，以法国为典型代表。对上述三种类型的环境公益诉讼制度构造形成的历史考察与特征的解读，我们可以清晰地认识并提炼出影响环境公益诉讼制度构造模式选择的三大因素：一是环境公益诉讼的产生背景；二是司法制度及其传统；三是环境公益诉讼所需承担的角色及功能。

本土选择：回顾本国国情，环境公益诉讼的变迁与我国环境公权力的扩张和公民环境利益诉求紧密相关。由此，我国环境公益诉讼立法与实践形成了从环境民事公益诉讼到环境行政公益诉讼两类型并存的局面。相对应地，环境公益诉讼的理论基础、本质特征与目的功能亦需重新审视。在此，从利益属性、权利基础及救济内容三个方面分别阐释环境公益诉讼的本质特征。具言之，环境公益诉讼所涉利益具有公益与私益的连带性，这一利益特质决定了环境公益诉讼与环境私益诉讼之间存在交叉地带，因此必须理顺环境公益诉讼与私益诉讼之间的衔接问题；环境公益诉讼的权利基础包括自然资源所有权与环境权二元权利，这一权利特质就为不同主体提起环境公益诉讼提供了一个清晰的权利划分线索；环境公益诉讼救济内容具有环境损害预防与救济性，这一内容特质体现了环境公益诉讼功能的预防性与救济性双重定位。对于环境公益诉讼的目的与功能论，首先要维护环境客观法律秩序，保障公法秩序顺利进行并确保公法实施的有效性及优先性，其价值取向在于对行政行为的合法性与协助行政创造。环境行政公益诉讼就是在于维护环境公法秩序模式，突出监督行政的价值取向。其次是维护与增进环境公共利益，其中环境行政公益诉讼符合风险预防原则，其价值目标是在环境损害产生之前，将其及时制止，以免环境公共利益的重大损失；环境民事公益诉讼符合事后损害救济，其价值目标是在环境损害产生之后，对环境公共利益损失进行事后补救。由此，构成环境公益诉讼制度二维度一体化的理论基础。在中外实践与理论为积淀的前提下，我国环境公益诉讼制度构造应考量的因素包括我国的司法制度及传统、环境公益诉讼在我国产生的背景、现实环境公益诉讼制度构造状况以及环境公益诉讼在我国的角色及其功能定位。最后对我国环境公益诉讼制度构造的可能选择进行逐一剖析，得出最终结论：环境公益诉讼的二元构造是我国最佳选择。

内部优化：对于我国环境公益诉讼二元构造的内部制度构架问题，主要聚焦在以下两点：第一，为实现我国环境公益诉讼二元构造制度顺利运行，应对相关运行规则进行完善。环境民事公益诉讼是以排除环境危害，赔偿环境损害，弥补环境行政执法不足为主要功能，其中赔偿损失是环境公共利益事后救济特有之功能，并以此功能为导向，优化环境民事公益诉讼具体规则。具言之，运用解释论适当扩大原告资格范围，包含行政机关、检察机关、环保组织及公民个人四元主体；设置环境民事公益诉讼前置程序，保障司法权与行政权的有序运行；建立援助机制，激发公众参与执行与监督的积极性。环境行政公益诉讼是以维护客观环境法律秩序，监督环境行政执法，实现对环境公共利益预防性救济为主要功能，并以此功能为导向，优化环境行政公益诉讼具体规则。具言之，明确环境行政公益诉讼在环境公益诉讼中的地位，确立"不利影响"的环境行政公益诉讼原告资格标准，将具体行政行为与抽象行政行为均纳入可诉范围内，设置诉前行政告知程序与诉讼激励机制等保障制度。第二，对环境公益诉讼中的原告主体的角色定位及其分工作出合理设计，以保障制度运行科学性与自洽性。在二元制度构造下，环保组织作为环境公益诉讼的最佳原告，是环境公益诉讼的核心力量，可提起环境民事公益诉讼与环境行政公益诉讼。行政机关仅能基于自然资源所有权及生态环境损害索赔为诉讼请求而提起环境民事公益诉讼。检察机关则基于其法律监督者之角色定位，而提起环境民事公益诉讼和环境行政公益诉讼。在环境民事公益诉讼中，检察机关更多承担的是支持者、监督者的角色；在环境行政公益诉讼中，其则成为重要原告主体。公民个人作为潜在原告，其在环境公益诉讼中的主要功能是启动公益诉讼的程序，即诉讼启动者角色，并对其资格进行一定限制。

外部衔接：作为一种新制度构造的形成，必然要与旧制度实现无缝对接。在确定环境公益诉讼二元构造并内部优化之后，需在我国现行生态环境救济及诉讼制度体系下去看待、设计环境公益诉讼与其他相关制度的衔接。对此，应当主要从环境公益诉讼与环境行政执法、环境私益诉讼制度的衔接进行阐释。对于环境公益诉讼与环境行政执法，首先，二者相互协作，共筑环境公共利益救济体系。具言之，基于环境行政范围日益扩张及其行政优势，环境行政执法应为环境公共利益救济的主力；鉴于环境司法能够充分发挥其能动性及公众参与环境治理理念，环境公益诉讼应为环境公共利益救济的助力。其次，环境公益诉讼对环境行政执法的单向制约，实现权力的监督。在对环境公益诉讼与环境行政执法制度定位后，我们应以"行政优先、诉讼兜底"与"多元治理、尊重专长"为衔接原则、环境公益诉讼的诉前程序的优化、环境公益诉讼与环境行政执法中责任方式的完善和协调三个方面进行制度衔接。对于环境公益诉讼与环境私益诉讼，首先，应当归结环境公益诉讼与环境私益诉讼的区分标准：实质（利益）标准区分法和形式标准区分法。其次，采用功能主义研究范式与类型化研究方法，对环境民事公益诉讼与环境民事私益诉讼、环境行政公益诉讼与环境行政私益诉讼的功能区分及相互衔接进行翔实论述。

（二）研究方法

第一，规范分析研究方法。规范分析研究方法是以法律规范为中心，通过法律规范及其可能效力之间的关系对照和比较，发现法律之所以能对人们起到规范作用的内在奥秘，进而明确法律命题的含义，同时提升法律的规范命题以创造法律知识的学术基础。[①] 鉴于《行政诉讼法》《环境保护法》等相关立法修订之实况，直接从立法论角度建立本书提倡的环境公益诉讼二元构造论具有一定现实难度。为更好地实现对环境公益诉讼二元制度构造，本书亦从解释论层面来探讨环境公益诉讼制度构造之问题。故本书将大量使用法解释学的研究方法，以《环境保护法》和其他相关司法解释为中心，结合实践判例中的法律适用和相关政策，首先通过法律解释寻求问题解决的方案，在法律解释无法有效解决问题时，才考虑通过法律法规的制定和修改来解决问题。

第二，实证研究方法。遵循规范制度而且严格遵守规范制度，乃法治社会的一个必备条件。[②] 法学的研究在于对法律在现实生活的中实施情况的系统研究。从某种意义上说，如果概念法学研究注重法理性与逻辑性，那么实证法学研究则注重判例对法条的运用与检验。"徒善不足以为政，徒法不能以自行。"现实与法律之间往往存在差距，因此，本书在于通过对环境公益诉讼案例的实证研究，深入剖析环境公益诉讼在实践中的问题根源，从而提出有效解决对策，以更好验证与纠正法律。

第三，比较分析方法。"比较"是一个寻找材料的过程，即选择哪些国家之间的法律制度进行比较，以及选择何种内容的法律因素进行比较；"分析"则是将需要比较的材料按照一定的方法加以分析。比较法作为法

[①] 陈海嵩：《解释论视角下的环境法研究》，法律出版社2016年版，第12页。

[②] ［美］E. 博登海默：《法理学——法哲学及其方法》，邓正来、姬敬武译，华夏出版社1987年版，第232页。

学的一个部门，有着重要功能，毋庸置疑。① 本书通过对各种环境公益诉讼制度构造模式的比较，对制度构造选择的考量因素进行介绍和归纳，以为我国环境公益诉讼制度构造选择提供参考。同时通过对不同类型的环境公益诉讼的目的、功能和诉讼机制进行比较研究，实现环境公益诉讼制度的体系化设计。

第四，历史考察研究方法。任何理论与制度的产生都离不开特定的历史时空与社会背景。立法者不能随意修改法律，只是帮助人们揭示"民族精神"，帮助发现"民族意识"中已有的法律规则。② 换言之，任何研究都要充分注重对历史、社会背景的考察。本书研究中，一方面，追根溯源充分考察了环境公益诉讼制度产生与发展的历史背景；另一方面，将环境公益诉讼置于生态文明时代、生态环境危机的大背景下，从现实需要的角度考察现有规范的妥当性，既检视法律规范又回应社会发展。

四　创新之处与局限

（一）创新之处

第一，研究视角的创新。环境公益诉讼在我国已运行十余载，主要聚焦于该制度正当性与实施制度的设计。在环境公益诉讼制度立法与司法实践不断深入的背景下，环境公益诉讼制度的目的与功能定位、不同类型公益诉讼制度之关系、行政权与司法权之关系等问题日益突出并影响着制度的有效运行。透过这些问题探究背后的深层次原因，在于我国对环境公益诉讼缺乏整体性与系统性的制度构架和衔接设计，即缺乏对环境公益诉讼制度构造的研究。因此，本书试图以环境公益诉讼制度构造为视角，遵循"环境公益诉讼制度困境反思及其构造的提出—环境公益诉讼制度构造实证考察与我国选择之分析—环境公益诉讼二元构造的制度构架—环境公益诉讼二元构造的相关制度衔接"的逻辑路径。

第二，研究方法的创新。围绕理论分析和实证分析两条主线，综合运用多种研究方法，体现了研究方法的综合性与规制法学的学术思想。特别

---

① ［德］K. 茨威格特、H. 克茨：《比较法总论》，潘汉典等译，法律出版社2003年版，第1—20页。

② ［德］萨维尼：《论立法与法学的当代使命》，许章润译，中国法制出版社2001年版，第7—20页。

是在环境公益诉讼二元构造的制度构架这一重点部分,吸收和运用大陆法系的法学解释方法及类型化、体系化等法学方法,尤其在以环境公益诉讼制度的法律规范为中心展开的研究中,实行"立法论"和"解释论"并重分析,对我国不同类型环境公益诉讼制度完善及其相互关系的衔接进行有益探索。

第三,研究内容的创新。首先,论证我国环境公益诉讼二元构造论的正当性与合理性之创新。目前在环境公益诉讼制度研究成果中,对域外该制度的研究多集中在简单的制度介绍与借鉴,未能对制度形成的深层原因加以挖掘,并归纳域外环境公益诉讼制度构造之模式类型,为我国环境公益诉讼制度构造选择提供实践基础。同时,通过对我国环境公益诉讼制度之实况发展及理论分析,最终得出我国环境公益诉讼制度构造之选择结论。其次,创设环境公益诉讼二元构造论的整体设计。针对我国环境公益诉讼二元构造制度模式,从环境公益诉讼的目的和功能这一基础性问题出发,采取功能主义的研究范式,在总体功能的视角下分别研究不同类型的环境公益诉讼的具体功能,并从环境公益诉讼内部不同类型的公益诉讼相互关系的角度和环境公益诉讼与环境行政执法、环境私益诉讼的外部关系的角度展开整体性系统研究。

(二)研究局限

第一,环境公益诉讼本土化基础理论不足。由于环境公益诉讼制度是舶来品,并且由我国学者借鉴提出的,因而研究学者多是对国外的制度移植,本土化理论研究相对薄弱,理论本文内容大同小异,没有进行更深层次的挖掘和探讨。事实上,我国环境公益诉讼制度构造需与本土资源相契合,需要自身深厚的理论作支撑,这也是本书在写作过程中最难克服的问题。

第二,域外经验及资料收集存在一定局限。首先,域外对于环境公益诉讼制度构造的研究甚少,域外环境公益诉讼制度的形成与发展尤受政治、经济、文化的深刻影响,这就需要对域外各国的情况掌握准确及全面,虽然从域外环境公益诉讼司法案例能够为研究提供一些参考,但整体来看从环境公益诉讼制度构造这一视角收集资料仍存在一定的难度。其次,由于受语言限制,域外环境公益诉讼制度构建多出自二手资料,因此可能存在一定的偏差及不完备。

第三,统计分析工具并更新相关数据具有一定滞后性。本书涉及大量相关法律规范性文件及司法案件的实证统计分析，但鉴于统计工具以及统计频次的有效性，本书相关统计分析结论难免存在更新不及时之处。如2017年12月17日印发并实施《生态环境损害赔偿制度改革方案》标志着在国家层面生态环境损害赔偿制度正式施行。由于受篇幅及实证案例统计分析所限，本书对于生态环境损害赔偿与环境公益诉讼之间制度定位与衔接未能研究充分，有待进一步探讨。

第一章

我国环境公益诉讼制度的缘起、嬗变及现实问题

"法律无法穷尽复杂多变的社会生活,具体的法律事件始终比立法规范更生动、更丰富,因此法律是有漏洞的,裁判者在诉讼中并非只能机械地适用法律,而应对未能具体化的法律和未能完成的法律秩序予以弥补和完善,这正是司法活动所应达到目的。"① 环境公益诉讼制度即是充分发挥司法能动性,实现对环境公共利益保护与救济的一种重要途径。任何一项完备的法律制度一般都需经过理论初探—实践试行—理论反思—实践总结—理论完善这一发展历程。通过对环境公益诉讼的发展历程回顾及其鲜活案例的现实关怀,我们能够洞察到我国环境公益诉讼法律制度及司法实践中存在的困境背后深层次的理论问题,即环境公益诉讼制度构造问题。它是对我国现阶段环境公益诉讼理论反思与经验的总结,是解决我国现行环境公益诉讼制度困境的出路。

第一节 我国环境公益诉讼的缘起

要准确、科学把握我国环境公益诉讼的本质特征及其发展脉络,就要探究其产生的时代背景。唯有在我国独特的发展路径及其转型结构的梳理中,才能认识到环境公益诉讼制度在我国形成之根源,清晰判断到未来环境公益诉讼制度之发展方向。环境公益诉讼作为一种维护环境公共利益的

---

① 常怡主编:《比较民事诉讼法》,中国政法大学出版社2002年版,第43页。

重要手段在与中国特殊国情相遇时，呈现出复杂、本土化的特质。当下，我国正处于政治、经济、社会的全面转型期，在传统的政治、经济、社会结构之上所构建的法律秩序规则，正遭受着现代化的巨大冲击，而新的规则与秩序尚未完全形成。环境公益诉讼即在我国独特的结构性与制度性转型、改革中诞生。

一　转型中的中国

首先，从经济体制转型来看，我国经历了从20世纪五六十年代的重新封闭到20世纪70年代的再度开放，由此开启从计划经济到市场经济的过渡、深化到全面转型的历程。在计划经济到市场经济的过渡历程中，经济体制核心特质为经济增长中心主义，秉承"高投入、高能耗、高物耗、高污染、多占地"的"四高一多"粗放型经济发展范式。[①] 以经济利益为核心，靠高资本推动传统工业发展，[②] 经济增长与生态环境保护间的矛盾越发尖锐，并伴随经济快速增长而加剧，由此暴露出粗放型经济发展范式之下的种种弊端，预示着传统经济结构及增长方式的破产。为了在经济增长与生态环境保护中寻求一种平衡，我国对经济体制进行深化及全面改革，推行可持续发展观及其发展路径。这种基于现实妥协的可持续发展的"改良路径"仍旧未能彻底摆脱人类中心主义的经济增长观，"代价经济"模式下孕育着人与生态环境矛盾日益突出的根源。

其次，从政治体制转型来看，我国的政治模式和权力结构由权力的运行与政治统治的高度集中的"传统权威主义"向"修正权威主义"转化。[③] "修正权威主义"是我国现代化与传统权威主义权力模式交织的过渡产物。深受"传统权威主义"模式及权力结构影响，我国在现代化转型过程中形成了以中央权威为核心，以地方政府的逐级任务分包和灵活变通为运行机制的模式。[④] 实质上，尽管40多年来持续不断的改革及现代化

[①] 李传轩：《生态经济法——理念革命与制度创新》，知识产权出版社2012年版，第5页。

[②] 该发展路径是以土地、自然资源、生态环境及劳动力四大资本高强度供应为基础，从而维持经济的快速增长。参见李传轩《生态经济法——理念革命与制度创新》，知识产权出版社2012年版，第5页。

[③] 鄢一龙：《六权分工：中国政治体制概括新探》，《清华大学学报》（哲学社会科学版）2017年第2期。

[④] 杜辉：《环境治理的制度逻辑及模式转变》，博士学位论文，重庆大学，2012年。

冲击，我国的政治体制与权力结构并未发生根本性变化，行政权仍是社会价值分配的主导力量，未能实现以法理权威为基础，以科层管理为媒介的"法治权威式政治"。[1] 显然与现代化过程中社会公民性与民主意识崛起特质格格不入，由此说明权力结构或权力制衡出现了问题或需要加以调整。权威性范式的政治模式和权力结构呼吁着新的变革路径：一是强化公共行政本身的民主性，二是强化司法的干预。[2]

最后，从社会体制转型来看，该转型是以经济（市场）、政治（权力）、法治发展为基础逻辑的，在现代化冲击下国家和社会不断重新组合，由此形成了国家—社会的市民社会互动结构。社会体制改革是伴随着现代化进程中社会结构与利益格局的深刻变动而不断调整的。计划经济时代，我国的社会结构是以国家全面管控为核心，实行"单位化""集体化"的统一式社会，社会的发展源于国家整体主义的管控能力与动员能力。这种"强大的动员能力与整合能力……很大程度上得益于现代国家居民对国家政治积极参与性与效忠国家的强烈认同感"[3]。改革开放时代，伴随着经济体制转型，大包大揽的"全能政府"逐渐暴露其弊端，同时社会分化出现了诸多的新主体、新规则及新行为方式，形成了全新的资源分配与流通方式，"市民社会"的雏形由此产生。[4] 在国家与市民社会二元良性互动过程中，市民社会对国家的影响表现在：一是市民社会对国家权力的监督与制约，如各种行业协会、非政府组织、利益团体、互助组织等社会组织的产生及其自治能力的增强；二是市民社会培育了多元利益主体（集团），成为民主政治强大推动力。[5] 但不可忽略的是，市场经济体制下的"精英联盟"[6] 占据了改革开放成果的绝大部分资源且对社会具有支配性，加之地方政府以经济增长为目标和官员唯经济升迁考核制的制度性障碍，导致权力落脚点的偏离，权力与利益的合谋导致政府职能的异化

---

[1] 于建嵘：《共治威权与法治威权——中国政治发展的问题和出路》，《当代世界社会主义问题》2008年第4期。
[2] 杨伟东：《权力结构中的行政诉讼》，北京大学出版社2008年版，第11—12页。
[3] [美] 约瑟夫·R. 斯特雷耶：《现代国家的起源》，华佳、王夏、宗福常译，格致出版社、上海人民出版社2011年版，第3页。
[4] 杜辉：《环境治理的制度逻辑及模式转变》，博士学位论文，重庆大学，2012年。
[5] 武小川：《公众参与社会治理的法治化研究》，中国社会科学出版社2016年版，第32页。
[6] "精英联盟"是指"政治精英""经济精英""知识精英"等此类多元利益主体（集团）。

与公共利益的保护失灵。

概言之,转型中的中国经济体制的发展范式使我国环境问题日益突出与显著,政治体制的转型使司法权参与行政权的监督成为可能并亟待完善,社会体制的转型则孕育出了一批新的社会组织力量参与社会管理与治理事务,同时也要求对公共利益予以更多的关注与保护,这些都为我国环境公益诉讼制度的诞生埋下伏笔。

二 转型中的中国环境问题

"环境问题无论是资本主义国家还是社会主义国家,是世界先进国家中共同的烦恼。"[①] 处于转型中的中国,各方面的"体制机制弊端"尚存,旧有的产业结构、增长模式以及政治社会格局,使污染成为一种结构性和体制性的污染。[②] 我国人口红利薄弱,耕地资源不足,人均资源禀赋低、生态环境遭受持续污染与破坏,环境民主、环境公平与社会正义在国家权力框架中难以有效实现。权益保障、诉权表达、利益协调、矛盾调处机制的欠缺,不利于在规划决策中形成制衡及在社会中化解冲突。转型中的现行体制还导致污染和生态破坏事件发生时,地方的环境行政机关和司法机关很难遵从中央的环境保护政策和法律,而不得不受制于地方的党政机关决策。[③] 具体而言,转型中的中国环境问题突出表现在以下几方面:

首先,环境形势依旧严峻,环境治理难度大。国家工业化进程发展需要时间的沉淀,但由于所谓的后发优势影响,诸如我国、日本、韩国等后发国家高度压缩工业化进程时间,[④] 长期保持了很高的发展速度。一方面,在我国这种快速的、大规模的工业化过程中,城市建设的不断扩张、制造业、能源原材料工业等仍在经济结构中处于主导地位,这种情形下不可避免产生大量的能源消耗和环境污染排放。全国各地之间依旧以 GDP 为主要竞争指标核心,工业普遍化,生态环境污染始终难以避免,各种环境问题集中爆发,交互叠加。另一方面,资源紧缺、环境空间有限又是我

---

① [日] 原田尚彦:《环境法》,于敏译,法律出版社 1999 年版,第 2 页。
② 李楯主编:《环境公益诉讼观察报告》,法律出版社 2016 年版,第 277 页。
③ 李楯主编:《环境公益诉讼观察报告》,法律出版社 2016 年版,第 253 页。
④ 英国、美国等先发国家完成工业化分别花了 200 年、135 年,而日本、韩国等后发国家仅分别花费 65 年、33 年。参见洪大用《关于中国环境问题和生态文明建设的新思考》,《探索与争鸣》2013 年第 10 期。

国的基本国情。① 这种错综复杂的情况下,环境系统自身的运行极其复杂,长期累积的复合性环境破坏以及环境治理的长期欠账,使得一些地区乃至全国的环境状况在短期内难以修复,甚至不可逆转。显然,这种环境形势比发达国家分阶段出现的各种环境问题要严峻得多。先天环境条件的不足,后天发展的不妥,直接导致我国在应对环境问题的意识准备、知识储备、能力建设和资源分配等方面应接不暇,难以有效治理环境问题。②

其次,城乡区域发展不平衡,生态环境恶化。城乡分治格局导致城市污染向农村的大量转移,农村由于自身制度的缺陷,③ 使得农村污染日益严重化。东西部区域发展的不平衡,导致区域间环境治理的差异性与恶性转移。④ 我国环境治理呈现出东西部城市差异性,重东部发达省份轻中西部较落后省份,区域环境问题显著。概言之,环境压力整体有所减缓,基于城乡分治及区域转移,环境污染受影响人群却更加广泛,生态环境污染与破坏更为广阔,公民享有健康权与环境权的愿望更难以实现。

最后,公众环境意识的觉醒,环境群体性事件频发。公众环境意识的觉醒是现代化市场经济和民主政治的产物,并伴随着全球环境危机、生态环境恶化等问题的出现,公众环境意识得到前所未有的提高。公众不再仅满足于物质生活的富足,更要求健康、安全、清洁的生活环境。⑤ 鉴于我

---

① 据有关数据统计,我国人均耕地、淡水、森林仅占世界平均水平的32%、27.4%和12.8%,矿产资源人均占有量只有世界平均水平的1/2,煤炭、石油和天然气的人均占有量仅为世界平均水平的67%、5.4%和7.5%,而单位产出的能源资源消耗水平则明显高于世界平均水平。参见中国人大网《党的十七大报告解读:建设生态文明,基本形成节约能源资源和保护生态环境的产业结构、增长方式和消费模式》,2007年11月25日,http://cpc.people.com.cn/GB/67481/94156/105719/105720/6572141.html;中央政府门户网《中国的能源政策(2012)白皮书》,2012年10月24日,http://www.gov.cn/jrzg/2012-10/24/content_2250377.htm。

② 洪大用:《关于中国环境问题和生态文明建设的新思考》,《探索与争鸣》2013年第10期。

③ 如耕地、水体的治理制度的先天不足、治理经费紧缺等。

④ 据相关数据统计,从2002年到2010年,全国二氧化硫排放量先增后降,在2006年达到2588.8万吨后呈稳定下降趋势。但从各地区看,北京2002年是19.2万吨,2010年降到11.5万吨;而同期内蒙古则从73.1万吨增加到139.4万吨。其他指标如工业废水排放达标率、工业烟尘排放达标率、工业氮氧化物排放达标率、工业固体废物综合利用率等,位居前列的也主要是东部发达省份。参见中华人民共和国环境保护部《2010年中国环境状况公报》,2010年12月30日,http://www.zhb.gov.cn/hjzl/zghjzkgb/lssj/2010nzghjzkgb/。

⑤ 邓一峰:《环境诉讼制度研究》,中国法制出版社2008年版,第188—189页。

国处于社会转型期，长期以来忽略环境保护的经济发展模式，企业本应兼顾社会关系，以符合社会规范的方式来开展经济活动，①而在当下中国，经济发展不顾及社会的需要和期待，对生态环境造成了极大的压力与破坏，身处环境中的公众不仅整体上的公共利益受到直接损害，组成公众的个人的私人利益亦受到损害。在现行制度体制下无法实现其环境公共利益的诉求，令原本处于弱势地位的社会更加孤立无援，最终导致"自发反抗"的环境冲突此起彼伏。②自 1996 年以来环境群体性事件一直保持年均 29% 的增速，③环境群众性事件以反应型环境群体性事件与预防性环境群体性事件为基本类型，借由点状环境事件发展为主体多元、规模宏大、诉求复杂的膨胀性、分散性、非理性、突发性的环境群体对抗事件为特征，成为继征地群体性事件、拆迁群体性事件之后影响社会发展的一大不稳定因素。④

三　转型中的中国环境法治

我国环境法治是伴随着外交事业的起步而偶然兴起，并基于内生环境诉求与外交力度的增强而不断发展与完善。自 1972 年我国首次派代表团参加联合国人类环境会议以后，我国政府开始意识到世界环境污染的严重性，同时也发现了国内环境问题的突出性，由此促成了我国政府对环境问题的重视与关注。至此，我国开始了环境法治漫长探索与曲折前行之路。"法者天下之公器也，变者天下之公理也。"法律乃公共资源，立法者立法为据，规范社会；守法者以法为凭，指导行为并为法律请求权之基础；执法者以法为执，依法行政；司法者，秉持正义，定纷止争，匡正法度。⑤ 转型中的中国环境法治更多体现在立法、执法与司法三个维度的发展上。

---

① 熊易寒：《市场"脱嵌"与环境冲突》，《读书》2007 年第 9 期。
② 张萍、杨祖婵：《近十年来我国环境群体性事件的特征简析》，《中国地质大学学报》（社会科学版）2015 年第 2 期。
③ 新闻中心—中国网：《近年来我国环境群体性事件高发年均递增 29%》，2012 年 10 月 27 日，http://news.china.com.cn/2012-10/27/content_26920089.htm。
④ 彭清燕：《环境群体性事件司法治理的模式评判与法理创新》，《法学评论》2013 年第 5 期。
⑤ 陈亮：《环境公益诉讼研究》，法律出版社 2015 年版，第 1—2 页。

（一）立法层面：公众参与、关联制度融合与衔接、程序法治亟待理性立法

计划经济时期，我国自然资源与生态环境的历史欠账已然严重，环境法治建设极为落后，① 主要表现在：第一，以政策性、原则性规定为主，环境保护难有作为。如1973年国务院提出的生态环境保护的32字方针，到环境保护小组专门设立，说明了我国国家层面对环境的重视，但是离环境法治相距甚远；第二，零星环境立法，环境法律制度不成体系。如1964年的《城市工业废水、生活污染管理暂行规定（草案）》综合性立法和1958年国务院《关于加强对废弃物品收购和利用工作的指示》等专门性政策文件。② 改革开放以后，我国环境法治发展取得实质性进展，经历了环境立、改、废的蜕变过程。在综合性立法方面，先后颁布或修订了《宪法》《环境保护法》《侵权责任法》等；在环境污染防治方面，大气、水、海洋、噪声、固体废物、化学物质、农药、电辐射等单项污染防治立法迅速发展。③ 在自然资源与生态保护方面，森林、草原、野生动物、水、土地等单项自然资源立法得以确立，风景名胜、水生动植物自然保护区、自然保护区、文化遗产、湿地、地质遗迹等特殊区域保护和野生动植物、水生野生动物等生物多样性保护立法取得突破性进展。此外，我国还积极参与世界性环境公约或协定书，开展区域环境合作。④ 应该说，我国环境法律制度体系已基本建成，以可持续发展观为价值指导的中国环境法治正朝着体系化、系统化、科学化方向发展，形成了环境污染与自然资源保护相结合、全局环境问题与局部区域生态的协调治理、综合性与专门性立法相配合、国内与国外环境立法的衔接等较全面的法网体系。

但在取得良好立法成就的背后，我们也必须看到其问题之所在，主要表现在：一是重环境资源单项法轻综合规划法、重污染防治法轻自然保护

---

① 常纪文：《环境法前沿问题——历史梳理与发展探索》，中国政法大学出版社2001年版，第2页。

② 常纪文：《环境法前沿问题——历史梳理与发展探索》，中国政法大学出版社2001年版，第2页。

③ 柯坚：《当代环境问题的法律回应——从部门性反应、部门化应对到跨部门协同的演进》，《中国地质大学学报》（社会科学版）2011年第5期。

④ 国家环境保护总局：《中国环境状况公报（2001）》，2016年5月1日，http://www.mep.gov.cn/hjzl/zghjzkgb/lnzghjzkgb/201605/P020160526552473168912.pdf。

法、重强制性规制轻经济激励和公众参与等现象。二是环境保护法律制度不完备，环境法体系内的法律存在着效力层次的混乱。① 三是环境保护法律体系与关联性部门法间的融合与衔接有待提高。四是重实体法轻程序法。环境程序法治是衡量一个国家环境法治程度的重要标志。② 程序法治相较于实体法程序，是一种更追求个人价值、尊严及权利的高层次模式，更为彰显理性、公平与正义的价值内涵。

（二）执法层面：环境行政权力的扩张与执法能力的有限亟待制度供给

我国已初步形成较为完善的环境执法体系。对于环境问题的治理，主要依赖于环境行政执法及行政权的灵活、积极和高效率行使。一方面，整个环境法的发展就是以环境行政法的发展为主题，并以环境行政权力扩张为基本特征。因此，环境行政权实际上是在不断扩张的，试图通过建立和完善环境行政法律制度，明确行政机关接受举报、行政处罚和行政措施以及监督行政相对人进行环境保护、修复等职责，以实现对环境利益的普适性保护和环境公共事务的长效治理。③ 另一方面，我国环境执法却因地区本位、经济发展核心观、权力寻租、官僚主义等而常常出现"失灵"，表现为"不愿查""不会查""不能查"的"三不"问题。具详之为环境执法监管不力、执法不严；环境执法人员作风不硬、素质不高；地方政府基于自身经济发展需求而对环境执法进行的不当干预。由此可见，我国环境行政权力及其职责的扩张与环境执法能力之间差距甚远，亟待新的制度制衡与补充。

（三）司法层面：生态环境救济亟待司法能动性的提升

环境司法的价值定位首先在于调整利益冲突与塑造秩序。作为生态环境保护的最后一道防线，环境司法的主要功能是解决纠纷，救济环境污染造成的人身、财产损失，维护国家环境资源管理制度，惩治环境犯罪，充当权利与秩序的"安全阀"。但是这种传统型的司法模式在生态环境领域却显得力不从心，在维护权利、塑造秩序方面收效甚微。一方面，环境侵

---

① 孙佑海：《"十一五"中国环境法治回顾、评价与展望》，《中国政法大学学报》2012年第1期。

② 薛刚凌：《论实体法治与程序法治》，《法制日报》2007年3月11日第14版。

③ 王明远：《论我国环境公益诉讼的发展方向：基于行政权与司法权关系理论的分析》，《中国法学》2016年第1期。

害的长期性、不确定性、复合性、多因性等特质以及受害者面临的司法技术和操作上的知识、公共利益的非确定性等困境决定了大量环境侵害纠纷无法进入司法程序。另一方面,大量进入司法程序的环境侵害案件并不能达到"案结事了"的社会效果,由于受到地方保护主义的影响,那些施害者与受害者力量对比悬殊的案件还存在引发次生矛盾的风险。① 正如前文所提及的,环境群体事件是涉面广、涉人多的公共性、社会性的环境权益纠纷。目前,在我国居于主导地位的环境群体事件化解模式是压力型维稳链条支配下的行政权力主导型。具有强烈行政意味的人事处分、检查报告及充满权力等级色彩的命令公文成为化解环境群体性事件的主流工具及载体,而以司法化解模式统计数据不足1%,充分说明司法化解模式的边缘化。② 换言之,环境司法并未成为环境纠纷或冲突的主导化解机制,不得不说离我们所倡导的"努力让人民群众在每一个司法案件中感受到公平正义"的司法理想差距甚远。司法在改善生态环境方面作用微乎其微,并未发挥其应有之用,环境司法能动性亟待提升。

四 转型背景下环境公益诉讼的提出

我国经济体制变革、政治体制转型、社会结构变动导致利益格局重新调整。在这风云激荡的现代化进程中,人与环境的矛盾日益突出,生态环境面临着前所未有的压力,结构性、制度性及人与环境矛盾凸显。生态文明建设是一项复杂、综合、庞大、艰难的系统工程,环境法治建设作为子工程之一,其坚实的理论基础是其最佳化的重要保障。上文粗略对环境法的宏观层面进行了讨论,但是要做的远不止如此。通往生态文明之路除了要求法律理念的更新,更要求微观层面——具体制度的调整,即进一步扩展调整领域、克服对新问题新挑战应对不足的缺陷以及在立法中明确生态补偿制度、公众参与制度等具体制度,并加以引入与规范。生态文明下的环境法完善路径应当既着眼于宏观理论价值的构塑,又定位于具体制度的构建。根本性原则和价值观的引导则能更好地指引具体制度的完善与实

---

① 杜辉:《环境司法的公共治理面向——基于"环境司法中国模式"的建构》,《法学评论》2015年第4期。
② 彭清燕:《环境群体性事件司法治理的模式评判与法理创新》,《法学评论》2013年第5期。

施；而法律法规中详尽的具体制度及其有效实施，则会对环境法根本性法律原则和制度的转变有所推动，二者是相辅相成的，不可分割的，相得益彰，共同促进环境法的发展。由此，催生了环境法治发展的广阔天地。但由于环境法治内生的立法、执法及其司法制度缺陷，亟待一种新的制度来缓解社会与环境矛盾。于是乎，以依法合乎正义地解决环境纠纷、维护环境公共利益为其要旨的时代产物——环境公益诉讼制度诞生了。[1] 环境公益诉讼制度在转型中的中国及其环境问题、转型中的中国环境法治背景下产生具有重要时代意义。

（一）可持续发展观下经济形态对环境诉讼的现实要求

可持续发展观是转型中中国经济体制改革重要发展理念，其是对传统发展观的反思与超越，意味着建立一种崭新的社会生产力。可持续发展观最早在1987年《我们共同的未来》报告中被提出，并在1992年联合国世界环境与发展大会中发表的《里约宣言》与《21世纪议程》得以广泛认知。2002年世界环境与发展大会推行清洁生产并制订了相关行动计划，由此循环经济理念产生。我国正在经历"四高一多"粗放型经济发展模式带来的阵痛，循环经济的产生如同一盏指明灯，为我国遭受自然资源、生态环境严重制约的窘境照亮了前进的方向，迅速成为可持续发展观下我国主流经济。该经济形态要求在环境承载力范围内发展经济，以追求人与自然和谐相处为主要内容，强调环境权利义务对等、代际与代内公平。[2] 在此背景下，对我国传统环境诉讼必然提出新的要求。其中，最核心的问题是传统诉讼未涉及的环境公共利益，如何突破旧有制度寻求环境公共利益的司法救济。显然，环境公益诉讼制度的提出是回应经济发展模式转型之下制度创新的现实需求。

（二）权威主义下实现环境民主的重要途径

环境公益诉讼制度的构建，一方面为公众参与国家环境治理与环境保护提供了桥梁，实现国家与市民的良好互动；另一方面也是一个国家重视和保护公民权利，实行法治权威的重要标志，其与国家政治民主化进程紧密相连。在市民社会比较成熟的西方国家，社会结构（如社会组织的崛起及发展）改变了政府维护环境公共利益的方式，并对泛经济利益的现代化

---

[1] 陈亮：《环境公益诉讼研究》，法律出版社2015年版，第1—2页。

[2] 邓一峰：《环境诉讼制度研究》，中国法制出版社2008年版，第160—162页。

追求形成合理的牵制。① 现代民主体制要求在国家权力活动中，特别是政府公共政策的制定过程中，必须给公众参与政策制定全过程的机会。② 随着我国环境问题的加剧，社会公众事实上已经不再是国家环境治理过程中被动的观望者。在互联网时代下，公众能够随时关注我国不断爆发的环境问题，时刻监督环境行政机关。当环境行政机关不作为或消极作为之时，公众通过多种途径向国家倾诉其利益主张以及对环境行政机关的期望，乃至启动司法权对环境行政行为加以纠正。处于市民社会的社会公众提起环境公益诉讼，基于自身的利益追求与价值选择，通过司法途径向政治国家表达利益主张，是其进入政治生活的唯一或者相对不昂贵的入口，为其参与社会治理提供了合法的途径，③ 形成国家不能忽视的声音；政治国家也通过环境公益诉讼，以较低的社会成本获得市民社会中对于环境治理与环境保护的反馈意见，以司法途径及时督促污染者、行政部门对自身行为进行调整，进而对环境行为予以修正。由此，环境公益诉讼制度成为联通市民社会与政治国家的媒介，在一定程度上实现二者的融通，是市民社会的公众参与国家环境治理与环境保护的信息联通（利益表达），实现环境民主的重要途径。

（三）环境危机下解决环境纠纷的社会客观需求

由于转型中的中国环境问题日益突出，环境危机重重，随之而来的环境冲突和纠纷层出不穷。环境问题的复杂性、综合性、滞后性等特征决定了环境纠纷的复杂与棘手。"环境纠纷存在本身并不是问题，问题的点在于既有纠纷解决机制是否能够化解。"④ 环境纠纷的解决机制有二：一是行政化解机制；二是司法化解机制。正如上文中提及的环境群体事件的出现、演变及解决，折射出的是行政权力为主导的环境纠纷化解模式的失灵，需要一个新的社会纠纷解决机制，以恢复社会环境保护的平衡与秩序。事实上，"实践表明，相当一部分社会冲突或纠纷，特别是存在暴力侵害的社会冲突，唯有通过国家暴力强制，从而唯有通过诉讼才能得到真

---

① 张式军：《环境公益诉讼原告资格研究》，山东文艺出版社2012年版，第9页。
② 王绍光：《中国公共政策议程设置的模式》，《中国社会科学》2006年第5期。
③ 肖建国：《民事公益诉讼的基本模式研究——以中美德三国为中心的比较法考察》，《中国法学》2007年第5期。
④ 谢伟：《环境公益诉权研究》，中国政法大学出版社2016年版，第112页。

正解决。"① 此时司法化解机制就应运而生。正如有学者认为的,"诉讼作为解决、裁判社会冲突的权威性活动,实质是按照一定的程序,在当事人之间对法律正义的分配过程"②。环境公益诉讼制度的产生则是试图通过司法程序获得权威、公正、最终的解决,其为公众提供了一个表达环境利益诉求、维护环境公共利益及解决环境纠纷的良好渠道。在环境危机下,环境公益诉讼制度在维护社会稳定,保障民生、疏导民意、化解民怨等方面发挥着不可替代的作用。

(四) 环境法治下促进环境法律实施的有效手段

第一,充实与完善环境法。社会瞬息万变决定了法律无法完全适应与反映社会现实。为适应社会及价值观之动态变化,解决我国转型过程中产生的矛盾,相对滞后的法律就必须有大量的诉讼实践积累,以完善与健全法律。为及时遏制环境侵害行为,避免国家、社会及个人的环境利益与秩序受到损害,致使环境无法恢复,需要环境公益诉讼。在环境公益诉讼的实践中,能够不断发现环境新问题,为促进与完善环境法奠定良好的现实基础,是我国环境法不断发展与充实的源泉。法律的发展历史已证实:没有诉讼活动,法律是难以完善与发展的。③

第二,强化对环境行政权力的监督。就现行法律体系而言,对于行政机关环境权力的监督路径有二:一是行政机关的内部监督体制,其核心是通过上级政府对下级政府、同级权力机关对政府的常规性、持续性监督与约束;二是外部公众监督体制,即《宪法》第 41 条赋予公民以批评、建议、申诉、检举以及控告等方式来实现对行政机关环境权力的监督与约束。内部监督体制因其级别的局限性与利益俘获等因素而易导致自我失灵。外部公众监督体制因权利的虚化或软弱性而易导致选择性失语。由此,现行的监督路径均具有其不足。构建环境公益诉讼,恰恰能够弥补以上两者的不足:一方面,通过构建环境公益诉讼,以期通过诉讼的方式间接实现上级对下级、同级权力机关对行政机关的自我监督的执行从而解决内部监督的失灵;另一方面,社会公众参与保护环境公共利益也因环境公益诉讼而有了必要的制度通道,直接强化了外部公众

---

① 顾培东:《社会冲突与诉讼机制》,法律出版社 2004 年版,第 41 页。
② 谢伟:《环境公益诉权研究》,中国政法大学出版社 2016 年版,第 1 页。
③ 陈玉范:《环境公益诉讼初探》,吉林人民出版社 2006 年版,第 148 页。

监督的参与权,符合"权利制约权力"的运行模式。由此,环境公益诉讼是权利与权力平衡模式中强化权利救济的重要表现,其间接促进权力自我监督的有效实现,同时优化公众与行政机关之间在环境保护中的权利义务配置。

第三,实现司法权对行政权的制衡。司法权的介入有利于实现权力制衡。权力制衡要求在对立法权、行政权及司法权作出权力配置与划分的基础上,实现三者相互制约与监督,以实现权力之间的平衡。而在环境公共利益方面,因存在体制性障碍①及"权力寻租"的可能,环境行政权的滥用尤为突出,迫切需要构建制度来形成对环境行政权的新制衡,便由此产生环境公益诉讼制度。环境公益诉讼制度的建立需要环境司法的制衡,以形成"权力制约权力"模式,从而促进环境司法对环境行政权力的制约,防止不当、违法的环境行政行为发生。环境司法的介入需要法定主体启动环境公益诉讼。由此,环境行政与环境司法以环境公益公诉制度为桥梁,实现行政权与司法权的互动与防控。

第二节 我国环境公益诉讼的历史嬗变

作为生态环境司法保护手段的环境公益诉讼,已成为理论界、实务界、大众及媒体等社会各界广泛关注的前沿和热点问题。环境公益诉讼研究至今已有十余载,其演变是随着我国社会经济发展和环境问题态势的变化而不断变化与调整的,是一种动态的发展过程。同时,环境公益诉讼的演变也遵循以西方先进理念、经验为借鉴的发展路径,由此形成我国环境公益诉讼的特有历史嬗变过程。"研究问题应当从历史分析开始的"②,对我国环境公益诉讼发展历程的梳理,能够让我们更为清晰地了解环境公益诉讼制度构建与运行现状,从而准确地把握环境公益诉讼未来发展脉络,以期对环境公益诉讼更好地进行理论研究与经验总结。环境公益诉讼的发

---

① 体制性障碍是指环境保护行政机关在执法过程中遭遇到地方政府的消极对待以及地方保护。参见盛华仁《全国人大执法检查组关于跟踪检查有关环境保护法律实施情况的报告》,转引自章礼明《检察机关不宜作为环境公益诉讼的原告》,《法学》2011 年第 6 期。

② 《毛泽东文集》第 8 卷,人民出版社 1999 年版,第 139 页。

展大体历经三个阶段。

一　理论初探及其个别实践尝试（2005 年前）

这一时期环境公益诉讼的发展很大程度上依赖于对环境权理论研究的扩展，认为由于环境权的缺失及其环境权保护力度不足，使得我国环境问题得以产生。在此逻辑下，开启了环境公益诉讼的探索与发展之路，借由环境公益诉讼，试图赋予公民环境权，以实现环境保护之目的。但基于环境公益诉讼理论准备与实践经验的不充分，对环境公益诉讼概念界定、范围划定、价值功能等基础问题均未明确，很多诉讼实践具有明显的试验色彩。

（一）环境权的提出及其对环境诉讼制度的影响

1982 年蔡守秋教授首次将舶来品"环境权"概念引入我国法学理论视野中。他认为"环境权是环境法上的一个核心概念，是环境诉讼的基础，从而将环境权与环境法学科体系和环境诉讼联系起来"[①]。由此可见，在早期的环境权研究中，环境诉讼的概念因环境权而被学者所主张与发展，隐约表达出对环境公益诉讼制度的强烈渴求，蕴含着环境权司法保护理论的基质。[②] 随后，环境权成为法学界尤其是环境法学界的研究热点，并将环境权聚焦点集中在公民环境权上。1990 年陈茂云试图对公民环境权内涵与实现路径进行理论探索。他认为"公民环境权是公民有在符合一定质量标准的环境中生活的权利。公民环境权有核心环境权和派生环境权之分。其中派生环境权是为保证核心环境权的实现而创立的一种手段，法律应该予以有效保护。因此，在派生环境权中包括了公民诉权，即公民为维护其核心环境权，享有通过司法途径行使请求保护权，即请求国家司法机关保护其环境权利"[③]。换言之，公民环境权需要司法手段予以保障与救济，从而探索出了环境权法律救济路径之一——环境私益诉讼。

其后，吕忠梅教授则分别于 1995 年、2000 年对公民环境权进行了更为系统、全面的研究。吕忠梅教授从私法的角度出发，对传统民法财产

[①] 蔡守秋：《环境权初探》，《中国社会科学》1982 年第 3 期。

[②] 张恩典：《"司法中心"环境权理论之批判》，《河南大学学报》（社会科学版）2015 年第 3 期。

[③] 陈茂云：《论公民环境权》，《政法论坛》1990 年第 6 期。

权、人格权及侵权理论与制度进行全面审视后，认为传统的私法法律制度无法满足现实保护环境之需求，进而论证了公民环境权理论建构的必要性和可能性。① 在此基础上，借鉴了日本学者富井利安的观点，将公民环境权中实体性的"环境使用权"作了环境私权和环境公权之分。其中，环境私权包括日照权、眺望权、嫌烟权等与我们的生活密切相关的、私权属性较高的权利；环境公权包括清洁水权、清洁空气权、享有自然权、历史性环境权等公益性较高的权利。与公民环境公权和环境私权相对应则产生了两条公民环境权法律救济路径，即环境公益诉讼（主要指环境民事公益诉讼）和环境私益诉讼。② 此外，陈泉生、王明远、汪劲等学者也对此作出研究。③ 这些学者多数亦从私法角度对环境公益诉讼进行理论初探。由此可见，早期的环境公益诉讼制度主要探讨从私法领域予以构建且主要以环境权为理论基础。

概言之，环境公益诉讼作为一种重要的环境权救济方式，是环境权从理论到实践的重要途径，在环境权的研究中得以凸显。以此为始，学术界开启环境公益诉讼制度之研究。④ 与此同时，"他山之石，可以攻玉"，学者对国外制度经验的借鉴也促进我国环境公益诉讼制度（主要是环境民事公益诉讼制度）的发展。因此，此阶段我国学者对国外环境民事公益诉讼的理论与实践也进行了研究，⑤ 尤其是对美国公民诉讼制度的介绍。⑥ 但这

---

① 张恩典：《"司法中心"环境权理论之批判》，《河南大学学报》（社会科学版）2015 年第 3 期。

② 参见吕忠梅《论公民环境权》，《法学研究》1995 年第 6 期；吕忠梅《再论公民环境权》，《法学研究》2000 年第 6 期。

③ 参见陈泉生《关于我国环境侵权起诉要件和被诉对象的建议》，《环境导论》1996 年第 3 期；陈泉生《环境权之辨析》，《中国法学》1997 年第 2 期；王明远《环境侵权法律救济制度》，中国法制出版社 2001 年版；汪劲、田秦《绿色正义——环境的法律保护》，广州出版社 2000 年版。

④ 据笔者检索，2005 年以前，CNKI 收录的以"环境公益诉讼"为篇名的文献（包含期刊、报纸、硕博学位论文及会议）共计 19 篇，其中，2002 年 1 篇、2003 年 6 篇、2004 年 12 篇。

⑤ 如以叶勇飞副教授为代表，认为环境公益诉讼（主要指环境民事公益诉讼）是指为了保护社会公共的环境权利和其他相关权利而进行的诉讼活动。参见叶勇飞《论环境民事公益诉讼》，《中国法学》2004 年第 5 期。

⑥ 具有代表性的成果主要有陶红英《美国环境法中的公民诉讼制度》，《法学评论》1990 年第 6 期；李艳芳《美国的公民诉讼制度及其启示——关于建立我国公益诉讼制度的借鉴性思考》，《中国人民大学学报》2003 年第 2 期；陈冬《严格的起诉资格规则——以鲁坚案为中心析美国环境公民诉讼》，转引自吕忠梅、徐祥民主编《环境资源法论丛》（第 4 卷），法律出版社 2004 年版。

种研究多停留在制度介绍与阐释，缺乏深层次的制度移植的本土化研究。

（二）个别实践尝试及其对环境民事诉讼制度的影响

新制度的发展与完善需要理论与实践之积累，二者是循环互动之关系。我国环境公益诉讼的理论界对其进行了初步探讨，实务界亦在不断地践行中。环境行政机关、环保组织、检察机关以及个别公民开始尝试提起环境公益诉讼实践之旅，例如 1980 年青岛市房产局机具厂女工王娟诉青岛市化工厂大气污染损害赔偿案；2002 年马耳他籍"塔斯曼海"油轮与中国大连"顺凯一号"碰撞原油泄漏污染海洋生态环境案；2003 年山东省乐陵市人民检察院诉某化工厂非法经营炼油案等。这些实践尝试呈现出如下特征：

第一，环境民事公益诉讼成为环境诉讼主导类型。由于环境纠纷日益繁多与突出，我国政府尚未建立起一个健全周密的机构以应对纷繁复杂的环境问题，维护环境公共利益，公民环境意识的崛起让公众愿意参与环境事务中去，由此开启环境公益诉讼之门。这一时期的环境公益诉讼制度一般是在传统民事诉讼范畴内进行的，但却在传统诉讼构造下存在难以耦合的尴尬局面，急切需要新的诉讼理论以突破维护私人利益为目的的诉讼构造。环境民事公益诉讼就是在此背景下形成的，是对原有传统诉讼理论的突破，并成为环境诉讼的一大主要类型。

第二，原告呈现多元化和非直接利害关系。环境诉讼案件中更多体现环境公共利益，国家、社会和个人在环境公共利益上具有一致性。因此，对于这些主体而言，环境公益诉讼深刻影响着社会个体自身与长远利益、社会以及国家的整体与深远利益，从而实现对深层次环境权利的终极关怀。据此，当环境公共利益受到损害或有损害之虞时，环境行政机关、检察机关、环境保护组织及公民个人尽管可能不是违法行为侵害的直接利益关系人也可依法提起环境诉讼，以维护环境公共利益。

第三，诉讼请求范围的宽泛性。环境民事公益诉讼请求与传统民事诉讼不同，不仅包含了因生态环境利益受损的损害赔偿，还包括了对被告侵害环境公共利益行为予以禁止，如为避免环境损害的出现或扩大，要求被告采取相应防害措施，禁止从事相关活动等。环境民事公益诉讼的诉讼请求内容不仅针对现在，还指向未来。这实际上是对现有利益格局试图予以改变或提出新的权益保护，由此法院对于诉讼请求的肯定可能意味着形成新的规范，法院公共政策形成功能在环境民事公益诉讼中得以发挥。

总之，在环境民事公益诉讼实践的引领下，我国传统民事诉讼首先开始对公共利益司法保护，尤其在环境领域开始试验；其次突破了传统原告资格标准，开始对当事人适格理论予以反思与适当扩张，试图通过对诉之利益的重新解释，扩张当事人适格基础，使更多主体参与到环境公共利益保护中来。[①] 法院公共政策形成功能的凸显也在一定程度上推动了环境民事公益诉讼的前进步伐。当然，在这一过程环境行政公益诉讼亦有所突破，[②] 但是囿于行政诉讼在我国一直处于较为艰难的实际处境，与环境民事公益诉讼相较进展速度相当缓慢，未能对传统行政诉讼框架有所改变。因此，总体上来看，环境公益诉讼仍以环境民事公益诉讼为主，并预示着传统民事诉讼一场暴风雨的来临。

二 理论深探及政策指导下部分地区司法实践（2005—2012 年）

2005 年以后，环境民事公益诉讼制度作为环境公益诉讼制度一项重要内容成为我国法学界的一大研究热点，学术界对此问题开展了全方位深入的系统研究，对于我国环境公益诉讼制度的建立起到巨大的推动作用。[③] 这一时期的环境公益诉讼在国家政策指导与推动下历经了从制度指导实践又从实践完善制度、从理论走向现实又从现实走向理论的动态循环过程。理论探索、政策出台以及制度化与实践是一个相互影响、促进的循环反复过程，而非线性单一过程。环境公益诉讼制度的建构便是在边地方试点边理论探索的方式中实现的。

（一）环境公益诉讼制度的理论深探

正如前文所述，环境公益诉讼制度是舶来品，且最早发端于美国公民诉讼制度，因此环境公益诉讼理论研究在我国亦多以制度构建为着眼点，力图通过环境公益诉讼的内涵界定、价值追求、功能定位、起诉主体、具体实施机制等探究解决我国日益严重的环境状况与保护公民的环境权益。

---

① 齐树洁、林建文主编：《环境纠纷解决机制研究》，厦门大学出版社 2005 年版，第 225 页。

② 如 2001 年施建辉、顾大松诉南京市规划局案；2002 年陈法庆告杭州市余杭区环保局行政不作为案；2003 年金奎喜状告杭州市规划局案等。

③ 2005 年以后，学术界对环境公益诉讼的研究文献大幅度增加。据笔者统计，仅 2005 年，CNKI 收录的以"环境公益诉讼"为篇名的文献（包含期刊、报纸、硕博学位论文及会议）共计 40 篇，是以往数量总和的两倍多。此后文献数量整体性呈逐年递增态势。截至 2012 年年底，CNKI 收录的以"环境公益诉讼"为篇名的文献（包含期刊、报纸、硕博学位论文及会议）共计 877 篇。

如在法律体系方面，常纪文认为"除修订主要法律之外，还应当修订单行环境立法，发挥司法解释的作用；在具体规定方面，明确规定具体程序要件，承认公民的环境权，扩展环境损害的范围，扩大原告资格"[1]。在制度构建层面，李劲认为"应当通过立法明确规定环境公益诉讼制度；在立法指导思想上，应当体现环境公益诉讼的特殊性即诉讼主体的多元化；在立法价值取向上，应当体现环境公益诉讼的激励机制"[2]。张怡等认为"环境公益诉讼并未呈现应有生机，其困境源自主体资格、激励机制、审判方式及执行程序等方面的突出问题，并提出解决问题的途径和方法"[3]。何燕等认为"我国应当在相关法律中确立公众环境权，规定环境公益诉讼的程序、诉讼主体的资格和权利、受案范围，赋予环保团体一定的仲裁权，允许检察机关适当参与环境公益诉讼"[4]。廖焕国认为"传统环境侵权诉讼在原告资格、诉讼事由等方面面临诸多困境，环境公益诉讼在原告的起诉资格、诉讼标的、诉讼事由以及诉讼性质等方面，能够对传统环境侵权诉讼的缺陷予以弥补，在实现环境正义、保护环境公益、救济环境损害方面具有不可替代的作用"[5]。

由于本部分内容在本书研究综述部分对环境公益诉讼的研究进行了较为翔实的论述，因此就不赘述。应该说，我国环境公益诉讼在此期间理论研究取得了长足的发展，并开始从理论研究到立法构建的提倡，是环境公益诉讼制度研究的又一大进步。同时，我们也应该清晰地认识到，上述理论研究都存在缺乏新的研究方法和思路，借鉴国外的研究经验不足，很少结合我国的实际和司法实践进行本土化的环境公益诉讼的理论探索，对环境公益诉讼的建构缺乏整体性、全局性思考，并且未结合我国环境公益诉讼实践的不足及问题提出针对性与实用性建议，这些问题都需要我们对环境公益诉讼制度研究进行一个新研究路径或内容的调整。此外，从立法层面构建环境公益诉讼制度呼声越发强烈，亟待立法的确认。

---

[1] 常纪文：《我国环境公益诉讼立法存在的问题及其对策——美国判例法的新近发展及其经验借鉴》，《现代法学》2007年第5期。

[2] 李劲：《环境公益诉讼新探》，《法学杂志》2008年第5期。

[3] 张怡、徐石江：《我国环境公益诉讼的发展困境与对策分析》，《河北法学》2010年第12期。

[4] 何燕、江朔：《环境公益诉讼——立法亟待与实践同步》，《法学杂志》2010年第8期。

[5] 廖焕国：《中国环境公益诉讼之兴起与走势——基于环境正义与环境诉讼价值进路的分析》，《太平洋学报》2010年第5期。

(二) 政策指导下环境公益诉讼部分地区司法实践

2005年有两起标志性事件,一是2005年12月3日国务院发布的《关于落实科学发展观加强环境保护的决定》明确提出:"完善对污染受害者的法律援助机制,研究建立环境民事和行政公诉制度","发挥社会团体的作用,鼓励检举和揭发各种环境违法行为,推动环境公益诉讼"。这是国家政策首次明确提出推动环境民事公益诉讼与环境行政公益诉讼。二是2005年12月7日北京大学师生以自然物(鲟鳇鱼、松花江、太阳岛)为共同原告对中石油公司污染案提出起诉。以此为契机,我国环境公益诉讼在2006年以后得以进入全新司法实践阶段,在相关制度建设和机制创新方面部分地区先行做出大胆探索,并取得重大进展。由此,吕忠梅等提出了一个全新概念——环境司法专门化。所谓司法专门化又称环境案件审判专门化,是指国家或地方设置专门的审判机构,或者现有的人民法院在其内部设置专门的审判机构或组织对环境案件进行专项审理。① 环境司法专门化是一个聚合概念,并随着社会的发展而不断变化,是对现行传统司法机制体系桎梏的突破,试图建立一个满足我国环境纠纷特质的司法程序规则体系客观需求的环境司法体制,是对我国司法体制的一大创新。环境公益诉讼制度的发展与环境司法专门化进程息息相关,二者相互促进,环境公益诉讼制度在环境司法专门化进程中不断得以发展与完善。

1. 地方环境公益诉讼审判机构建设

2010年,最高人民法院发布《关于为加快经济发展方式转变提供司法保障和服务的若干意见》,在该意见中提出"在环境保护纠纷案件数量较多的法院,可以设立环保法庭,实行环境保护案件专业化审判,提高环境保护司法水平"。这是最高人民法院文件首次明确要求依法设立专门的环保法庭。② 自此,全国各省市陆续开展环境司法专门化建设。在机构建设方面,稳步推行,有序设置。截至2012年7月30日,全国共设有97个环境保护审判组织,其中省高院级别的有2个(海南省和重庆市),中院级别的有19个,基层法院级别的有76个。据此数据,78%是设立在基层法院,20%设立在中院一级,只有2%设立在高院。同时,在已设立的

---

① 吕忠梅等:《环境司法专门化:现状调查与制度重构》,法律出版社2017年版,第123页。
② 孙佑海:《"十一五"中国环境法治回顾、评价与展望》,《中国政法大学学报》2012年第1期。

环境保护审判组织中，采用审判庭形式的有43个，占总数的45%，采用合议庭形式的有41个，占总数的42%，采用巡回法庭形式的有11个，占总数的11%，采用派出法庭形式的有2个，占总数的2%。① 其中，较为典型的包括2007年成立的贵阳市中级人民法院环境保护审判庭及其下属的清镇市人民法院环境保护法庭、2008年成立的无锡市中级人民法院环境保护审判庭。② 总之，地方环境司法审判机构在名称、设置方式、组织形式及主管等方面具有差异性，如在名称上有环境保护法庭和生态保护法庭之差，在设置方式上有在原有审判机构基础上的职能扩充的"改良式"和创设环保法庭的"改革式"，在组织形式上有关联法庭设立环境案件合议庭和专门设立环境案件审判庭或审判法庭等。③

2. 地方环境公益诉讼制度建立

自2005年1月1日至2012年12月31日，贵阳市、无锡市、昆明市等地纷纷通过制定地方性法规的形式为环境公益诉讼提供法律依据，并由相关地方法院开展了成立环境保护审判机构审理环境公益诉讼案件的试点。如贵阳市人民代表大会常务委员会于2010年3月1日制定通过的《贵阳市促进生态文明建设条例》，对环境公益诉讼案件的受理、审理、执行、收费等诉讼机制做出了翔实的规定，为贵阳市环境公益诉讼的司法实践提供了法律依据；④ 无锡市中级人民法院和无锡市人民检察院共同出台的《关于办理环境民事公益诉讼案件的试行规定》，以及昆明中级人民法院与昆明市人民检察院、昆明市公安局、昆明市环境保护局共同出台的《关于建立环境保护执法协调机制的实施意见》等，均明确了检察机关、环境保护管理机构、环保公益组织基于环境公共利益，可提起环境公益诉讼的原告主体资格。⑤ 总体上看，这一时期的地方环境公益诉讼制度的构

---

① 蒋欢：《新民诉法修改后环境公益诉讼对人民法院的挑战与回应》，2013年3月28日，http://xyzy.chinacourt.org/article/detail/2013/03/id/932454.shtml。

② 此外，昆明市人民检察院于2008年成立了环境检察室，昆明市公安局、玉溪市公安局于2008年成立了环保公安分局，湖北大冶市公安局、环境保护局于2011年建立环境保护警察大队。这些机构的设置都为环境公益诉讼顺利开展提供良好保障。参见陈小平、潘善斌、潘志成等《环境民事公益诉讼的理论与实践探索》，法律出版社2016年版，第22页。

③ 吕忠梅等：《中国环境司法发展报告（2015—2017）》，人民法院出版社2017年版，第4—5页。

④ 具体内容详见《贵阳市促进生态文明建设条例》第24、25条之规定。

⑤ 罗丽主编：《环境法教程》，中国法制出版社2014年版，第464页以下。

建是依托于司法内部规范性文件,以司法促制度创新,全面推动环境公益诉讼制度建立。如环境公益诉讼的"贵阳模式",建立起了环境案件集中专属管辖、跨行政区域管辖制度、环保案件回访制度、专家全方位介入环境公益诉讼案件的创新制度、第三方执行监督制度等;环境公益诉讼的"云南模式",首创环境公益诉讼禁止令制度、设立环境公益诉讼基金制度、扩大原告与诉讼范围等;环境公益诉讼的"江苏模式",构建环境案件"三合一"集中式审判、管辖制度、环境法律保护联动互动平台等。①

表1—1　部分地方出台关于环境公益诉讼的内部规范性文件②

时间	地区	制定主体	规范名称
2008年11月	江苏省无锡市	市中级人民法院	《关于办理环境民事公益诉讼案件的试行规定》
2008年11月	云南省昆明市	市中级人民法院 市人民检察院 市公安局 市环保局	《关于建立环境保护执法协调机制的实施意见》
2010年4月	山东省青岛市城阳区	人民法院 人民检察院 环保局	《关于建立环保执法协调联动工作机制的实施意见》
2010年6月	江西省上饶市信州区	区人民检察院 区环保局	《关于共同开展环境公益诉讼活动的协作意见》
2010年8月	浙江省嘉兴市	人民检察院 环保局	《关于环境保护公益诉讼的若干意见》
2010年10月	浙江省	省人民检察院 省环保厅	《关于积极运用民事行政检察职能加强环境保护的意见》
2011年3月	云南省玉溪市	市中级人民法院 市人民检察院	《关于办理环境资源民事公益诉讼案件若干问题的意见》
2011年4月	福建省泰宁县	县人民法院 县人民检察院	《关于办理生态环境民事公益诉讼案件若干问题的意见(试行)》
2012年9月	江苏省无锡市	市中级人民法院	《关于刑事附带环境公益民事诉讼的实施意见》
2012年12月	江苏省无锡市	市中级人民法院	《关于依法保障和服务我市生态文明建设工程的意见》

---

① 陈小平、潘善斌、潘志成等:《环境民事公益诉讼的理论与实践探索》,法律出版社2016年版,第33—53页。

② 孙洪坤:《环境公益诉讼立法模式之批判与重构》,《东方法学》2017年第1期。

综观上表地方司法内部规范性文件，主要围绕着受案范围与管辖、原告资格、证明责任分配、鉴定保全制度运行、民事责任、执行、费用承担等方面加以规定，为环境公益诉讼的地方司法实践起到了良好的助推作用，为我国在国家层面的立法积累了良好的实践与规范经验。换言之，无论是地方环境公益诉讼审判机构抑或是地方环境公益诉讼制度（主要是审判机制）建设实质上都是环境司法专门化建设的一部分内容。环境司法专门化过程又为环境公益诉讼的审查、裁判、保全、执行等程序规制提供了良好的司法环境，促进了环境公益诉讼的顺利开展，也为我国环境司法改革从地方试点实践发展到全国全面布局和整体推进奠定了良好基础。地方司法实践的有益成果使环境公益诉讼制度由"地方性"向"普适性"不断前进与转换。

三 法律不断完善后环境公益诉讼的新发展（2013年至今）

"事先的完备立法比事后的司法补正作用更为深远与重大。"① 我国法律制度运行的特色之一即为司法为先，立法随后。2013年以后，随着《民事诉讼法》《环境保护法》《行政诉讼法》修订的实施以及一系列相关司法解释、司法文件的出台，2014年7月最高人民法院环境资源审判庭的成立，2015年7月1日十二届全国人大常委会第十五次会议通过《关于授权最高人民检察院在部分地区开展公益诉讼试点工作的决定》，最高人民检察院随即印发《检察机关提起公益诉讼改革试点方案》，同年12月最高人民检察院颁布《人民检察机关提起公益诉讼试点工作实施办法》，我国环境公益诉讼制度进入了一个新的发展与探索阶段。这一时期的环境公益诉讼遵循我国环境法治化进程中强制性制度变迁传统，实行边实践边立法的构建方式，此阶段的环境公益诉讼可以从静态与动态两个维度进行阐述。

（一）从静态维度看，我国环境公益诉讼法律制度得以正式确立

1. 环境公益诉讼立法全面开展

2013年1月1日正式实施的《民事诉讼法》在法律规范层面第一次明确了公益诉讼这一类型，并将环境公益诉讼列于各类公益诉讼之首。此举对于我国环境公益诉讼法律制度的构建具有里程碑性意义。此后，我国

---

① 王洪：《逻辑的训诫——立法与司法的准则》，北京大学出版社2008年版，第51页。

环境公益诉讼在立法层面进入一个崭新的发展阶段。

表1-2　　　　　　　不同法律规范对环境公益诉讼的相关规定

法律规范（政策）名称	发布（修订）时间	有关公益诉讼起诉主体的规定	具体条款
《最高人民法院最高人民检察院关于检察公益诉讼案件适用法律若干问题的解释》	2018年2月23日	翔实规定检察机关提起公益诉讼的具体规则	
《行政诉讼法》	2017年6月27日	明确规定检察机关提起行政公益诉讼制度	第二十五条
《环境保护公众参与办法》	2015年7月2日	明确环保主管部门协助支持环保社会组织提起环境公益诉讼	第十六条
《最高人民法院关于审理环境民事公益诉讼案件适用法律若干问题的解释》	2015年1月6日	详细解释了有权提起环境民事公益诉讼的社会组织的条件和审理相关程序	
《环境保护法》	2014年4月24日	符合特定条件的社会组织可以向人民法院提起公益诉讼	第五十八条
《海洋环境保护法》	2013年12月28日	间接规定行使海洋环境监督管理权的部门可以代表国家对污染责任者提出环境民事公益诉讼	第九十条
《民事诉讼法》	2012年8月31日	法律规定的机关和有关组织可以向人民法院提起诉讼	第五十五条

2. 地方环境司法专门化建设仍在推动中

首先，地方环境公益诉讼审判机构建设仍在不断推动中。截至2017年4月，各级人民法院共设立环境资源审判庭、合议庭和巡回法庭956个。其中，专门审判庭296个，合议庭617个，巡回法庭43个。环境资源审判机构数量较去年同期增加398个，增幅达71.3%。18个高级人民法院、149个中级人民法院和128个基层人民法院设立了专门环境资源审判庭。[①] 此外，河北、江苏、福建、江西、山东、河南、广东、广西、海南、贵州、湖南、重庆、云南、四川、吉林、青海、甘肃、新疆18个高级人民法院设立了专门环境资源审判庭；福建、贵州、江苏、海南、重庆设立三级环境资源审判组织体系；其他高级人民法院均指定了相关审判部门负责环境资源审判工作；149个中级人民法院和128个基层人民法院设

[①] 最高人民法院网：《环资审判（白皮书）及环境司法发展报告发布》，2017年7月13日，http://www.court.gov.cn/fabu-xiangqing-50682.html。

立了专门环境资源审判庭。① 截至2019年年底，全国共有环境资源专门审判机构1353个，其中环境资源审判庭513个，合议庭749个，人民法庭91个。② 其次，地方环境公益诉讼审判机制构建仍在不断完善中。2013年5月江苏省无锡市环保局、公安局、中级人民法院、人民检察院、监察局联合颁布了《关于建立环境行政执法与司法联动工作机制的意见》；2014年4月江苏省无锡市中级人民法院、人民检察院、公安局联合颁布《关于明确试点环保刑事案件管辖区域划分及跨区域公诉问题的意见》；同年8月，无锡市中级人民法院又颁布了《关于进一步规范环保行政职责机关申请人民法院采取环境保护强制措施审查程序的通知》；2014年6月23日，最高人民法院发布《关于全面加强环境资源审判工作为推进生态文明建设提供有力司法保障的意见》，以司法政策的方式，明确提出实现环境资源审判机构、审判队伍以及审判机制专门化建设。此后，重庆市、贵州省、广东省、安徽省、山东省等省市出台了大量的地方规范性内部文件，弥补了我国立法与现实之间的罅漏。

（二）从动态维度看，环境公益诉讼理论研究与司法实践稳步发展

环境公益诉讼是伴随着社会发展而不断变化的，处于一种动态发展过程。从该意义上来看，我国环境公益诉讼呈现出理论研究不断深入化、环境公益诉讼案件类型化的发展态势。

1. 从理论研究动态方面来看，可分为两个阶段

（1）2012年《民事诉讼法》修订后至2014年新《环境保护法》修订前

此一阶段伊始，学界研究主要集中在环境公益诉讼的原告资格之扩张与限制、诉讼程序的启动等程序性制度的完善，以求实现环境公益诉讼保护环境公共利益之制度功能。阮丽娟指出"环境公益诉讼突破了传统诉讼'直接利害关系人'之狭隘的原告资格，为避免诉权的滥用，有必要通过限定原告范围、设立前置程序及通知制度等方式对环境公益诉讼原告诉权进行限制，确保当事人的适格"③。曹树青认为"赋予环保行政部门作为

---

① 吕忠梅等：《中国环境司法发展报告（2015—2017）》，人民法院出版社2017年版，第4—5页。

② 最高人民法院网：《〈中国环境资源审判（2019）〉暨年度典型案例〈中国环境司法发展报告（2019）〉》，2020年5月8日，http：//www.court.gov.cn/zixun-xiangqing-228351.html。

③ 阮丽娟：《环境公益诉讼原告诉权的限制》，《政治与法律》2014年第1期。

环境公益诉讼的原告资格,是对环境公权力的不足和环境管理体制的缺陷的适度矫正"①。张辉提出"环境民事公益诉讼所特有的公益性、预防与补救功能、惩罚性决定其难以直接适用传统普通环境侵权诉讼的责任承担方式,应当设计出符合其自身性质的法律责任承担方式:排除危害责任适用的核心问题是环境侵害标准的确定与禁止令的适用;恢复原状责任的适用应当考虑恢复原状的可能性与成本问题、'原状'的标准、环境修复方案的制定、恢复原状费用的范围、数额计算和支付方式;赔偿损失责任应当区分具体情况在一定程度上适用"②。

(2) 2014 年新《环境保护法》修改后至今

从这一阶段起,学界的研究除承接上一阶段成果,对环境公益诉讼程序性制度进行细化研究及完善之外,更是在环境司法理性、环境公益诉讼的模式选择等方面进行深入研究,呈现出理论深度与实践广度的不断延展之态势。吕忠梅指出"在泰州环境公益诉讼案中,法院对原告资格的认定隐含着发挥司法环保功能的考量,事实认定与因果关系推定清晰,对损害后果及其救济方式进行了探索和创新,但是也应强调环境司法的理性"③。梁春艳认为"以单一公权力为主导的环境民事公益诉讼模式是现阶段环境公益诉讼模式呈现的主要特征,环境污染者或破坏者为常态被告,法院在一定程度上扮演行政合谋者的角色,不利于形成社会参与、环境行政与法院司法共治的生态法治合力。我国环境公益诉讼发展模式应向社会主导的环境行政公益诉讼模式转变"④。徐祥民等建议"仿照美国《清洁水法》等法律设置公民诉讼条款是我国建立环境公益诉讼制度的最近路线,因此在修改《水污染防治法》等单行环境法时添加支持环境公益诉讼的内容"⑤。

---

① 曹树青:《"怠于行政职责论"之辩——环保行政部门环境公益诉讼原告资格之论见》,《学术界》2012 年第 3 期。

② 张辉:《论环境民事公益诉讼的责任承担方式》,《法学论坛》2014 年第 6 期。

③ 吕忠梅:《环境司法理性不能止于"天价"赔偿:泰州环境公益诉讼案评析》,《中国法学》2016 年第 3 期。

④ 梁春艳:《我国环境公益诉讼的模式选择》,《郑州大学学报》(哲学社会科学版) 2015 年第 6 期。

⑤ 徐祥民、宋福敏:《建立中国环境公益诉讼制度的理论准备》,《中国人口·资源与环境》2016 年第 7 期。

2. 从环境公益诉讼实践方面来看，环境公益诉讼案件类型化

自 2014 年《中共中央关于全面推进依法治国若干重大问题的决定》提出探索建立检察机关提起环境公益诉讼制度后，我国环境公益诉讼案件从以环境民事公益诉讼为主导转变为环境行政公益诉讼增幅明显。[①]截至 2019 年，全国法院共受理社会组织提起的环境民事公益诉讼 179 件，审结 58 件，同比分别上升 175.4%、262.5%。受理检察机关提起的环境公益诉讼 2309 件，审结 1895 件，同比分别上升 32.9%、51.4%，其中环境民事公益诉讼 312 件，审结 248 件；刑事附带民事公益诉讼 1642 件，审结 1370 件；行政公益诉讼 355 件，审结 277 件。[②] 但是由于环境公益诉讼一直以环境民事公益诉讼为主的发展路线，使得环境行政公益诉讼的理论发展道路才刚刚开始，在理论准备不充分与实践经验不足的双重困境下，环境行政公益诉讼制度建设仍有诸多方面需要进一步探索与完善。但正如有学者对环境公益诉讼的发展方向作出的一个精辟结论："解决中国环境问题的最好办法，在治理体系迈出了第一步，就是环境民事公益诉讼。但是它绝对解决不了中国的问题。只有环境行政公益诉讼，让社会组织监督政府，这才是解决中国问题的最好办法。"[③]

四 环境公益诉讼的历史嬗变的归结

（一）环境公益诉讼发展的一般规律

1. 政策与现行法律

"在一般意义上说，政策在新时代中国特色社会主义法治建设中所发挥的重要作用，符合现代法治发展的趋势，符合国家治理现代化的内在要求。政策和法律都是现代国家治理中必不可少的手段，各自具有不同的功能和特征。政策具有灵活快捷的特点，能够对出现的新问题予以及时反应，但规范效力和可预期性不足，制度变动往往较为频繁，不利于形成规

---

① 2015—2016 年环境公益诉讼案件数量分别为 62 例和 146 例，其中环境行政公益诉讼在 2015 年与 2016 年的数量分别为 6 例和 59 例，其比率从 2015 年的 9.68% 上升到 2016 年的 40.41%，增长了近 10 倍，逐渐成为环境公益诉讼的主要类型。参见吕忠梅等《中国环境司法发展报告（2015—2017）》，人民法院出版社 2017 年版，第 171—172 页。

② 最高人民法院网：《〈中国环境资源审判（2019）〉暨年度典型案例〈中国环境司法发展报告（2019）〉》，2020 年 5 月 8 日，http://www.court.gov.cn/zixun-xiangqing-228351.html。

③ 常纪文：《环境行政公益诉讼目前仍被搁置》，《环境与生活》2015 年第 11 期。

范化、体系化的规则体系;法律具有民主性、稳定性、权威性的特点,能够形成稳定的社会规则,是国家治理的主要支撑和规则保障,但也具有一定局限性,往往不能及时反映新出现的社会问题。在此意义上,法律需要政策来弥补灵活性上的不足,政策则需要法律来弥补稳定性、权威性上的缺陷。"① 随着我国生态文明建设的不断深入,面对日益严峻的生态环境问题,我国的政策先行与现行法律可能存在一定的冲突,或是政策缺乏相应的法律支撑。如 2015 年出台的《检察机关提起公益诉讼改革试点方案》从国家政策层面为检察机关提起环境公益诉讼指明了方向,但是由于缺乏相应的法律制度,对司法实践造成了一定的困难。由此,应当协调政策与现行法律的关系,坚持政策先行,在司法实践中积累成功经验之后,对现行法律再进行修订,以推进环境公益诉讼等法律制度的逐步完善,既不能脱离法律而改革,也不能因为现行法律规定而却步不前。正如有学者强调的,"法律解释不可能完全摆脱政策因素,绝对实证法意义上的法律不能适应现代社会的需要,法律概念、法律规范的含义取决于具体的文化与语境;在法学领域,'原则思维'和'政策思维'需要相互结合,公共政策至少可以作为法律的'背景规范'而发挥作用"②。

2. 理论与具体实践

理论与实践的关系是实践哲学的重要问题。实践就是指谓人"实现"善的活动,是"此在"的"展开"过程;指谓人的伦理知识和道德行为,进而扩展为政治行为。③ "理论与实践在其本真意义上是统一的,统一的基点在于实践。理论的本质在于实践:在一定意义上,理论的初始动机本质上是实践的。理论代表着人作为一个有限的存在对永恒和无限的向往——这一向往作为一种信念直接是实践的。"④ 环境公益诉讼制度作为舶来品,是理论与具体实践结合的产物。司法实践只有在科学的理论指导之下,才能实现移植的制度调整本国社会关系之目的,同时理论只有与司

---

① 陈海嵩:《中国生态文明法治转型中的政策与法律关系》,《吉林大学社会科学学报》2020 年第 2 期。

② See Sunstein C. R. ed., *After the Rights Revolution – Reconceiving the Regulatory State*, Cambridge: Harvard University Press, 1990.

③ [古希腊]亚里士多德:《尼各马可伦理学》,廖申白译,商务印书馆 2003 年版。

④ 丁立群:《理论与实践的关系:本真涵义与变质形态——从亚里士多德实践哲学说起》,《哲学动态》2012 年第 1 期。

法实践相结合,才能够被检验和进一步完善。我国处于社会转型时期,有着本国特殊的国情,对于环境公益诉讼的研究,应根据我国本土的司法实践,汲取传统资源,借鉴国外经验,并不断修正,在司法实践中发展理论、提升理论,以最终实现我国环境公益诉讼制度的完善。正如有学者所言:"在理论问题上使用理论思维,即讲求逻辑一贯和清晰彻底,而在实践问题上则采用实践思维,即要根据特定实践的具体情况综合参照各种理论来达到主体的实践目的。"①

3. 共性与地方差异

我国幅员辽阔,人口众多,各省市的地理环境、生态环境和自然资源分布状况极不一致,经济文化发展水平也极不平衡,这就是我国当前最大的地方实际。各地的自然环境差异很大,特定的自然资源、地理位置、社会经济条件等因素构成独特的区域生态系统。具有可操作性和地方特色的立法是地方环境立法追求的价值目标和生命力,各地纷纷结合本地实际情况立法,进行了有益的自主性地方环境立法尝试,所立之法基本都体现了浓厚的地方特色。同时,由于各地区经济发展的不均衡,对于"美好环境"的需求亦不尽相同。由此观之,共性与地方差异的问题突出表现在:当地方司法实践中的经验上升为国家政策,再进一步推广试点之后制定法律,其能否兼顾各地区发展及需求的特殊性?我国环境公益诉讼的顶层法律制度的设计需要考虑到各地区资源禀赋、环境质量需求、环境污染扩散等因素的差异性,避免一刀切。由"大一统"的政治格局和地域多样的复杂性决定的我国"一元多级"立法体制,能够较好地解决这个问题。既要维护中央立法的统一性和权威性,又要探索如何合理划分中央和地方之间的权限,2015年修订的《立法法》②授权地方规范本地区环境保护立法的具体事宜,但亦需要中央从环境整体层面予以相应的限制。

(二) 环境公益诉讼发展的具体转变

1. 从"私污染者"到"政府机关"的被告主体转变

正如前文所述,环境公益诉讼因伴随着公民环境权的兴起而得以发

---

① 徐长福:《理论思维与工程思维》,重庆出版社2013年版,第66页。
② 2015年3月修订的《立法法》第72条规定:"设区的市的人民代表大会及其常务委员会根据本市的具体情况和实际需要,在不同宪法、法律、行政法规和本省、自治区的地方性法规相抵触的前提下,可以对城乡建设与管理、环境保护、历史文化保护等方面的事项制定地方性法规。"

展,因此其发展之初是以环境民事公益诉讼为主,其被告主要是作为私主体的污染者(包括自然人、法人和其他组织)。也即在环境公益诉讼提出初始,无论是《民事诉讼法》《刑法》抑或是《环境保护法》[①] 皆将污染环境、破坏生态的公民、法人及其他组织作为规制对象,而将拥有环境监督管理与治理权的政府机关排除在规制与约束的行列外。对政府环境行政权监督与制衡的缺失,使得环境行政公益诉讼的构建显得尤为紧迫。伴随着环境民事公益诉讼的形成,环境行政公益诉讼就成为主要发展方向。2017 年《行政诉讼法》的修订正式宣布环境行政公益诉讼法律制度在我国的确立。环境公益诉讼实现了规范单位及个人的环境行为与规范政府环境行为的双规制转变。

与此同时,环境要素之间的关联性、生态系统的整体性、环境污染或生态破坏的多因性、环境管理与治理的综合性等特质决定了作为环境公益诉讼的被告共同性多于单一性。环境公益诉讼的被诉行为均可能涉及多企业、多行政机关的交叉或多行为,这就必须对多元主体的多元行为进行利益衡量。另外,从预防性环境公益诉讼的视角来看,行政机关或造成环境污染、生态破坏的企业作为共同被告似乎更符合环境法的价值取向。[②] 但囿于司法传统,目前不同企业与行政机关作为共同被告尚存在不当之处。

2. 从"环境行政机关、社会组织"到"检察机关"的原告主体多元化

参与环境公益诉讼的主体多元化一直被学界所倡导。根据现行法律规定,具有提起环境公益诉讼原告资格的主体主要有法定社会组织、检察机关、行政机关等。通过对我国环境公益诉讼的起诉主体、法律规范(政策)及其两大类公益诉讼发展情况的分析可洞悉其发展特征。

首先,基于诉讼法分类不同将环境公益诉讼主体进行倾向性划分。环境民事公益诉讼起诉主体更倾向于社会组织(团体)及环境行政机关,率先以立法形式加以确认,检察机关则是退而求其次之选择;而环境行政公益诉讼起诉主体,国家首先以立法形式将检察机关推至前线,社会组织(团体)则走在司法实践前沿。被遗忘、最具争议性的公民则被排斥在适

---

① 《民事诉讼法》第 55 条规定了环境民事公益诉讼类型;《刑法》第六章第六节规定了破坏环境资源保护的犯罪;《环境保护法》第 58 条规定了法定组织提起公益诉讼的情形。

② 吕忠梅等:《中国环境司法发展报告(2015—2017)》,人民法院出版社 2017 年版,第 191 页。

格起诉主体之外。

其次,检察机关成为环境公益诉讼起诉主体中的主力军。据相关数据统计,2015 年检察机关、社会组织、环境行政机关提起环境公益诉讼量分别为 7 例、55 例、1 例,占总量的 11.11%、87.30%、1.59%。2016 年则案件量分别为 81 例、65 例、0 例,占总量的 55.48%、44.52% 和 0。① 两组数据的对比说明了 2016 年后检察机关在环境公益诉讼中处于主导地位。究其原因在于 2016 年后最高人民检察院与最高人民法院出台了一系列的基本规则与试点方案等,为检察机关提起环境公益诉讼提供了良好的程序保障与制度规则。另外,最高人民检察院对试点地区检察院提起公益诉讼的内部激励与约束双重机制在一定程度上促进了检察机关提起诉讼。② 概言之,检察机关成为环境公益诉讼主力军离不开国家政策的推行及最高人民法院与最高人民检察院司法规则的制定。

3. 从"消极司法"到"能动司法"的理念转变

2016 年 5 月 26 日最高人民法院发布《关于充分发挥审判职能作用为推进生态文明建设与绿色发展提供司法服务和保障的意见》,要求加强对环境司法体制的改革。传统司法具有消极性与被动性特征,但是伴随环境纠纷的日益增多且复杂,所涉利益的广泛性、立案举证的艰难性等困境,司法作为权益救济的最后一道防线,应当发挥其应有之用。由此"能动司法"理念进入我国法学理论视野,并逐渐成为我国司法实践的重要指导。③ 在我国环境公益诉讼中,司法机关充分发挥了其能动性作用,主要表现在:第一,环境公益诉讼机构建设。我国环境公益诉讼机构建设历经了从地方到中央的过程,审判组织机构在实践中不断得以完善。第二,司法机关(中央与地方)均制定了相关环境公益诉讼规范性文件,且地方

---

① 吕忠梅等:《中国环境司法发展报告(2015—2017)》,人民法院出版社 2017 年版,第 181—182 页。

② 最高检对试点地区检察院提起公益诉讼的进度提出了"三步走"的明确要求:2016 年上半年,各试点地区一个不少地实现起诉案件零突破;2016 年年底,所有试点市检察院均有案件起诉到法院;2017 年上半年,所有试点基层检察院消灭起诉案件空白情况。同时,为确保试点任务完成,一些地方检察机关将提起公益诉讼纳入年终考核,实行严格的考核和问责制。参见最高人民检察院网《检察机关公益诉讼试点全面"破冰"——13 个试点地区均提起公益诉讼》,2016 年 7 月 18 日,http://www.spp.gov.cn/xwfbh/wsfbt/201607/t20160718_152659.shtml#1。

③ 吕忠梅等:《环境司法专门化:现状调查与制度重构》,法律出版社 2017 年版,第 163 页。

司法机关率先能动创新经验探索环境公益诉讼的具体审判运行规则等，对环境公益诉讼的顺利开展发挥不可替代作用。第三，在具体审判规制，尤其是在程序构造上，适度突破当事人主义构造，发挥职权主义构造中法官的能动作用。职权主义可以弥补传统当事人主义在环境公益诉讼中的弊端：环境公共利益得到重视，降低诉讼门槛、简化司法程序，为弱势原告提供帮助；在事实方面，不局限于原告主张的范围，主动帮助原告调取相应证据，当原告诉请不能够真正、完全救济环境公共利益时，引导原告提出周全有效的诉讼请求，同时还可以利用法官的职权优势和专业优势，秉持风险预防理念，落实预防为主的原则。①

第三节 我国环境公益诉讼制度的现实问题

一 现有环境公益诉讼制度困境反思

通过梳理环境公益诉讼制度的历史嬗变，可知我国环境公益诉讼制度发展至今，更多是关注微观的制度构建，而宏观的基础理论却缺乏深入探讨。具言之，我国环境公益诉讼制度的建构，并没有从整体上系统设计，而是通过获取试点经验，采取的是步步突破，在《民事诉讼法》确立环境民事公益诉讼、《环境保护法》规定社会组织提起环境民事公益诉讼主体资格等的基础上，由最高人民法院就社会组织提起环境民事公益诉讼和审理环境民事公益诉讼的相关事宜进行规定，以及由最高人民检察院就其提起环境民事公益诉讼和环境行政公益诉讼进行试点规定等方式而展开。尽管这种做法有利于"各个击破"，但也容易出现制度建构过程中内部冲突与外部衔接不当问题。目前我国学者针对环境公益诉讼立法相关规定，提出了诸多完善建议。但是对环境公益诉讼制度内部安排和其与已有制度功能区分与衔接等问题研究甚少，亦即未能从整体、体系、全面的宏观角度去审视环境公益诉讼内部制度安排与外部衔接之间存在的问题。

（一）环境公益诉讼制度内部安排缺乏协调沟通

在环境公益诉讼内部，由于新的诉讼类型——检察环境行政公益诉讼

---

① 吕忠梅等：《环境司法专门化：现状调查与制度重构》，法律出版社2017年版，第140页。

的加入以及相关部门之间缺乏协调沟通，使得环境公益诉讼运行规则间存在相互冲突或不合理之处。

1. 最高人民法院与最高人民检察院关于环境公益诉讼的相关规定存在冲突

首先，最高人民法院与最高人民检察院对于环境民事公益诉讼对象范围规定存在不一致。即最高人民检察院于 2016 年 1 月 6 日发布的《人民检察院提起公益诉讼试点工作实施办法》规定的人民检察院提起环境公益诉讼的"对象范围"，与 2015 年 1 月 7 日起施行的最高人民法院《关于审理环境民事公益诉讼案件适用法律若干问题的解释》，以及 2016 年 2 月 25 日印发的《人民法院审理人民检察院提起公益诉讼案件试点工作实施办法》规定的人民法院受理环境民事公益诉讼的"对象范围"并不一致。具体而言，最高人民检察院于 2016 年 1 月 6 日发布的《人民检察院提起公益诉讼试点工作实施办法》第 1 条将人民检察院提起环境民事公益诉讼的对象范围限定于"污染环境""损害社会公共利益的行为"，比人民法院受理环境民事公益诉讼的条件——"对已经损害社会公共利益或者具有损害社会公共利益重大风险的污染环境、破坏生态的行为提起诉讼"范围狭窄，造成了我国目前环境公益诉讼整体性制度安排的内部冲突与矛盾。[①]

其次，最高人民法院与最高人民检察院对于在环境民事公益诉讼案件中的有关社会组织的范围规定存在不一致。2015 年 1 月 7 日起施行的最高人民法院《关于审理环境民事公益诉讼案件适用法律若干问题的解释》第 1 条明确规定"法律规定的机关和有关组织依据民事诉讼法第 55 条、环境保护法第 58 条等法律的规定，对已经损害社会公共利益或者具有损害社会公共利益重大风险的污染环境、破坏生态的行为提起诉讼，符合民事诉讼法第 119 条第二项、第三项、第四项规定的，人民法院应予受理"。即只要是符合《民事诉讼法》第 55 条、《环境保护法》第 58 条等法律规定条件的社会组织，均有权对"已经损害社会公共利益或者具有损害社会公共利益重大风险的污染环境、破坏生态的行为提起诉讼"，并不受地域限制。但是，《人民检察院提起公益诉讼试点工作实施办法》第 13 条关于"（二）建议辖区内符合法律规定条件的有关组织提起民事公益诉讼"

[①] 罗丽：《我国环境公益诉讼制度的建构问题与解决对策》，《中国法学》2017 年第 3 期。

的规定,是最高人民检察院以内部规定对最高人民法院司法解释中提起环境民事公益诉讼的有关社会组织的范围进行限制。① 由此可见,最高人民检察院与最高人民法院对于环境公益诉讼制度的本质特征的理解存在一定的差异性,导致两者在对适格主体的规定方面存在偏差;同时也反映了最高人民检察院在制定实施办法时,脱离最高人民法院现有环境民事公益诉讼相关司法解释的规定,其制定的《人民检察院提起公益诉讼试点工作实施办法》明确地限制了最高人民法院《关于审理环境民事公益诉讼案件适用法律若干问题的解释》有关提起环境民事公益诉讼要件的规定。简言之,对于适格主体规定的差异性反映出了我国最高人民法院与最高人民检察院对环境公益诉讼制度理解的不同。

2. 司法权在生态环境损害救济方面存在的越位倾向

在环境司法专门化背景下,法院的能动司法越发受重视,由此导致司法权在生态环境损害救济方面存在的越位倾向。首先,由于环境公益诉讼以环境民事公益诉讼为主,且环境行政公益诉讼刚刚起步、案件数量少、制度尚不成熟。而社会组织在现有制度设计下仅仅享有形式上的代表权,其作用主要体现为对环境民事公益诉讼的启动,而在诉讼过程中的作用几乎不重要。这些观点在司法解释当中体现无遗:一是法官享有一定的释明权;二是法院可依职权主动调查收集证据和委托鉴定;三是对当事人的处分权做出一定的限制;四是履行法律责任方面,法院也居于主导地位。② 与此同时,为保证执行效果,法院采用了执行回访和第三方监督等做法以提升环境公益诉讼执行效果。在司法实践现实中,也发生司法机关在无人申请时,直接依照职权采取保全措施,责令排污行为人停止违法行为乃至停产停业等现象。更有甚者,主动要求负有环境监督管理职能的行政机关提起诉讼,或者"力邀"环境保护组织提起诉讼。③ 诸如此类做法,导致司法机关过度介入本不应介入的领域,不仅是浪费司法资源,而且对环境风险的有效克服并无帮助,④ 亦同司法机关居中裁判的角色定位相去甚

---

① 罗丽:《我国环境公益诉讼制度的建构问题与解决对策》,《中国法学》2017 年第 3 期。
② 参见最高人民法院《关于审理环境民事公益诉讼案件适用法律若干问题的解释》第 9、14、16 条规定。
③ 颜运秋、杨志华:《环境公益诉讼两造结构模式研究》,《江西社会科学》2017 年第 2 期。
④ 王曦:《论环境公益诉讼制度的立法顺序》,《清华法学》2016 年第 6 期。

远。① 其次，我国环境民事公益诉讼将已经发生的生态环境损害和发生"重大环境风险"作为其保护对象，② 如此便由司法部门行使本应当由立法、行政部门共同进行的公共决策，然而司法部门并不擅长于此。此外，公益诉讼往往试图改变现有利益分布格局，或是提出新的权利要求，而对"社会对利益分布结构性变化的呼声"往往隐藏在具有集团性特征的新权利背后。③ 这被称为司法的公共政策形成功能。因此，在考虑原告的诉讼请求时，法院可能形成新的规范，对立法与行政机关的公共政策决定权加以取代。④

3. 不同主体提起环境公益诉讼的次序问题

依据我国环境公益诉讼立法与实践，目前已形成环境行政机关、环保组织以及检察机关三足鼎立的起诉主体格局。同时，环境民事公益诉讼以社会组织为主导，环境行政公益诉讼则以检察机关为主导。以 2015 年环境公益诉讼案件为例，据不完全统计，2015 年度共计 45 件环境民事公益诉讼案件中，由环保组织提起的有 38 件；环境行政公益诉讼案件有 6 件，且该 6 件案件的原告均为检察机关。⑤ 这与 2015 年《环境保护法》正式实施和 2015 年起国家大力推动与陆续颁布的检察机关提起公益诉讼的一系列政策法规密切相关。在环境民事公益诉讼中，在环保组织、行政机关和检察机关三维主体的格局下，如何协调三者之间的起诉权？理论界争议最大的是公民是否享有环境民事公益诉讼诉权。在以检察机关为主导的环境行政公益诉讼中，可能使检察监督权与独立的审判权产生冲突的概率与频率增加。⑥ 在检察机关提起环境行政公益诉讼实践中亦存在案件来源单一、诉讼请求不全面、二审抗诉不明晰等困境。这些困境的存在一定程度上说明了我国环境行政公益诉讼制度的不完备。由于检察机关在环境行政

---

① 段厚省：《环境民事公益诉讼基本理论思考》，《中外法学》2016 年第 4 期。
② 参见最高人民法院《关于审理环境民事公益诉讼案件适用法律若干问题的解释》第 1 条规定。
③ 王亚新：《社会变革中的民事诉讼》，中国法制出版社 2001 年版，第 265 页。
④ 齐树洁、林建文：《环境纠纷解决机制研究》，厦门大学出版社 2006 年版，第 213 页。
⑤ 参见王灿发《新〈环境保护法〉实施情况评估报告》，中国政法大学出版社 2016 年版；巩固《2015 年中国环境民事公益诉讼的实证分析》，《法学》2016 年第 9 期。
⑥ 梁春艳：《我国环境公益诉讼的模式选择》，《郑州大学学报》（哲学社会科学版）2015 年第 6 期。

公益诉讼中的当事人与法律监督者角色的不统一及定位不清晰,因此无法达到环境行政公益诉讼功能最优化。① 据此,就出现一种困境:仅赋予检察机关诉权是否合理?如果允许其他主体参与,同样具有环境行政公益诉权的其他主体与检察机关两主体行使诉权的竞合及角色定位问题又该如何协调。当一方已然行使环境行政公益诉权时,另一方是否可以作为诉权的支持者或监督者呢?这些显然理论界未有定数。概言之,我国环境公益诉讼内部诉权分配及各自角色定位均处于模糊状态,环境行政公益诉讼"国有化"是否能达到预期之效果也值得商榷。

(二) 环境公益诉讼外部安排缺乏制度衔接

在环境公益诉讼外部,由于最高人民法院和最高人民检察院在构建环境公益诉讼时分别是以如何发挥本部门职能为出发点,并未重视所构建制度与现有制度之间的衔接,忽视发挥已有制度维护环境公共利益的功能,从而导致在构建环境公益诉讼制度时,出现了有关环境公益诉讼制度的安排与已有相关制度之间衔接不畅的问题。②

1. 生态环境损害行政救济与环境公益诉讼的司法救济的制度冲突

首先,生态环境损害行政救济与环境民事公益诉讼的司法救济的制度冲突主要表现之一为:环境公益诉讼与环境行政执法责任方式设计的功能重合性。

(1) 环境公益诉讼中的民事责任方式。根据我国相关法律规定,③ 环境公益诉讼中的民事责任方式包括停止侵害、排除妨害、消除危险、恢复原状、赔偿损失、赔礼道歉等。按照民事责任功能划分,可将其分为预防性责任、赔偿性责任与恢复性责任。其中预防性责任是指以预防实际损害发生为主要目的和功能的责任方式,是权利相对人的行为对权利人的权利已经造成损害并且还在继续侵害时,或者虽没有造成现实损害却存在造成侵害的危险时承担的一种民事责任。④ 停止侵害、排除妨害、消除影响即

---

① 参见李艳芳、吴凯杰《论检察机关在环境公益诉讼中的角色与定位》,《中国人民大学学报》2016年第2期;朱全宝《检察机关提起环境行政公益诉讼:试点检视与制度完善》,《法学杂志》2017年第8期。

② 罗丽:《我国环境公益诉讼制度的建构问题与解决对策》,《中国法学》2017年第3期。

③ 参见《环境保护法》第64条、《侵权责任法》第15条、最高人民法院《关于审理环境侵权责任纠纷案件适用法律若干问题的解释》第13条、最高人民法院《审理环境民事公益诉讼案件适用法律若干问题的解释》第18条等相关规定。

④ 丁海俊:《预防型民事责任》,《政法论坛》2005年第4期。

属于预防性责任的表现形式。赔偿性责任是指以金钱、财物等方式对环境遭受的损害进行弥补、补偿或赔偿的责任。① 赔偿损失是赔偿性责任的主要表现形式。恢复性责任是指以对损害的修复、恢复和补救为主的责任,其主要表现形式是恢复原状。在环境司法实践中,恢复原状又可分为完全恢复原状与部分恢复原状,后者恢复原状无法完全实现时,可以适用可替代性修复方式。

(2) 环境行政执法中的责任方式。根据我国相关法律规定,② 环境行政执法中的责任方式,主要集中在责令改正与环境行政处罚两大行政责任形式中。环境行政处罚是指环境行政主体对违反环境行政法律规范的行为人所实施的一种行政制裁,它以行为人的行为尚未构成犯罪为条件。③ 责令改正是指行政主体责成违法行为人停止和纠正违法行为,以恢复原状,维持法定的秩序或者状态。④ 根据环境行政责任功能划分,可分为惩罚性环境行政责任与救济性环境行政责任两大类。所谓的惩罚性环境行政责任是指环境行政违法行为导致的在法律上对违法主体进行的惩罚的法律后果,主要责任形式表现为环境行政处罚。所谓救济性环境行政责任,是与惩罚性环境行政责任相对应的,是指环境资源行政违法行为人补救履行自己的法定义务或补救自己的违法行为造成的危害后果,以恢复遭受破坏的环境资源行政法律关系和行政法律秩序目的的环境资源行政责任,⑤ 其主要表现形式即为责令改正及其变形。由于环境行政处罚中责任方式与环境公益诉讼中民事责任方式因功能的差异性,即前者从功能上来说属于惩罚性责任,后者从功能上属于救济性责任(包括预防性、恢复性与赔偿性责任)。因此,二者间不存在过多交叉或重叠之处,在此不再讨论环境行政处罚,而是对具有重合功能的责令改正及其变形这一特殊行政责任加以阐释。从我国现行环境法律规

---

① 胡卫:《环境侵权中的修复责任的适用研究》,法律出版社 2017 年版,第 29 页。
② 参见《环境保护法》第 59—63 条、《行政处罚法》第 8 条、《环境行政处罚办法》第 10—12 条等相关规定。
③ 张梓太:《环境法律责任研究》,商务印书馆 2004 年版,第 162 页。
④ 程雨燕:《试论责令改正环境违法行为之制度归属——兼评〈环境行政处罚办法〉第 12 条》,《中国地质大学学报》(社会科学版) 2012 年第 1 期。
⑤ 蔡守秋主编:《环境资源法教程》(第二版),高等教育出版社 2010 年版,第 373 页。

范规定来看，目前已构建了通过行政监督管理机关责令停止违法行为①、责令消除危险（或危害）②、责令恢复原状③、责令赔偿损失④、责令支付代为治理费（处置费）⑤ 等的责令改正及其变形的救济性行政责任方式，以此保护与救济受损生态环境利益。换言之，生态环境损害行政救济与环境公益诉讼的民事救济的责任形式方面具有重叠与交叉之处，那么当二者均能实现生态环境损害救济之时，如何选择救济方式呢？应如何处理二者之间的衔接问题等，这些都需要作出制度回应。

其次，生态环境损害行政救济与环境民事公益诉讼的司法救济的制度冲突主要表现之二为：环境公益诉讼与环境行政执法的程序冲突。

---

① 典型代表如《森林法》第44条明确规定，违反本法规定，进行开垦、采石、采砂、采土、采种、采脂和其他活动，致使森林、林木受到毁坏的，依法赔偿损失；由林业主管部门责令停止违法行为，补种毁坏株数一倍以上三倍以下的树木，可以处毁坏林木价值一倍以上五倍以下的罚款。违反本法规定，在幼林地和特种用途林内砍柴、放牧致使森林、林木受到毁坏的，依法赔偿损失；由林业主管部门责令停止违法行为，补种毁坏株数一倍以上三倍以下的树木。

② 典型代表如《固体废物污染环境防治法》第80条规定，对已经非法入境的固体废物，由省级以上人民政府环境保护行政主管部门依法向海关提出处理意见。海关应当依照本法第78条的规定作出行政处罚决定；已经造成环境污染的，由省级以上人民政府环境保护行政主管部门责令进口者消除污染。

③ 典型代表如《环境保护法》第61条规定，建设单位未依法提交建设项目环境影响评价文件或者环境影响评价文件未经批准，擅自开工建设的，由负有环境保护监督职责的部门责令停止建设，处以罚款，并可以责令恢复原状。

④ 典型代表如《矿产资源法》第39条关于"违反本法规定，未取得采矿许可证擅自采矿的，擅自进入国家规划矿区、对国民经济具有重要价值的矿区范围采矿的，擅自开采国家规定实行保护性开采的特定矿种的，责令停止开采、赔偿损失，没收采出的矿产品和违法所得，可以并处罚款"的规定；《森林法》第44条关于"违反本法规定，进行开垦、采石、采砂、采土、采种、采脂和其他活动，致使森林、林木受到毁坏的，依法赔偿损失"的规定等，就属于有关责令赔偿损失的规定。

⑤ 责令支付代为治理费即当环境行政相对人拒绝履行环境行政决定的可替代履行的义务时，由环境行政机关或者第三人代替当事人履行行政决定的义务，并向当事人收取履行费用的执行方式，即所谓的"代履行"制度。这一制度既能确保义务人履行义务、维护行政决定的权威性，也能通过私权的行使来达到公权强制的效果，能够在限制环境行政机关公权的同时，利用环境私权来实现公权的效果。参见罗丽《我国环境公益诉讼制度的建构问题与解决对策》，《中国法学》2017年第3期；竺效、丁霖《论环境行政代履行制度入〈环境保护法〉——以环境私权对环境公权的制衡为视角》，《中国地质大学学报》（社会科学版）2014年第3期。

由于在我国环境民事公益诉讼制度设计中尚未规定提起环境公益诉讼前置条件，[①] 导致环境民事公益诉讼与环境行政执法程序冲突的现象频繁出现。如从"常州毒地"公益诉讼案来看，环保组织自然之友和中国生物多样性保护与绿色发展基金会作为原告共同向常州市中级人民法院递交环境民事公益诉讼起诉书之前，常州市政府及常州市新北区政府已经着手对案涉污染地块实施应急处置，并正在组织开展相应的环境修复工作。[②] 这种在国家行政主管机关处理突发环境事件前，社会组织就仓促提起环境民事公益诉讼并由法院受理的做法，值得商榷。具体而言，根据 2016 年 8 月 26 日常州市政府新闻办官方微博全文刊发的《常州外国语学校事件调查结果通报》[③]，常州市人民政府在全面配合督导组、调查组、专家组工作的基础上，采取了有关组织开展常州外国语学校室内空气第三方检测、组织专家对"常隆地块"污染防控修复技术方案进行评审、严肃追究相关责任人的责任等措施，实现了维护环境公共利益的目的。类似案例还有，2014 年引起社会关注的"泰州天价赔偿案"、2015 年的"康菲溢油"重大事故环境公益诉讼案等。[④] 因此，环境民事公益诉讼的提起，应以维护环境行政执法的合法性为前提，只有当有关行政机关怠于环境行政执法，置社会环境公共利益于不顾之时，才有必要由社会组织提起环境民事公益诉讼手段作为补充，实现维护环境公共利益之目的。正如国外学者所言"公益诉讼不能入侵行政机关的合法领地"[⑤]。鉴于此，社会组织提起的环境民事公益诉讼，是对环境行政执法维护环境公共利益的补充，而不得先于环境行政执法提起环境民事公益诉讼，否则，会造成司法权越位

---

① 根据我国现行《环境保护法》第 58 条关于社会组织提起环境民事公益诉讼条件规定以及 2015 年 1 月 7 日起施行的最高人民法院《关于审理环境民事公益诉讼案件适用法律若干问题的解释》均未就社会组织提起环境民事公益诉讼设置环境行政执法前置条件。

② 参见江苏省常州市中级人民法院（2016）苏 04 民初 214 号民事判决书。

③ 常州市政府官方微博：《常外"毒地"事件调查结果通报》，2016 年 8 月 26 日，https://m.weibo.cn/status/4012826740305132。

④ 参见吕忠梅《环境司法理性不能止于天价赔偿：泰州环境公益诉讼案评析》，《中国法学》2016 年第 3 期；王明远《论我国环境公益诉讼的发展方向：基于行政权与司法权关系理论的分析》，《中国法学》2016 年第 1 期。

⑤ See Surya Deva, "Public Interest Litigation in India: A Critical Review", *Civil Justice Quarterly*, Vol. 28, No. 1, January 2009, pp. 19-40.

行政权的现象产生,严重破坏环境行政执法的公信力。从 2017 年 1 月 25 日江苏省常州市中级人民法院针对"常州毒地"公益诉讼案做出的驳回诉讼判决①来看,人民法院对如何解决环境行政执法与环境民事公益诉讼功能重叠与冲突问题,尝试着作出一种理性选择。

又如在"康菲溢油重大事故案"中,2012 年国家海洋局与美国康菲石油中国有限公司、中国海洋石油总公司就海洋生态环境损害达成行政赔偿协议。② 而后 2015 年环保组织又向法院提起康菲溢油事故海域生态损害修复与赔偿的环境民事公益之诉。环保组织在行政机关已经与涉案企业进行行政协商并达成赔偿协议的情形下,再次基于生态环境损害的相同事由提起环境民事公益诉讼之做法是否适当?

2. 环境公益诉讼与环境私益诉讼的衔接不畅

在环境司法实践中,环境问题所引发的诉讼纠纷的共性在于以环境为媒介从而导致人身、财产或环境利益的受损。以保护环境利益为目的的环境诉讼难以明确界分环境公益诉讼与环境私益诉讼。③ 如在启动环境私益诉讼保护私人利益的同时,也间接对环境公共利益造成积极影响,从而带有一定的公益色彩。对于何为公益,它与私益之间的界分标准是什么?在学界一直是未解之谜。虽最高人民法院《关于审理环境民事公益诉讼案件适用法律若干问题的解释》第 31 条规定"被告因污染环境、破坏生态在环境民事公益诉讼和其他民事诉讼中均承担责任,其财产不足以履行全部义务的,应当先履行其他民事诉讼生效裁判所确定的义务,但法律另有规定的除外",从司法救济角度对我国环境权益的利益位阶进行了规定,明确一般情况下公众的环境私益相比环境公益,私益享有优先受偿权;但是,对于很多环境案件来说,涉及的赔偿金额往往较大,而且造成生态环境损害的侵权责任人的赔偿能力也总是有限,如果按照上述最高人民法院《关于审理环境民事公益诉讼案件适用法律若干问题的解释》确立的利益位阶规则对受损环境公益进行优先救济,那么侵权责任人救济环境公益损害后,就会出现对因同一环境侵权行为造成的、尚未进入司法程序的环境私益损害无法救济或者救济不到位的现象,从而违反了对公私环境利益位

---

① 参见江苏省常州市中级人民法院(2016)苏 04 民初 214 号民事判决书。
② 《康菲及中海油为漏油埋单 16.83 亿》,《京华时报》2012 年 4 月 28 日。
③ 赵宇:《公益诉讼界定之分析》,《贵州大学学报》(社会科学版)2008 年第 6 期。

阶的规定。① 针对这一情况该如何处理呢？因此，对于环境公益诉讼与环境私益诉讼之间的关系仍需理论予以回应。

二 我国环境公益诉讼制度构造的提出

（一）环境公益诉讼制度构造的概念解析

构造一词最初来源于自然科学领域，而后被引用至社会科学领域，从而拓宽了社会科学研究范畴。② 在社会科学领域，一般认为构造是指事物内部各组成要素之间组织和运作的相互关系，是对事物内部各组成要素的动态运作与静态形式的有机统一的高度概括。它包含了以下两方面内容：第一，构造要素的特定性，即构造是由特定的要素组成的；第二，各要素的关联性，即构造中各要素之间的地位和相互关系。③

由于构造一词是从自然科学领域引自社会科学领域，因此具有移植与引入历史背景的先天不足性，加之结构、模式、体系等相似概念在社会科学领域常被作为研究对象加以运用，因此极易导致上述概念混同使用。对于上述概念之识别，目前社会科学领域主要存在两种观点：一是差异说，认为构造与结构、模式等具有差异，不可混同使用。该观点认为，所谓的结构是指事物内部各个组成部分的搭配和排列。④ 它反映的是事物各组成要素排列、组合的静态特征；在诉讼法领域，一般将结构运用于诉讼中的权力与权利、权力与权力的配置与关系的静态解析中。⑤ 所谓模式是指能够反映某一事物本质属性、并借此表达不同事物间差异性的抽象化样式。具体来说，模式是通过思维空间对现实的抽象和概括的结果，并试图为事物提供一种形态范本或参照物，是描述某一事物的典型特征，非全称概括，⑥ 具有动态性与高度抽象性。二是视同说，即将构造与结构、模式视

---

① 秦天宝：《我国环境民事公益诉讼与私益诉讼的衔接》，《人民司法》2016 年第 19 期。
② 谭宗泽：《行政诉讼结构研究：以相对人权益保障为中心》，法律出版社 2009 年版，第 30 页。
③ 刘善春：《行政诉讼价值论》，法律出版社 1998 年版，第 70 页。
④ 《辞海》，光明日报出版社 2002 年版，第 571 页。
⑤ 谭宗泽：《行政诉讼结构研究：以相对人权益保障为中心》，法律出版社 2009 年版，第 30 页。
⑥ 王海燕：《刑事诉讼模式的演进》，中国人民公安大学出版社 2004 年版，第 10 页。

同,① 认为都是对事物内部各要素地位及其相互关系的描述。从我国近年来出版的刑事诉讼法学著作来看,对上述概念并未进行明显区分,甚至诸多书籍中将刑事诉讼构造与刑事诉讼模式、刑事诉讼结构等同使用。② 因此,有学者认为所谓的模式是一个复杂的"网状结构",它由有关政治领域及其确立的经济、社会、文化等诸多方面根本条件的概念和通则组成。③ 戴维·赫尔德对模式概念的界定实质上可以概括为对一定事物的基本要素及其关系的基本结构的反映,与构造或结构的界定大致相同。

通过上述之分析可知,尽管构造同结构、模式等词义具有一定的差异性,但是词义本身具有多样性与交叉性内涵与外延,因此在相近的词源中进行混用并无不妥。本书比较赞同视同说,并借助模式之概念,认为所谓的构造是指某一事物或某一系统内部各要素及其相互关系,其描述了该事物或系统的基本结构,具有反映其本质的特质。对于构造的这一定义,应当从以下几个方面理解:第一,构造是某一事物或某一系统本质的外在表现形式;第二,构造反映的是支撑该事物或系统存在的内部基本结构的内容。

在对构造进行清晰界定后,我们便可以借助构造这一手段认识环境公益诉讼的本质,并对环境公益诉讼制度构造进行深入界定。因此,综合上文之述,本书认为所谓的环境公益诉讼制度构造是指环境公益诉讼制度内部的基本类型及其相互关系,其能够反映环境公益诉讼的本质特征,描述环境公益诉讼中各要素及其相互关系,并且能够概括环境公益诉讼制度与环境行政执法制度、环境私益诉讼制度等的外部关系。

(二) 环境公益诉讼制度构造的提出是解决我国现行环境公益诉讼制度困境的出路

环境公益诉讼两大类型间的功能定位与关系,不同主体之间的诉权及角色定位等内部问题,以及通过诸多理论问题的分析和思考,我们发现,当政府部门已经针对某一环境损害、环境风险采取一些行政措施后,尤其

---

① 李心鉴:《刑事诉讼构造论》,中国政法大学出版社 1992 年版,第 2 页。

② 参见谭兵主编《民事诉讼法学》,法律出版社 1997 年版,第 15 页;李心鉴《刑事诉讼构造论》,中国政法大学出版社 1997 年版,第 2 页;彭世忠《国际民商事诉讼法原理》,中国法制出版社 2000 年版,第 87—88 页。

③ [英] 戴维·赫尔德:《民主的模式》,燕继荣等译,中央编译出版社 1998 年版,第 8 页。

是达成行政赔偿协议后，环保组织对该污染者提起的公益诉讼或提出的诉讼请求能否得到支持等外部关系等问题，均涉及我国环境公益诉讼制度构造问题。换言之，这些问题的产生是由于我国环境公益诉讼制度理论发展不充分，无法予以回应。而环境公益诉讼制度构造是环境公益诉讼不同类型内在有机联系与运行方式的高度抽象的概括，其能够反映司法为生态文明建设与绿色发展提供服务，保障司法由克制转向能动的过程的特质。

因此，这一议题的研究，对于指导环境公益诉讼司法实践并且完善我国生态环境治理机制有着积极的意义。环境公益诉讼制度的演变是一种动态的发展过程。它是随着社会经济发展和环境问题态势的变化而不断变化与调整的，其中最重要的演变过程是环境公益诉讼目的和功能的演变，以及由此导致的环境立法与环境司法的演变。所有演变的决定性因素是社会经济基础的变化（经济高速发展与环境问题的日益突出）和以此为基础的政治因素（党中央的高度重视）与文化因素（法治文化的变迁）。环境公益诉讼制度构造的调整是以社会关系的深刻变化为前提和基础的，是意识形态和社会结构相互作为的结果。厘清环境公益诉讼制度构造，是我国环境公益诉讼制度实施过程中法律问题的解释与适用，以及制度完善不能回避的问题。①

（三）我国现阶段环境公益诉讼制度构造的特征

在明晰环境公益诉讼制度构造的基础上，审视环境公益诉讼可知其具备以下的构造特征：

1. 以环境民事公益诉讼为主

环境民事公益诉讼是现阶段环保组织常选择的，也是较为有效的手段，所以占我国环境公益诉讼的主要部分。正如有学者所提倡的，"环境公益诉讼是国家以排除危害和赔偿环境损害所带来或可能带来的环境损害为基本诉求，主要是通过追究环境污染或破坏责任人的民事责任来实现对环境社会利益的保护和救济的一种专门诉讼"②。环境民事公益诉讼，是基于对环境公共利益损害进行的民事救济，目的在于维护环境公共利益，

---

① 徐以祥：《我国环境公益诉讼的模式选择——兼评环境行政公益诉讼为主模式论》，《西南民族大学学报》（人文社会科学版）2017年第10期。

② 吕忠梅：《环境公益诉讼辨析》，《法商研究》2008年第6期。

该利益以生态环境免受污染或者破坏为核心,主要指因侵权行为致使环境公共利益遭受损害而由适格原告提起诉讼、要求损害赔偿的特殊情形。① 环境行政公益诉讼随着近些年政策的引导与推动,呈现上升趋势,但这种政策导向型的制度推行并不意味着在环境公益诉讼中占主导地位,尤其目前仅建立起检察环境行政公益诉讼制度,行政公益诉讼的"国有化"必然导致其影响范围、发展进程的有限性。

2. 突出强化司法权

"司法能动性的基本含义是司法机关以人民利益为依归,在个案处理及其他司法活动中,服务党和国家工作大局,综合采取审判、调解等方式,服务、主动、高效司法,达成政治效果、社会效果、法律效果的统一。具体表现方式包括:积极受理案件、确保当事人在诉讼过程中的对等、在诉讼程序中发挥主导作用、加强法官在调查取证和认证事实方面的作用、创新审判和执行方式、通过法律适用,在遵循法律解释规则的情况下填补法律漏洞、细化具体法律规定、依据法律的精神和价值,确定一些处理原则和处理方式等。"② 在生态环境领域,司法能动性在环境公益诉讼司法解释当中体现为:一是法官享有一定的释明权,指导符合法律规定的社会环保组织合法合理地行使请求权。③ 二是法院可依职权主动调查收集证据和委托鉴定。④ 三是对当事人的处分权在一定程度上做出限制,表现在审查原告的自认是否有损社会公共利益,禁止被告以反诉形式提出诉讼请求,限制当事人达成的调解合意。⑤ 四是履行法律责任方面,法院也

---

① 别涛:《环境公益诉讼立法的新起点——〈民诉法〉修改之评析与〈环保法〉修改之建议》,《法学评论》2013年第1期。

② 周珂、曾媛媛:《论司法能动性在环境司法审判中的应用》,《环境保护》2018年第14期。

③ 最高人民法院《关于审理环境民事公益诉讼案件适用法律若干问题的解释》第9条规定:"人民法院认为原告提出的诉讼请求不足以保护社会公共利益的,可以向其释明变更或者增加停止侵害、恢复原状等诉讼请求。"

④ 最高人民法院《关于审理环境民事公益诉讼案件适用法律若干问题的解释》第14条规定:"对于审理环境民事公益诉讼案件需要的证据,人民法院认为必要的,应当调查收集。对于应当由原告承担举证责任且为维护社会公共利益所必要的专门性问题,人民法院可以委托具备资格的鉴定人进行鉴定。"

⑤ 最高人民法院《关于审理环境民事公益诉讼案件适用法律若干问题的解释》第16条规定:"原告在诉讼过程中承认的对己方不利的事实和认可的证据,人民法院认为损害社会公共利益的,不应予确认。"第17条规定:"环境民事公益诉讼案件审理过程中,被告以反诉方式提

居于主导地位。为保证环境民事公益诉讼执行效果，法院采用了执行回访和第三方监督等做法以提升执行效果。在司法实践中，如贵州清镇市人民法院创设性地将生态补偿机制引入环境资源审判案件，成为全国"绿色司法的先驱"，生动形象地体现了司法能动性，突出司法权的作用。

3. 以公权力为主导[①]

由于环境公益诉讼的建构是以国家政策推动为导向的，因此，从一开始就带有强烈的公权色彩。就目前阶段而言，我国环境公益诉讼制度构造的特征之一是以公权力机关为主导的。所谓以公权力为主导的特征，主要是指检察机关、人民政府及其环境保护主管部门作为原告直接提起环境公益诉讼。首先，国家和地方大力呼吁，以公权力主导环境公益诉讼司法改革试点。如2005年《关于落实科学发展观加强环境保护的决定》提出"研究建立环境民事和行政公诉制度"，明确检察机关在提起环境公益诉讼中具有合法的原告资格。2010年最高法发布《关于为加快经济发展方式转变提供司法保障和服务的若干意见》，明确环保部门具有提起环境公益诉讼的原告资格。2014年10月召开的党的十八届四中全会提出"探索建立检察机关提起公益诉讼制度"。2015年6月，最高人民检察院审议通过并向全国人大常委会提交《检察机关提起公益诉讼改革试点方案》，拟在北京、内蒙古、湖北等13个省（自治区、直辖市）开展检察机关提起公益诉讼的改革试点工作。其次，立法者为控制社会和政治风险，对社会力量参与环境公益诉讼持保守观点。从立法者对环境公益诉讼主体资格范围的历次修改可看出，我国现阶段环境公益诉讼起诉模式实为由公权力部门以及中华环保联合会等具有官方背景的社会组织主导的模式。尤其对于社会组织的资格范围，在2014年修订《环境保护法》中作出严格规定，从而使得能够真正具有适格主体资格的环保组织甚少，加之资金等问题，使得更多想参与环境治理的组织被拒之门外。最后，司法实践中环境公益诉讼案件亦由公权机关主导。如2015年自然之友和福建绿家园诉谢知锦、倪明香、郑时姜、李名樂南平生态破坏案，中华环保联合会诉德州晶华集

（接上页）出诉讼请求的，人民法院不予受理。"第25条第2款规定："公告期满后，人民法院审查认为调解协议或者和解协议的内容不损害社会公共利益的，应当出具调解书。当事人以达成和解协议为由申请撤诉的，不予准许。"

① 参见梁春艳《我国环境公益诉讼的模式选择》，《郑州大学学报》（哲学社会科学版）2015年第6期。

团振华有限公司案,中华环保联合会诉新安化工厂下属建德化工二厂案,中华环保联合会诉东营市津瑞联电子材料有限公司案以及大连市环保志愿者协会诉大连日迁电机有限公司案,这五起案件均是在检察机关支持下提起的环境公益诉讼案件。由此,我国现阶段环境公益诉讼具有明显的公权力主导特征。

第二章

环境公益诉讼制度构造的
实证考察及其启示

"历史不能提供理论,但是它却能提供给我们一些看待问题的观点。"任何一种模式或构造的生成和发展,都受到有关的外在条件与制度背景的制约并以此为依托。环境公益诉讼制度构造之形塑及发展同样需依托或受制于当下的外在条件与制度背景,并对其产生深远的作用与影响。[1] 综观世界两大法系许多国家的法律制度,都对环境公益诉讼设计了符合各自国情的制度,譬如普通法系中英国的检举人诉讼制度、印度的书信管辖权制度,大陆法系中德国的团体诉讼制度、法国的检察官制度和日本的选定当事人制度等,这些对于构建我国环境公益诉讼制度都有着积极的借鉴意义。[2] 本章将对三类环境公益诉讼制度构造,即统一式、单一式以及二元并存式的制度构造的形成历史与特征进行考辨与解构,从而形成制度构造选择横向对比与借鉴,以期"他山之石,可以攻玉",在依法治国建设道路上建立符合我国国情的环境公益诉讼制度构造。

第一节 统一式的环境公益诉讼模式

所谓统一式的环境公益诉讼模式,是指在环境公益诉讼的基本架构上,未对环境公益诉讼加以类型化区分,而对所有的环境公益诉讼实行统

---

[1] 陈冬:《美国环境公民诉讼研究》,中国人民大学出版社2014年版,第181页。
[2] 孔繁华:《法德英美四国行政诉讼性质比较考察》,《环球法律评论》2010年第2期。

一的诉讼模式，以美国环境公民诉讼最为典型。在此类环境公益诉讼制度构造下，美国与其他国家所采用模式的最大不同，是其将他国通常区分的环境民事公益诉讼和环境行政公益诉讼不加区别，使其合二为一的统一的公益诉讼构造。① 因此，美国所采用的统一式环境公益诉讼模式，反映在制度层面便体现为环境公民诉讼制度。美国环境公民诉讼制度的本质，是根据法律的授权，处于私法领域的公民（包括企业、组织等）并非为维护自身的权益，对违反环境法律或者侵害公共环境权益的行为，得以自己的名义发起诉讼，以寻求司法的救济。经过多年的运行与实践，美国环境公民诉讼制度已然成为美国环境法的一项基本法律制度，对监督环境法律关系主体（包括企业与政府）守法或执法、推动与保障环境法律的实施、维护环境公共利益等方面产生积极与深远影响。②

一 统一式的环境公益诉讼模式形成之历史考察

环境公民诉讼制度在美国已历经了 50 余载，成为美国解决环境纠纷的主导性法律制度。美国环境公益诉讼制度构造的最终生成，与环境公民诉讼产生背景、司法体制及公民诉讼制度设立目的等各方面有着紧密的联系。同时，伴随着美国诸如经济发展、社会思潮、政治体制、法治发展、环保文化等各种社会因素的变迁，美国环境公民诉讼亦在不断地变化与发展。

（一）产生背景

1. 环境问题日益严峻背景下环境保护运动与民权运动的推动

美国环境公民诉讼的诞生是时代对立法提出的要求，是发生于 20 世纪六七十年代全国范围的环境保护运动和民权运动的产物。③ 这一时期也是美国经济高速发展和公害泛滥时期。20 世纪中叶，世界各地不断发生公害事件，举世闻名的"八大公害"事件中美国就占了两起，多诺拉烟雾事件和洛杉矶光化学烟雾事件即发生在美国。公众为了拥有健康、安全的生活，进行了大规模的请愿、游行、示威、抗议等反污染环境运动。美

---

① 丁国民、高炳巡：《论我国环境公益诉讼的归位与诉讼模式的选择》，《中国社会科学院研究生院学报》2016 年第 6 期。
② 陈冬：《美国环境公民诉讼研究》，中国人民大学出版社 2014 年版，第 1—2 页。
③ 陈冬：《环境公益诉讼研究——以美国环境公民诉讼为中心》，博士学位论文，中国海洋大学，2004 年。

国参议院在此压力下，在 1970 年修正的《清洁空气法》中对环境公民诉讼作了相关规定，由此正式确立了环境公民诉讼制度。

此后，20 世纪 70 年代至 80 年代在美国联邦环境法律的立法浪潮中，绝大多数法律都包含了公民诉讼条款。截至目前，美国共有 16 部联邦环境法律包含公民诉讼条款，这些公民条款具体被规定在以下法律中：(1)《清洁空气法》第 304 条；(2)《清洁水法》第 505 条；(3)《海洋保护、研究和庇护法》第 105（G）条；(4)《噪声控制法》第 12 条；(5)《濒危物种法》第 11（g）条；(6)《深水港口法》第 16 条；(7)《资源保护与再生法》第 7002 条；(8)《有毒物质控制法》第 20 条；(9)《安全饮用水法》第 1449 条；(10)《地表采矿控制和回收法》第 520 条；(11)《外部大陆架底土法》第 23 条；(12)《超级基金法》第 310 条；(13)《紧急计划和社区知情权法》第 326 条；(14)《危险液体管道安全法》第 215 条；(15)《发电厂和工业燃料使用法》；(16)《能源政策和保护法》。[①]

2. 政治与法治文化传统[②]

美国政治与法治文化是该国环境公益诉讼制度构造的文化背景。美国一脉相承的历史传统是对个人权利诉求的保护，而自由主义是其理论基础。美国的自由主义主张以人的自然权利为本，并以个体的人作为其理论的基点，个人的自然权利被纳入国家秩序之中，正是国家的功能与目的所在，其意义在于为个人提供一个安定的社会秩序，并为维持个体的生存提供最低限度的保障，而促进个体的自由发展是国家存在的最终意义与目的。[③] 美国人对自由主义的一大贡献便是今天家喻户晓的宪政主义。[④]"以财产权为核心的个人权利保护的社会需要和社会主体强烈的个人权利诉求，是美国宪法和宪政赖以产生和生成的原始动机和社会动力。就其历史渊源而言，英国人的个人权利诉求的传统，为北美殖民地人民所继承；就环境条件而言，个人权利的发展的温床，为北美殖民地

[①] 薛艳华：《美国环境公民诉讼制度对我国的启示——以环境民事公益诉讼为视角》，《科技与法律》2012 年第 6 期。

[②] 参见陈冬《环境公益诉讼研究——以美国环境公民诉讼为中心》，博士学位论文，中国海洋大学，2004 年。

[③] 孔繁华：《法德英美四国行政诉讼性质比较考察》，《环球法律评论》2010 年第 2 期。

[④] 顾肃：《自由主义基本理念》，中央编译出版社 2005 年版，第 202 页。

的独立的地理环境所提供；就时代背景而言，个人权利需要和诉求所需要的经济基础，亦为资本主义市场经济的发展所奠定。"① 公民不信任政府是自由主义思想在政治上的反映，源于个人的权利和自由唯恐被政府所剥夺。② 由此，美国"普通法的精神"正是由这种自由主义思想所造就。概言之，公民只服从法律的统治，即法律至上，是美国宪政与法治的实质所在。民众对政府执行法律并不信任正是这种精神所导致，而美国环境公民诉讼制度的文化根基，即是这种对政府权力的行使保有怀疑态度，亦即"普通法的精神"。正如有学者所言"人类社会最好的结局就是司法审判"③。

同时，虽然宪政与民主制度赋予公权力实施法律的重要职责，但以公权力为主导的行政执法可能存在人力、物力和精力不足以及信息滞后、短缺等情形；抑或受到压力集团、地方经济与政治利益的影响导致客观或主观上的实施法律不力之现象。这就需要另一种力量的介入。因此，基于政府实施环境法律的局限性，授予私人一定的诉权以实施环境法律就成为现实需要，"私人执法"由此产生。正如美国最高法院法官布莱克明（Blackmun）在著名的环境公民诉讼案件——鲁坚诉野生生物保护（Lujan v. Defenders of Wildlife）中所言："自由的实质就在于每个人无论他何时受到损害，皆拥有向法院请求法律保护的权利。"概言之，环境公民诉讼制度是一项私人实施法律的重要措施，是公众参与法律实施有效途径。

（二）司法体制及其重要影响

在美国的司法制度体系内，"诉讼"这一范畴只有两类："刑事诉讼"与"民事诉讼"。所谓刑事诉讼是指由美国联邦政府或州政府针对触犯刑法的行为，在美国法院提起的旨在追究行为人刑事责任的诉讼。民事诉讼则与刑事诉讼相对应，是指除刑事诉讼以外，在美国法院提起的其他所有诉讼。民事诉讼不仅包括私法领域内的因权益侵害、合同或其他民事纠纷而引起的普通民事诉讼，还包括属于公法领域内的涉及公共利益的诉讼。具体而言，涉及公法领域的民事诉讼包括三种类型："关于立法合宪性的

---

① 钱福臣：《美国宪政生成的深层背景》，法律出版社2005年版，第144页。
② 孔繁华：《法德英美四国行政诉讼性质比较考察》，《环球法律评论》2010年第2期。
③ [美]罗斯科·庞德：《普通法的精神》，唐前宏、廖湘文、高雪原译，法律出版社2001年版，第76页。

诉讼、政府官员行为合法性诉讼，以及有关行政与管理机构所获授权范围的诉讼。"① 另外，在美国的民事诉讼中，涉及公法领域的民事诉讼和发生于私法领域的普通民事诉讼适用基本相同的民事诉讼规则，并且均由同类法院受理。②

在美国，立法权、行政权与司法权构筑成了国家法律权力运行的基本框架。在该三权鼎立的基本框架下，行政权与司法权呈相互制约、相互监督之势，鲜有衔接、联动等情况。在法律执行体系中，行政权具有强执行性特征，往往占据着较大的比例或份额来服务、执行国家事务；③ 在国家治理空间内，政府部门会积极地执行具体行政事务，表现出强主动性特征。④ 与此相反，司法权则属权力运行后置环节，以起诉人的诉求为启动条件，具有被动性特征；在司法裁判过程中，司法机关往往依照立法规定之要求作出具体的裁判，保持司法公正中立特质。由此可见，"行政权与司法权具有各自不同的运行逻辑，构成了各自独立和相对封闭的运行系统"⑤。权力分立与制衡机制有效运行的关键在于司法的独立性，其不仅是保障法院进行判断与决定的基础要件，亦是司法权发挥衡平与牵制立法权、行政权等其他形式权力的重要保障。

就以环境公民诉讼领域为例，在不同的时代背景下，法院的司法权采取了不同的态度，以不同的方式平衡、设置国会的立法权、政府的行政

---

① ［美］杰弗里·C. 哈泽德、米歇尔·塔鲁伊：《美国民事诉讼法导论》，张茂译，中国政法大学出版社1998年版，第29页。

② 在美国人来看，将公法领域内的涉及公共利益的诉讼也纳入民事诉讼领域，并且与普通的民事诉讼适用基本相同的法院和诉讼规则，这是宪政民主与程序正义的体现。因为涉及公共利益的诉讼同普通的民事诉讼具有同样的形式平等性，都涉及对公民权利的维护和公共秩序的保存；而且这也深刻地反映了根植于美国人精神领域的有关平等与机会原则的思想传统。在他们看来，法院之门应该向所有人敞开，所有人均有同等的机会诉诸法院解决纠纷。不论纠纷的法律性质如何，进入法院之门（Access to the Courts）是公民的一项基本人权。参见［美］杰弗里·C. 哈泽德、米歇尔·塔鲁伊《美国民事诉讼法导论》，张茂译，中国政法大学出版社1998年版，第1—68页。有关美国民事诉讼的具体内容，还可参见［美］史蒂文·苏本玛格瑞特（绮剑）·伍《美国民事诉讼的真谛》，蔡彦敏、徐卉译，法律出版社2002年版。

③ 翁岳生：《行政法》（上册），法制出版社2009年版，第5页。

④ 王诗宗：《法理理论与公共行政学范式进步》，中国社会科学出版社2010年版，第4页。

⑤ 郭武：《论环境行政与环境司法联动的中国模式》，《法学评论》2017年第2期。

权,以及私人实施法律的权利等诸多复杂的利益关系及要求。[①] 原告资格的确立是环境公民诉讼的关键性问题。1970年的美国《清洁空气法》最早规定了环境公民诉讼的原告资格条件,该法第304条对公民诉讼条款规定为:任何人(Any Person)都可以对(包括美国政府、行政机关、公司、企业、各类社会组织以及个人)污染空气的行为提起诉讼,而对公民未作任何利益关联的限制规定,即不需要原告证明有任何法律上的利害关系或利益遭到了侵犯。同时,美国《清洁水法》《濒危物种法》及《资源保护与再生法》在其公民诉讼(Citizen Suit)条款中均规定,因发生环境侵害,任何人都可以以自己的名义提起民事诉讼(Any person may commence a civil action on his own behalf)。[②] 从上述的规定中可知,在美国环境公民诉讼中,原告可以是任何个人、社会团体、企业或者是其他法律实体,包括美国政府、行政机关在内。但事实上,美国环境公民诉讼原告主体资格在随后的法律修订中却做出了一些法律限制,主要体现在1972年修正的《清洁水法》中有关于公民诉讼条款的内容修订上。该法采纳了最高法院在"塞拉俱乐部诉莫顿案"(Serra Club v. Morton)中对原告资格所作的限制,将"公民"定义为其利益被严重影响或有被严重影响可能性者。换言之,原告需具备"其利益被严重影响或有被严重影响可能性"的条件方能提起民事诉讼。可见,在美国的环境公民诉讼中,原告资格要受到一定限制。这表明,首先,美国法院对于联邦政府是否可以提起环境公民诉讼是持否定态度的。[③] 其次,最高法院确立了判定原告是否适格的"三个条件",即原告适格必须满足实际损害、因果关系和可补偿性。具言之,第一,原告应当受到具体的、特别的、区别于一般民众的"实际损害";第二,这种损害必须可以"合理地归因于"被告的行为,即原告所主张的违法行为和所受损害之间必须存在一定的因果关系;第三,该损害可以为法院的有利判决所救济。对于"实际损害"这一条件,美国法院采取的是宽容的态度,该损害并不仅限于财产或人身损害,对于审美利益及环境舒适度等非传统利益的损害同样可以作为诉讼救济内容。

[①] 陈冬:《环境公益诉讼研究——以美国环境公民诉讼为中心》,博士学位论文,中国海洋大学,2004年。
[②] 蔡维力:《环境诉权初探》,中国政法大学出版社2010年版,第51页。
[③] 蔡维力:《环境诉权初探》,中国政法大学出版社2010年版,第51页。

同时，原告还须证明其与损害的自然资源或环境之间存在着"合理关联"，且这种关联是具体非抽象的。①

概言之，美国司法的独立性与自主性正是基于这些不同的态度才得以彰显和实现。在司法独立性的支撑下，司法不仅可以对国会有关环境公民诉讼的立法进行扩大与拓展；同样，其也可以对国会有关环境公民诉讼的立法加以限制与束缚。②

二 统一式的环境公益诉讼模式的特征

（一）对公益诉讼的类型未加以区分

一般而言，典型的环境公民诉讼条款将其规定为：任何人有权代表自己对任何人（包括美国政府及其政府机构）提起民事诉讼，以实施授权该公民诉讼条款的环境成文法律以及依据该成文法颁布的行政规章、其他诸如许可证以及行政命令等特定的法律要求。从该条款规定可以看出，美国环境公民诉讼的类型比较广泛，既包括发生在私法领域内的普通民事诉讼，亦包括了公法领域上广义的司法审查诉讼，既有宪法意义上的司法审查诉讼，又有行政法意义上的司法审查诉讼。③ 由此可见，从诉讼类型来看，美国环境公民诉讼既包括民事诉讼又包括行政诉讼和宪法诉讼的内容。④ 从其典型性表述来看，美国联邦环境法律中的公民诉讼条款的性质，可以归属为美国诉讼法律制度体系中的"民事诉讼"。总之，美国统一式的环境公益诉讼制度构造对环境民事公益诉讼和环境行政公益诉讼没有加以区分，均被称为"公民诉讼"，适用统一的民事诉讼程序。⑤

（二）被告主体公私两性

美国环境公民诉讼的被告则是指违反公民诉讼条款可诉范围事项的

---

① 李静云：《美国的环境公益诉讼——环境公民诉讼的基本内容介绍》，载别涛主编《环境公益诉讼》，法律出版社 2007 年版，第 95—96 页。

② 陈冬：《环境公益诉讼研究——以美国环境公民诉讼为中心》，博士学位论文，中国海洋大学，2004 年。

③ 徐祥民、胡中华、梅宏等：《环境公益诉讼研究》，中国法制出版社 2009 年版，第 156—167 页。

④ 薛艳华：《美国环境公民诉讼制度对我国的启示——以环境民事公益诉讼为视角》，《科技与法律》2012 年第 6 期。

⑤ 徐以祥：《我国环境公益诉讼的模式选择——兼评环境行政公益诉讼为主模式论》，《西南民族大学学报》（人文社会科学版）2017 年第 10 期。

"任何人"。既包括公司、企业、各类社会组织以及个人，又包括美国政府、行政机关等具有公权性质的法律实体。在美国，只有违法前文所列的含有公民诉讼条款的 16 部环境法律的相关规定才能提起环境公民诉讼。具体而言，环境公民诉讼可诉范围受到法律严格限制：首先，环境公民诉讼的提起必须依据公民诉讼条款的规定授权。其次，在前文所述的 16 部环境法律中，一般都有规定各自有关环境民事公益诉讼的可诉范围，在不同的法律中可诉范围具有不同的含义。在美国，14 个州把被告界定为违反环境法律或破坏环境与自然资源的任何人。只有 2 个州的法律将被告限于本州政府机构。如《康涅狄格州环境保护法》（1971 年）规定公民诉讼的被告是本州政府及其分支机构；印第安纳州规定本州环境公民诉讼的被告是州、市、镇、县或地方政府的政府机构或官员。换言之，关于环境公民诉讼的被告范围问题，联邦和州法具有明显的差异。一般而言，联邦环境法律对于环境公民诉讼规定了极其广泛的被告范围，可以成为联邦环境公民诉讼的被告一般包括私人领域和公共领域的所有法律主体。但是，州环境公民诉讼的被告范围要小于联邦，有些州规定公、私法律主体可以成为被告，但是，有些州规定只有公共部门才可以作为本州环境公民诉讼的被告。[①]

（三）诉讼请求多元化

大体来说，美国环境公民诉讼的诉讼请求主要有损害赔偿、颁布禁止令以及罚金三种方式。美国联邦环境法律公民诉讼条款的规定未赋予民众要求被告承担损害赔偿责任的权利，一般情况下，公民不能要求赔偿环境本身的损害，但也存在着一些例外。在《清洁水法》第 505 条与《资源保护与再生法》第 7002 条中规定了公民诉讼中原告可以要求被告赔偿环境本身的损害。根据这些规定，1989 年在美国发生了"Exxon Valdez"原油泄漏事故后，著名的环保组织塞拉俱乐部联合其他一些环保组织在美国阿拉斯加联邦地区法院提起环境公民诉讼，要求被告赔偿环境本身的损害。在美国环境法中规定，如果被告的行为已经严重污染、破坏环境，民众可以提起环境公民诉讼，要求法院颁发禁止性禁令，禁止被告继续从事

[①] 胡静：《环保组织提起的公益诉讼之功能定位》，《法学评论》2016 年第 4 期。

对环境有害的行为或者经营活动。① 民事罚金作为一种对被告进行经济性制裁的手段，在美国环境民事公益诉讼中受到较大的限制。一般情况下只有政府机关提出环境公民诉讼时才能要求民事罚金，私人原告是不能提出民事罚金的请求的，民事罚金必须上交联邦政府国库。

此外，司法实践中还发展出一种被称为"附加环境项目"（Supplemental Environmental Projects，SEPs）的协议形式，被告可利用自身优势，通过自愿承担一些不属于法定义务但对环境有益的环保项目或相关社会实践，如充分披露环境信息、进行环境援助、改善周边环境质量等来换取谅解及责任减免。实践表明，"附加环境项目"（SEPs）既有利于被告又有利于社区，其使被告获得罚款减扣，并能提升相邻社区生活质量，从而与社区建立更好的关系。②

（四）补充与监督执法的功能

面对不断恶化的环境，美国联邦国会认识到环境保护的实现，不能仅仅依赖由政府主导环境保护的公共执法（Private Enforcement）。正是因为公共执法难以实现对环境污染的克服，美国国会针对违反环境法律的行为，决定授权公民个人和团体享有对其实施环境法律的权利。由此可知，环境公民诉讼是为弥补公共执法在克服环境污染方面的不足而产生的。从立法层面来看，美国《清洁水法》中包含了环境公民诉讼条款，在美国国会对其进行的立法报告中明确提及，正是为了促进《清洁水法》的良好实施，而在该法中设置了公民诉讼条款。这是因为，在美国国会看来，环境保护问题的解决与公众利益息息相关，通过赋予公民诉讼权利，公众实施法律的权利得到了体现，公众应被赋予一定的权利以实施环境法律，以确保环境法律的实施。③

虽然美国国会设立环境公民诉讼的目的在于以私人执法（Private Enforcement）来弥补环境保护的公共执法之不足，发挥私人执法作用，以此督促政府、企业尽到其保护环境之义务，但是国会对环境公民诉讼

---

① 胡中华：《论美国环境公益诉讼中环境损害赔偿救济方式及保障制度》，《武汉大学学报》（哲学社会科学版）2010年第6期。

② See Joel A. Mintz, Clifford Rechtschaffen and Robert Kuehn, eds., *Environmental Enforcement*, North Carolina: Carolina Academic Press, 2007.

③ 陈冬：《环境公益诉讼研究——以美国环境公民诉讼为中心》，博士学位论文，中国海洋大学，2004年。

也持有谨慎态度。① 美国国会认为公民诉讼作为政府执法的一种补充，表明了应当充分重视和发挥公权力在环境保护领域实施法律的职能，环境法律实施的主导力量应当是公权力，公民诉讼的启动只能是在公权力实施法律存在空白，或是公权力存在不作为等违法情形之时。国会之所以对公民诉讼加以限制，是基于毫无节制的公民诉讼可能导致不当地干扰主管机关执法的调配的担心以及公民诉讼的滥诉会引起法院负担的过度增加的立法考虑。② 申言之，国会对公民诉讼的立法初衷给予了一定的解释，即为了节约执法成本、司法成本以及防止公民诉讼的滥诉，在立法上对公民诉讼的提起设置了诸多的限制。综上，美国环境公民诉讼的主要制度功能是为了弥补行政机关环境执法的不足而授权公民参与法律的实施来保护环境。

（五）以环保团体为主导③

在美国，以私人执法为显著特征的环境公民诉讼的主导者主要是环保团体。在 20 世纪 70 年代至 80 年代末，环保团体已然成为美国环境公民诉讼的主力军。这一时期，由于政府环境执法的不足，环保团体的壮大，公民对于环境权益的诉求日益增长，促使环保团体踊跃参与环境相关事务。环保团体主要参与环境立法、政府环境决策、政府环境执法以及社区环境教育等领域。在这其中公众参与最为显著的表现之一即提起环境公民诉讼。在美国最为著名的环保团体之一——自然资源保护委员会（Natural Resources Defense Council）联合其他专门性环保团体，制订了一个有关《清洁水法》实施的环境公民诉讼的全国性计划，以更好地补充政府环境执法之不力。据相关数据统计，这一时期，全国性环保团体几乎包揽了所有联邦的环境公民诉讼。1978—1984 年，塞拉俱乐部、环境保护委员会、新英格兰保护法律基金会以及切萨皮克海湾基金会等全美最大的全国性环境团体依据《清洁空气法》《有毒物质控制法》《资源保护与再生法》《清洁水法》《安全饮用水法》以及《噪声控制法》这 6 部联邦环境法所提起的环境公民诉讼的数量占全国环境公民诉讼之总数的绝大多数。

---

① 这充分反映在国会对环境公民诉讼的提起采取了诸多立法限制，比如起诉前的通知程序、行政机关勤勉地执行法律等可以阻止环境公民诉讼的提起等。
② 叶俊荣：《环境政策与法律》，中国政法大学出版社 2003 年版，第 232 页。
③ 参见陈冬《美国环境公民诉讼研究》，中国人民大学出版社 2014 年版，第 187 页。

1995—2000 年，同样基于该 6 部联邦环境法所提起的环境公民诉讼，大型全国性环境团体作为主体提起的数量占比却非常小，取而代之的是由小型环保团体提起。概言之，美国环境公民诉讼的起诉主体由全国性环保团体向小型环保团体转变，从某种程度上说明了美国环保团体数量庞大且迅速，公众参与环境事务更为自由与简便。但无论是小型的环保团体还是全国性的环保团体，都充分证明了一个客观事实：美国环境公民诉讼的主导力量是环保团体。

第二节 单一式的环境行政公益诉讼模式

所谓单一式的环境行政公益诉讼模式，是指在环境公益诉讼的基本架构上，虽然区分了民事公益诉讼和行政公益诉讼，但是在环境保护法律领域，仅采取环境行政公益诉讼这一种类型诉讼，而并未将环境民事公益诉讼纳入其中。在各国之中以德国环境团体诉讼为此类制度构造的典型代表。德国之所以采用此类环境公益诉讼制度构造，是基于德国传统的法学理论认为，公法是环境法的主要内容，环境保护是政府的职责，而并非公众的权利，环境行政是实现环境公共利益保护的主要途径。[①] 后来，德国引入了以环保团体为原告的环境行政公益诉讼制度，以执行欧盟法关于公众参与的相关法律。时至今日，这一环境公益诉讼制度构造在德国也没有改变。[②]

一 单一式的环境行政公益诉讼模式形成之历史考察

德国单一式的环境行政公益诉讼模式的形成，与德国国内的环境运动的兴起、政治及法治文化、司法体制传统以及外部欧盟法及欧洲法院的影响等因素紧密相关。正是这些因素影响了德国特色的环境公益诉讼制度构造的形成。

[①] 谢伟：《德国环境团体诉讼制度的发展及其启示》，《法学评论》2013 年第 2 期。
[②] 徐以祥：《我国环境公益诉讼的模式选择——兼评环境行政公益诉讼为主模式论》，《西南民族大学学报》（人文社会科学版）2017 年第 10 期。

（一）产生背景

1. 德国环境运动的兴起[①]

德国环境意识的觉醒可以追溯到 19 世纪。1860 年德国首个环保团体诞生，其设立初衷在于对国内的重要森林加以保护。在世界与发展委员会发布《我们共同的未来》之后，全球开始对环境问题予以关注，德国国内的环境意识也发展到一个新的高度。在这一时期，德国民间的环保团体发展迅速，其中地方环保团体的发展尤为突出。小规模的地方组织、专业组织以及全国性会员组织成为德国的环保运动主要力量。[②] 1976 年德国《联邦自然保护法》第 29 条[③]规定了受到认可的自然保护团体享有行政参与权，可参与行政规划、计划等行政决定。[④] 但这一立法更注重环保团体发挥事前预防作用，而阻却了环保团体事后通过司法手段进行保护的可能性。随着德国地方自治独立性及立法的发展，地方环保团体也得以获得发展，并使环保团体通过司法保护环境的诉求具有可能性。如一些州基于政治压力，通过州立法允许环保团体进入公益诉讼领域。可见，德国环境团体诉讼制度的突破及发展与环保团体在地方层面的环境运动、政治压力等因素密不可分。

2. 固有的法治文化及绿党的推动[⑤]

德国主要以"黑格尔的国家主义理论"为统治思想。而后历史学派代表人物萨维尼在继承国家主义的思想基础上提出"人民离不开国家，人民除非组织为国家，并在这个国家中生活，否则是不能享受政治权利，不

[①] 参见吴宇《德国环境团体诉讼的嬗变及对我国的启示》，《现代法学》2017 年第 2 期。

[②] 周佳荣、高明瑞：《德国环境运动发展与环境团体表现》，《环境与管理研究》2007 年第 1 期。

[③] 在 2002 年修订的《联邦自然保护法》中，该条规定变为了第 60 条。

[④] 需要指出的是，德国的《联邦自然保护法》与美国环境管制制度的不同之处在于，在任何开发建设计划中，并非采取环境影响评价的事后矫正，而是在计划之初就将自然保护作为最高原则纳入其中。这样的制度设计要求环保团体在计划阶段就必须提出反对意见或诉求，其目的是回应地方和联邦层面日益严重的环境问题和国内关于环境保护呼声的社会运动压力。但环保团体也就相应地丧失了通过司法进行保护的可能性。参见吴宇《德国环境团体诉讼的嬗变及对我国的启示》，《现代法学》2017 年第 2 期。

[⑤] 参见孔繁华《法德英美四国行政诉讼性质比较考察》，《环球法律评论》2010 年第 2 期；吴宇《德国环境团体诉讼的嬗变及对我国的启示》，《现代法学》2017 年第 2 期。

能取得人格和主权的"①。到 19 世纪中期,"法治国"理念被提出,但"法治国"中个人仍旧不拥有与国家相对应的主体地位。尽管承认并保障公民的基本人权是"法治国"内在的应有之义,德国联邦和各州的宪法中也对这些基本权利加以规定,但德国公法并不承认个人的主体地位。②为了达成法治国依法行政的目的,"公法上的主观权利"概念为 19 世纪德国的公法学说所创造。在国家未依法行政,抑或是国家已经违反其应遵守客观法律的义务及责任的情形下,基于此权利,期望人民能够以诉讼或是投诉的方式,对国家加以提醒。但是由于国家被其臣属控告的情况,无法为当时的国家理论所容许,所以所谓的"公法上的主观权利"在性质上被认为是国家之下的人民所应尽的义务。臣民并没有请求国家依法行政的权利,仅具有对国家进行提醒的义务。③ 这种思想经历了两次世界大战后才得以被打破,并经由学界的批判后,也试图将自由、民主价值观念加以融入。原本关注整个国家利益的历史主义学者,也逐渐开始转向关注公民权利的维护,以及维护公民权益的具体制度。④ 申言之,国家集体主义理论是德国法治文化的基石。

在独特的法治文化背景下,德国自 20 世纪 70 年代开始,环境问题日益突出并作为一项政治议题成为社会关注的焦点。与此同时,伴随着社会运动的发展,绿党也逐渐进入政治舞台,并在各州占据一定的地位。自 1977 年始,德国绿党的前身——分散的环保团体,便已经开始参与地方性的议会选举。1975 年反核运动的开展促成了各地生态团体、公民创议团体以及替代选举运动团体的全国性结盟,1977 年成立了一个全国性的"公民创议及环境保护联邦联盟",这为绿党成立奠定了一个良好的组织基础。⑤ 此后,绿党以地方作为突破口,率先进入地方议会。1979 年 10 月,不来梅州的环保团体"绿色名单"一举突破 5% 的界限进入州议会,

---

① 程琥:《历史法学》,法律出版社 2005 年版,第 102 页。
② 应松年、袁曙宏主编:《走向法治政府》,法律出版社 2000 年版。
③ 劳东燕:《自由的危机:德国"法治国"的内在机理与运作逻辑》,载《北大法律评论》第 6 卷第 2 辑,北京大学出版社 2005 年版,第 549—551 页。
④ 孔繁华:《法德英美四国行政诉讼性质比较考察》,《环球法律评论》2010 年第 2 期。
⑤ 吴宇:《德国环境团体诉讼的嬗变及对我国的启示》,《现代法学》2017 年第 2 期。

这在德国引起了广泛的反响。① 在德国的政治结构中，德国政党政治下由绿党带来的对环境政策的辩论，促使了环境政策议题不会在政治领域中缺席。② 当绿党在地方和州议会中占据一定席位之后，环保人士所提倡的环境司法自然也受到立法者的关注与重视。③ 概言之，德国国家集体主义理论的法治文化传统使德国具备关怀环境公共利益的文化基础，绿党在政治领域中的一席之地推动了环境保护团体的发展与环境司法的发展，这些都为德国环境团体诉讼奠定了良好的基础。

3. 欧盟法及欧洲法院的影响④

欧盟法及欧洲法院在德国环境团体诉讼发展的进程中，占有绝对重要的位置。德国作为欧盟的重要成员国，其国家义务之一即是将欧盟法与国内法进行内化和融合。在德国环境法领域中，尤其是关于环境团体诉讼的问题上，德国对欧盟环境指令向国内环境法的转化与融合显得十分缓慢、滞后。德国联邦层面对于有关指令的转化，不止一次表示将采取"一比一"的策略，即尽量保持国家法与指令条文的一致性。正是基于此，对欧盟法转化的消极态度，使得德国对欧盟环境指令进行转化和融合之时，欠缺必要的调整和完备的配套制度，新制度难以发挥其应有之效。⑤ 一般而言，欧盟各成员国的国内机构来负责执行欧盟法的实施。⑥ 若成员国的行政程序法无法实现欧盟法规范的目的，则该成员国对欧盟法的义务并没有得到忠实履行。⑦ 由此，当一个行为或立法被认为违背了欧盟法原则之时，该案件可以移交给欧洲法院来审理，须等到欧洲法院对该案提出确定

---

① 沈素红、邢来顺：《20世纪80年代以来德国绿党对德国政治的影响析论》，《长江论坛》2006年第4期。

② 周佳荣、高明瑞：《德国环境运动发展与环境团体表现》，《环境与管理研究》2007年第1期。

③ See Michael S. Grave, "The Non-Reformation of Administrative Law: Standing to Sue and Public Interest Litigation in West German Environmental Law", *Cornell International Law Journal*, Vol. 22, No. 2, Summer 1989, pp. 203-208.

④ 参见吴宇《德国环境团体诉讼的嬗变及对我国的启示》，《现代法学》2017年第2期。

⑤ 刘慧如：《从环境影响评估及团体诉讼制度看德国环境法的欧洲化冲击》，《欧美研究》2011年第2期。

⑥ 根据《欧洲联盟条约》第10条的规定，成员国的各个机构在执行共同体法时，应当忠实地履行与共同体机构进行合作的义务以及顾及共同体利益的义务。

⑦ 何荣、程虎：《欧洲一体化中的欧盟法与德国法》，《人民法院报》2005年3月4日第8版。

意见后，德国国内的行政法庭才能对案件进行审理。欧洲法院的司法判决正是通过这样的制度安排，以促进德国环境法律制度的完善。典型案件如雅纳切克案、特里安内尔案、阿尔特里普案等，欧洲法院依《欧盟公众参与指令》和《奥胡斯公约》规定，对德国环境团体诉讼立法与司法产生了实质性影响，并促使德国国内法《环境司法救济法》的修改以适应欧盟环境指令。

（二）司法体制及其传统

"德国在经过希特勒时期以合法或非法、政治或军事等手段肆意摧残法制的历史后，深刻认识到确立法制、维护法制乃是维护国家稳定之根本，因此无论内政外交、政党更替还是应对紧急事件，均有相关成文立法对实体、程序及后果作出规范。"① 这亦是德国强调"法治国"的原因之一。根据德国《基本法》之规定，在联邦层面，联邦除设立联邦宪法法院外，分别为普通（即民事、刑事）诉讼管辖、行政诉讼管辖、财税诉讼管辖、劳动诉讼管辖和社会诉讼管辖，设置联邦最高法院、联邦行政法院、联邦财税法院、联邦劳动法院和联邦社会法院。在州层面，则也相应设立普通法院、行政法院、财税法院、劳动法院和社会法院系统。② "通过独立的法院来对行政进行法律控制乃是法治国之本质。"③ 作为在德国一个普遍适用的概念，行政（Verwaltung）意指在国家法律制度的范围内，除立法权和司法权之外的，其他所有国家权力的总和，是除司法以外的、为实现国家目的而进行的活动之概念、称谓。④ 正是基于行政具有极为广泛的社会公共性服务职能，很多的纠纷与争议也就由行政而普遍引发。由于德国法对公法、私法的救济手段并没有加以区分，提起私人诉讼是对违法行政行为不服的唯一救济手段。但是德国并没有一部独立的行政诉讼法典，行政诉讼制度主要以《基本法》为基础，遵循《行政法院法》《法院组织法》，并援引《民事诉讼法》的相关规定。概言之，关于德国团体诉讼是由行政法院专门审理，援引《民事诉讼法》相关程序法规定，并适

---

① 刘飞：《建立独立的行政法院可为实现司法独立之首要步骤——从德国行政法院之独立性谈起》，《行政法学研究》2002年第3期。

② 邵建东主编：《德国司法制度》，厦门大学出版社2010年版，第38—39页。

③ 刘飞：《建立独立的行政法院可为实现司法独立之首要步骤——从德国行政法院之独立性谈起》，《行政法学研究》2002年第3期。

④ 于安：《德国行政法》，清华大学出版社1999年版，第7页。

用环境法这一实体法。

二 单一式的环境行政公益诉讼模式的特征

(一) 无公益诉讼类型之分

2013 年《环境司法救济法》的修订,使得德国不再以明确存在个人主观权利作为保护基础,转而以环境保护为目的,环境团体诉讼的性质从主观诉讼转变为客观诉讼。① 与此同时,对于环境团体所提起的公益诉讼,德国持谨慎立场,对公益诉讼的类型仅包括环境行政公益诉讼,而未将环境民事公益诉讼纳入其中。之所以采用此类环境公益诉讼模式,究其原因,在于环境法被德国归入公法范畴,对于在民事诉讼层面的纠纷,环境民事公益诉讼可以通过私益诉讼的方式加以解决,同时基于对"成本—收益"的考量以及保持法律的安定性,德国并未做出新的规定将环境民事公益诉讼纳入其环境公益诉讼之中。② 在公益诉讼类型上,环保团体为原告主体的环境行政公益诉讼是德国的环境公益诉讼的唯一类型。③ 环保团体作为环境公益诉讼的原告,必须是登记注册的、符合法定资质条件的环保组织;行政法院是对环境行政公益诉讼进行管辖的法院,诉讼程序上其所适用的是行政诉讼程序。④

---

① 吴宇:《德国环境团体诉讼的嬗变及对我国的启示》,《现代法学》2017 年第 2 期。

② 颜运秋、杨志华:《环境公益诉讼两造结构模式研究》,《江西社会科学》2017 年第 2 期。

③ 2006 年,德国颁布了《环境司法救济法》,以转化、融合欧盟《环境公众参与指令》(第 2003/35 指令)。《联邦自然保护法》第 64 条设定了环保团体起诉的前置条件:在当初的行政程序中,环保团体曾被剥夺表达意见的机会,或者发表过意见但未被采纳。此外,德国《环境损害预防及恢复法》对环保团体起诉又附加了一项前置条件:环境团体首先需要向行政机关提出履行其义务,若在三个月内行政机关并未采取行动的,环保团体才可对其起诉,以此督促行政机关责令经营者采取进行损害赔偿或预防措施。参见颜运秋、杨志华《环境公益诉讼两造结构模式研究》,《江西社会科学》2017 年第 2 期;胡静《环保组织提起的公益诉讼之功能定——兼评我国环境公益诉讼的司法解释》,《法学评论》2016 年第 4 期。

④ 德国《环境司法救济法》虽然沿袭了《联邦自然保护法》第 64 条关于原告资格的相关规定,但要求环保团体只能援引对环境法律的违反。这确保对环境违法行为的环境团体诉讼将监督执法限定于环境领域。参见颜运秋、杨志华《环境公益诉讼两造结构模式研究》,《江西社会科学》2017 年第 2 期;徐以祥《我国环境公益诉讼的模式选择——兼评环境行政公益诉讼为主模式论》,《西南民族大学学报》(人文社会科学版) 2017 年第 10 期。

（二）被告主体的唯一性

德国的环境团体诉讼不能直接以企业为被告提起民事公益诉讼，行政诉讼是其唯一的诉讼类型。因此，只有承担了环境管理职责的联邦或州的政府、部门及其他公法组织才在德国环境团体诉讼的被告范围之列，其所指向的对象是被告违反环境法律法规的行为，具体包括其违法的作为和不履行职责的不作为。①

（三）诉讼请求的多样化

德国法规定，针对政府的三类行为，具体包括：一是针对政府有关自然保护区、国立公园等发布的保护命令或解除禁止事项的命令，二是针对联邦政府或州政府有损环境的行政许可，三是针对联邦政府或州政府对经营者损害环境行为的不作为，环境团体可对其提起诉讼请求，其中第三类行为，即联邦政府或州政府对经营者损害环境行为的不作为，具体又可分为请求政府令经营者提供环境信息、采取防范措施、环境损害赔偿等方面。② 对于可以提起诉讼的行政许可，德国立法对其进行了列举，所列举的许可事项包括道路的修筑和重大改建，德国铁路公司的项目，尤其是铁路的基本设施建设；有轨火车的建设，飞机场的建设和重大改建处置废弃物的永久性土地电信基础设施的建设；内陆水域的扩展；联邦内陆水道的建设；农田合并的手续、基础工业的规划等。但实际上并非仅限于这些列举事项。③ 2007年德国《环境损害法》规定了请求政府命令经营者进行环境损害赔偿，即环境团体虽然不能提起民事诉讼，但是针对经自然环境造成损害的经营行为，环境保护团体可对此提起环境行政公益诉讼，要求政府责令经营者恢复其经营行为所造成的损害，同时对损害赔偿范围在立法上进行了界定。④ 由此，环保团体可以就多样性的诉讼请求向法院提起环境公益诉讼。概言之，若针对诉讼请求的内容分类，可分为以下几个方

---

① 徐以祥：《我国环境公益诉讼的模式选择——兼评环境行政公益诉讼为主模式论》，《西南民族大学学报》（人文社会科学版）2017年第10期。

② 陶建国：《德国环境行政公益诉讼制度及其对我国的启示》，《德国研究》2013年第2期。

③ 张式军：《德国环保NGO通过环境诉讼参与环境保护的法律制度介评——以环境公益诉讼中的原告资格为中心》，《黑龙江省政法管理干部学院学报》2007年第4期。

④ 德国《环境损害法》所指的损害，为经营者给"生物物种及栖息地""土壤""水"造成的损害，其他损害不属《环境损害法》规制范围，损害赔偿方式为支付恢复损害的费用，对于责任的认定实行无过错原则。

面：(1) 针对行政不作为的义务之诉；(2) 确认行政行为无效的确认之诉；(3) 已作出行政行为的撤销之诉，或部分撤销之诉；(4) 一般给付之诉。① 如果按照行政行为的具体内容划分，则可分为对抗许可或执照之诉、对抗计划之诉、对抗未完成之行政行为之诉等。②

(四) 监督执行之诉讼功能

基于德国将环境法纳入公法范畴，纳入经济行政法之中，"永远属于公法的，还有从营业法中产生的法律领域，例如污染物排放保护法和环境法的其他部门，以及诸如建设规划法、区域规划法和专业计划的独立领域"③。因此，在德国的环境团体诉讼中，绝大多数是基于政府的行政行为而发起的。而在所有基于政府行政行为的环境团体诉讼中，以政府行政决定为对象的诉讼又占据了其中的多数。此外，德国《联邦防害法》所建立的物之许可制度，是对工商自由原则的最大限制的行政法内容。凡是《联邦防害法》列举的可能对环境造成危害的工商机构，其设立都必须得到物的行政许可。一方面，几乎所有的工商业行为都必须获得行政许可；另一方面，司法救济程序十分简便，没有任何形式的不确定性和技术性的繁杂。如环境团体诉讼类型而言，所提起之诉讼主要是典型的不作为之诉。对违法行政行为不服的唯一救济手段就是提起诉讼。虽然德国行政法院对行政决定审查在理论上受限于保护性法律理论，但是相较于其他国家，其事实审查要广泛得多，在司法程序中，行政机关没有任何特权。司法救济全部通过诉讼形式获得，即使个人已经选择了不适当的诉讼形式，也可以容易地将其改变为适当的诉讼形式。④ 由此可见，在制度功能上，通过公众参与对行政机关的环境行政行为加以监督，是德国环境行政公益诉讼的主要功能。⑤

---

① 刘飞：《德国公法权利救济制度》，北京大学出版社2009年版，第78页。
② 陈慈阳：《环境法总论》，中国政法大学出版社2003年版，第31页。
③ [德] 弗里德赫尔姆·胡芬：《行政诉讼法》，莫光华译，法律出版社2003年版，第153页。
④ [印] M.P. 赛夫：《德国行政法——普通法的分析》，周伟译，山东人民出版社2006年版，第209页。
⑤ 徐以祥：《我国环境公益诉讼的模式选择——兼评环境行政公益诉讼为主模式论》，《西南民族大学学报》（人文社会科学版）2017年第10期。

(五) 以私法团体且较大环境团体为主导

德国公益诉讼的发展是基于环境运动及绿党等政治力量的推动，是外在动力的驱动发展模式。完全意义上的公益诉讼在德国法原本是不存在的，其仅有有限的公益诉讼信托。例如设施设置地点或相邻地方自治团体，受到污染环境或有污染之虞的开发行为之侵害，侵害到自治团体的权限，地方自治团体可以对该地居民之安全健康，基于委托的方式提起自治法上的诉讼。[1] 在德国的司法实践中，很多的私法团体依据环境法，就环境保护而提起了公益诉讼。由于德国大部分环境法都包含有保护主观权利的规范，因此，就环境污染提起公益诉讼也较为顺利。然而，在自然风景领域，私法团体以保持自然风景为诉求的环境公益诉讼却遇到了主观权利的障碍。为了克服这一障碍，联邦和各州通过修改自然保护法，将自然保护环境公益诉权赋予私法团体，同时对于保护性规范，司法判例也做出扩张解释，以支持环境公益诉讼的提起。由于德国国内立法障碍的消除，环境团体提起的环境公益诉讼的胜诉比例也有了很大的提高。据统计，2002—2006 年环境团体提起诉讼的胜诉比例大约为 40%，相较于 1997—1999 年的 32% 有较大增长。[2] 与此同时，通过对德国 1997—1999 年和 2002—2006 年环境团体提起的环境公益诉讼案件统计，德国环境与自然保护联盟、德国自然保护联盟这两个德国最大的环境团体承担了绝大部分环境团体诉讼案件。2002—2006 年，全国共提起环境公益诉讼案件 141 件，而两个联盟提起的就有 113 件，占 80.14%。[3] 概言之，符合德国法律规定的私法团体且较大的环境团体是德国环境公益诉讼得以发展的重要力量，且在欧盟法及欧盟法院的强制推动及政治家的积极推动下，改变环境团体诉讼结构，实现了由主观诉讼到客观诉讼的重大转变。

---

[1] 陈慈阳：《环境法总论》，中国政法大学出版社 2003 年版，第 321 页。

[2] See Alexander Schmidt, Die Entwicklung der naturschutzrechtlichen Verbandsklage von 2002 bis 2006, Eine empirische Untersuchung im Auftrag des Bundesamtes für Naturschutz, Fachgebiet II 1.1, Oktober 2007, http://www.bfn.de/fileadmin/MDB/documents/service/Schmidt_Zschiesche_Verbandsklage.pdf.

[3] 谢伟：《德国环境团体诉讼制度的发展及其启示》，《法学评论》2013 年第 2 期。

第三节　二元并存式的环境公益诉讼模式

所谓的二元并存式环境公益诉讼模式，是指在环境公益诉讼的基本构架上，对其类型划分为环境民事公益诉讼与环境行政公益诉讼，并采取了两者并存的诉讼构造。法国是采用此类环境公益诉讼模式的代表。作为大陆法系国家，法国的诉讼程序可区分为民事诉讼和行政诉讼，由此环境公益诉讼制度构造形成了二元区分且并存的诉讼模式。

一　二元并存式的环境公益诉讼模式形成的历史考察

法国环境公益诉讼主要通过越权之诉及环境刑事附带民事诉讼得以实现。法国的越权之诉在性质上属于客观诉讼。客观诉讼是指当事人的利益由于行政机关的决定而受到侵害，请求行政法院审查该项决定的合法性并予以撤销的救济手段。此类型诉讼的目的在于对违法的行政行为予以纠正和救济，以实现对良好的社会秩序之保障，而不是仅依据主观上的利益主张便可成立。公民发起越权之诉的条件是，其必须有某种利益与所诉的行政决定相关联，但并不要求是申诉人的个人利益；若由于违法的行政决定而导致第三人直接利益受到侵害时，起诉人也可提起越权之诉。[1]

（一）产生背景

"三权分立"理论虽然是法国和美国的政治理论基础，但与美国不同的是，由于"三权分立"理论受到法国革命对法院敌视传统的影响，法国司法机关形成这样一种传统：其"禁止通过司法审查的途径，对立法机关与执法机关行使其自身职能进行干涉"[2]。因此，行政机关与司法机关相互独立是"三权分立"在法国的体现，行政权力不受普通法院的干涉，基于行政事项而发生的诉讼不能由普通法院审理。[3] "三权分立"理论在

---

[1] 王名扬：《法国行政法》，中国政法大学出版社1989年版，第641—642页。
[2] 史彤彪：《法国大革命时期的宪政理论与实践研究（1789—1814）》，中国人民大学出版社2004年版，第253—254页。
[3] 孔繁华：《法德英美四国行政诉讼性质比较考察》，《环球法律评论》2010年第2期。

法国的绝对化理解，与当时的历史背景有着紧密的联系。在大革命之前，行政权代表的是新兴资产阶级，而普通法院则是代表封建势力，因而两者之间天然存在严重的对立情绪。"由于存在中央法令及其行政官员的改革努力被法官利用手中的司法权力所阻碍的事实，因而司法机关被普通平民和资产阶级所厌恶。基于对司法机关先入为主的'偏见'，革命者一度对其很明显地表现出不信任。"[1] 在大革命之后，法院在革命中的所作所为并没有被掌握政权的资产阶级所忘记，由此"革命时期司法改革的目标之一，便是对审查控制政府官员行政行为的权力以及行政行为是否合法的普通法官的权力进行剥夺"[2]。不过，正如托克维尔指出，"行政法院正是旧制度的体制"，"当大革命爆发之际，法国这座古老的政府大厦几乎完好无损，可以说，人们用它在原基础上建起了另一座大厦。在大革命中，当人民摧毁贵族政治时，他们自然而然地奔向中央集权制"。[3] 在行政法院形成过程中，也不能绝对化地理解资产阶级革命的作用。由此，同样以"三权分立"为政治基础的美国，其司法审查权由普通法院统一行使，而独立的行政法院系统却在法国建立。美、法均以"三权分立"为理论基础以及分权与制衡的政治制度却因历史背景的差异性产生出不同的环境公益诉讼制度。

（二）司法体系及其作用[4]

众所周知，作为典型的大陆法系国家，法国的法律体系是细分公法和私法两大类，并适用不同的规则。"在公法范围内，完全否认私权自治的思想，政府的作用决不限于保护私权，相反，公法所特别关注的是国家行为在实现公共利益上的作用……公法关系中，国家作为公共利益的代表者，它是一方当事人，但具有高于其他任何个人的权威。"[5] 以集体主义为主导思想的欧洲大陆国家，其独特的公法制度，尤其是独立行政法院的

---

[1] 史彤彪：《法国大革命时期的宪政理论与实践研究（1789—1814）》，中国人民大学出版社 2004 年版，第 233 页。

[2] [美] 约翰·亨利·梅利曼：《大陆法系》，顾培东、禄正平译，李浩校，法律出版社 2004 年版，第 92 页。

[3] [法] 托克维尔：《旧制度与大革命》，冯棠译，商务印书馆 1992 年版，第 100 页。

[4] 参见孔繁华《法德英美四国行政诉讼性质比较考察》，《环球法律评论》2010 年第 2 期。

[5] [美] 约翰·亨利·梅利曼：《大陆法系》，顾培东、禄正平译，李浩校，法律出版社 2004 年版，第 107 页。

存在更是强调对公共利益的保护，以狄冀的理论为典型代表。狄冀的"社会连带理论"认为"客观法建立在社会相互关联性的基础上，由此直接且合乎逻辑地推理出主观权利，事实上，客观法要求每个人遵从社会相互关联性"①。同时，狄冀还认为"公民在一般情况下必须服从国家。服从国家的基本义务的限度来自国家的基本目的"②。简言之，"集体主义理论强调对公共利益的尊重和维护，契合了法国资产阶级维护行政权的要求，行政管理服务于公共利益、向公众负责的原则以及行政系统内部制衡的原则成为法国的宪政特色"③。由此，维护公共利益成为行政机关的主要职责，是行政法的主要内容，并通过行政法院加以司法保障。此外，正如前文所述，法国在大革命之后才逐步建立起现行的司法体系，其以行政法院和司法法院（即普通法院）共存的形式存在。④ 就环境与资源领域而言，包括环境资源案件在内的普通民事案件由司法法院管辖；而以行政机关为被告的环境资源行政案件则由行政法院管辖。就法国行政法院的内部组成而言，其由诉讼组和行政组两个部分组成，但行政管理权与行政裁判权已逐步分离。对于保障公共权力的良性运作的事业，可以更加广泛而又直接地参与其中，而不必通过迂回曲折的方式，即选举议员来制定一般性规则。⑤

二 二元并存式的环境公益诉讼模式的特征

（一）公益诉讼有类别之分

如本章前文所述，法国环境公益诉讼主要通过越权之诉及环境刑事附带民事诉讼得以实现。换言之，在诉讼类型上，法国的环境公益诉讼既包括了针对政府行为而提起环境行政公益诉讼，也包括了对企业或个人的污

---

① ［法］莱昂·狄冀：《宪法学教程》，王文利等译，郑戈校，辽海出版社、春风文艺出版社1999年版，第10页。
② ［英］马丁·洛克林：《公法与政治理论》，郑戈译，商务印书馆2002年版，第153—154页。
③ 孔繁华：《法德英美四国行政诉讼性质比较考察》，《环球法律评论》2010年第2期。
④ ［法］皮埃尔·特鲁士：《法国司法制度》，丁伟译，北京大学出版社2012年版，第8—20页。
⑤ ［法］莱昂·狄冀：《公法的变迁》，郑戈、冷静译，辽海出版社、春风文艺出版社1999年版，第151页。

染者或生态破坏者之行为而提起环境民事公益诉讼。因此，法国的环境公益诉讼具有不同类型划分的特征。其中，越权之诉是法国环境公益诉讼最主要的诉讼类型。在法国，一般行政法将行政诉讼分为主观行政诉讼与客观行政诉讼。前者是基于行政机关违反主观的法律规则、法律地位提起的行政诉讼；后者是对行政机关违反客观的法律规则、法律地位的行为提起的行政诉讼。前者属于传统行政诉讼的范畴，原告的起诉资格仅在其个人权益受到行政行为的直接侵害时方被授予，其目的主要是维护个人利益；后者则使法国行政诉讼的起诉资格进一步拓宽，该类诉讼的目的在于维护国家和社会公共利益。越权之诉即属于典型的客观诉讼，是法国环境公益诉讼的表现方式之一。在越权之诉中，只要起诉人的利益受到行政决定的不法侵害即可起诉，并不强调必须是其个人利益。而且，起诉人的利益不仅包括物质利益，还包括精神利益，不仅局限于现实利益，还包括预期或未来的利益。①

（二）被告主体兼具公私属性

由于法国环境公益诉讼主要通过越权之诉及环境刑事附带民事诉讼两种诉讼方式加以体现，因此其被告主体兼具公私属性。对于越权之诉，当协会的特定宗旨和章程规定活动与行政部门做出的行政决定有关，且协会认为决定中所划定地域范围内的环境发生受损后果时，便可以起诉。起诉的对象既可针对直接充当污染者的政府机关，亦可针对政府的违法行为。由于法国行政法并不存在"不作为"的概念，政府违法不作为的情形也被视为一种作为。② 撤销行政机关违法行为的越权之诉，正是针对"不作为"所提起的诉讼。法官可以就行政行为是否违法及撤销违法行为作出判决，但不能判决赔偿责任。对于环境刑事附带民事诉讼，通过协会或地方政府以民事诉讼的形式提起诉讼，是生态环境损害进行索赔的主要形式。根据法国《环境法典》第142—4条，地方政府部门及其联合组织，对于在其行使管辖权的地域上造成直接或间接损失，构成违反有关保护自然与环境的立法及其实施细则的犯罪行为，可以行使民事当事人所享有的权

---

① 陈冬：《环境公益诉讼研究——以美国环境公民诉讼为中心》，博士学位论文，中国海洋大学，2004年。
② 当发生行政机关对相对人的请求不作为时，法国行政法会推定存在一个行政决定，行政诉讼针对该推定存在的行政决定而非针对"不作为"。行政机关的"默示"通常推定为"拒绝"，但有特别规定时，可以依据规定推定为"默认"。

利。获得认可的环保协会对行政机关无须提前通知,且被告为对环境造成损害的污染者和破坏者,其并没有监督行政执法的功能,对追究环境损害责任的执法资格是由地方政府分享而来的。①

(三) 诉讼请求的有限性

法国环境民事公益诉讼的适用范围受到一定的限制,针对排污者或生态破坏者的民事公益诉讼,由环保协会在刑事法院提起。法国环境民事公益诉讼仅适用于特定的排污者和生态破坏者犯罪的情形,并不广泛适用于所有污染环境和破坏生态的情形。根据法国《环境法典》第142—2条之规定,在环保协会的资质获得认可的前提下,该环保协会对违反相关环境法律法规的犯罪行为,并且该行为对该协会负责维护的集体利益造成直接或间接损害的情形时,有权对其提起附带的民事公益诉讼,其主要目的是对公共利益的损害进行索赔。对于法国环境行政公益诉讼,环保协会则可要求行政机关依法作为或履行应尽之职责。

(四) 具有行政监督与生态损害责任追究的功能

法国的环境公益诉讼在制度功能上具有双重性,即监督行政机关依法履行环保职责和生态损害责任追究。越权之诉在性质上属于对事不对人的客观诉讼,主要目的是保证行政行为的合法性,以实现对公共利益的维护。② 由此,环保协会以被告的违法行为或"不作为"为对象而提起的行政诉讼。原告在起诉之前必须首先请求行政救济,在未得到行政救济之后才可以再提起对行政部门的诉讼。行政法院只有在起诉人穷尽所有行政救济手段之后,才能对该案件进行合法管辖。③ 换言之,法国环保协会提起的环境行政公益诉讼的前置条件包括了"穷尽行政救济"。总之环保协会提起的越权之诉属于监督执行之诉,即监督行政机关依法履行其环境保护的职责。环保协会提起的环境民事公益诉讼正如上文所述主要是针对生态损害进行索赔。

---

① 胡静:《环保组织提起的公益诉讼之功能定位——兼评我国环境公益诉讼的司法解释》,《法学评论》2016年第4期。

② 王名扬:《法国行政法》,中国政法大学出版社1988年版,第669页。

③ See Jean-Philippe Colson, "Remedies Discussion Forum", *Brandeis Law Journal*, Spring, 2001, p.606.

（五）以环保协会为主导

环保协会在法国环境法治进程中发挥着重要的作用，其对法国环境政策、立法、执法以及司法的发展具有积极的意义。目前，法国的环保协会主要包括：（1）法国自然环保组织（France Nature Environment）。是法国最大环保组织，旗下包括全国性的鸟类保护同盟、全国自然保护协会、反狩猎者联盟；地区性的 FRAPNA、SEPAMSO 以及众多地方分支机构。据 Barthelme 估算，法国自然资源环保组织汇集多达 140 个全国性和地区性协会，还有 1000 多家地方协会。随着组织的发展，法国自然环保组织的活动范围不仅包括自然环境保护，还包括了其他环境问题。该组织与政治保持一定的距离，主要通过成为官方委员会的成员等方式参与政治活动。（2）世界自然保护基金（Word Wildlife Fund For Natura）。其前身是世界野生动植物保护基金（Word Wildlife Fund），主要目标是自然保护尤其重点关注领域是濒危动物的灭绝问题。该组织主要通过参与环境教育项目来提高人们的环保意识，不具有政治色彩。（3）地球之友（Amis de la Terre）。1971 年成立地球之友，是法国反核运动的重要组成部分。该组织早期注重参与政治，并推选其成员做总统候选人，具有浓烈的政治色彩，使得其性质至今都模糊不清。地球之友的法国分支机构是由国际地球之友提供支持的，是法国反核运动的重要组成部分。（4）绿色和平组织（Greenpeace）。该组织主要反对选择性杀戮海豹、捕鲸和进行动物毛皮交易以及有毒垃圾排放。同时它还反对军用和民用核能。由于具有较强的反政府敌意，常被认为是"反法"组织。（5）其他环保组织，如生活环境工会联盟，主要致力于城市环境与住房条件；法国水资源保护协会和布列塔尼水域保护组织，主要关注于提高水质活动等。[①] 在这些环保组织中，只有经过行政部门"认可的"的，才具有提起诉讼的权利。[②] 法国公众参与的体系中包括了环境协会提起的公益诉讼。1976 年的《自然保护法》和 1977 年的实施细则确立"认可"程序，有能力、可信赖、能够代表公众利益的环保协会经由"认可"可以在国家的咨询机构有自己的代表，对建设项目进行质询时有权对质询官员提出反对意见，可以在法庭上为集

[①] ［英］约瑟夫·绍尔卡：《法国环境政策的形成》，韩宇等译，中国环境科学出版社 2012 年版，第 29—32 页。

[②] 王婳华：《法国环境法典》，国际文化出版公司 1996 年版，第 48—54 页。

团利益辩护，而且还可以得到政府补贴。

第四节　环境公益诉讼制度构造选择的考量因素启示

由于制度移植乃一繁杂的社会工程，首先所要考量的因素是当时构建制度的目的、背景、运行状况等，其次是国家建制的需要，以及各种可能的配备条件。最后在针对我国特有的情境，作可行性分析与制度规划。[①] 域外环境公益诉讼制度构造的形成自不待言自有其考虑的因素。通过对这些因素的分析能够为我国环境公益诉讼制度构造的选择提供一个良好的基础与借鉴范本。

一　环境公益诉讼产生背景

一个国家环境公益诉讼制度构造的选择产生于具体的历史背景。例如美国环境公民诉讼的产生与发展就是建立在政府对环境执法不力的基础上。20世纪60—70年代，美国经济飞速发展但同时也引发了严重的环境危机，环境质量的急速下降，公害事件层出不穷，公众对环境要求的治理诉求特别强烈。但是在现实中，环境执法的效果却不尽如人意。究其原因，包括规制俘获、政府官员因为任期问题导致行为短期性等。在这种大背景下，公民诉讼就被当作一种新的解决方案引入美国的环境法。[②] 美国环境公民诉讼作为私人执法的一种方式，在政府不愿或不充分执法之时，充当执法的另一支力量，从而保护环境公共利益。

德国环境公益诉讼是受了欧盟法及欧盟法院的深刻影响。德国通过对环境法理论的分析，从而使环境法被定性为公法领域，行政机关的职责是保护公共利益的实现，而且德国有比较严谨且有效的行政管理系统。这套管理系统对环境问题的预防与管理的有效性是有目共睹的。因此，德国环境公益诉讼的引入并不是为了解决行政执法不力的问题，而是在公众参与

[①] 叶俊荣：《环境政策与法律》，元照出版公司2010年版，第233页。

[②] 巩固：《大同小异抑或貌合神离？中美环境公益诉讼比较研究》，《比较法研究》2017年第2期。

环境治理的大背景下确立起来的。德国首先通过《环境保护法》确认了自然保护团体诉讼制度，《奥胡斯公约》以及《欧盟公众参与指令》的颁布与生效促进了《环境司法救济法》发展与完善，该法进一步发展了自然保护团体诉讼制度。但是德国认为政府是保护环境公共利益的第一要义，是政府的职责所在，因此，迄今为止德国的环境公益诉讼都是环境行政公益诉讼。

法国环境公益诉讼是基于该国特有的法治背景，法国的行政法系统完备且独立，因此，其越权之诉在行政法院适用行政法进行专门审理。环境刑事附带民事诉讼主要是在审理刑事案件时一并审理对生态环境损害的赔偿。

二 司法制度及其变迁

一个国家的环境公益诉讼模式与它的司法制度及传统具有直接的关联性。在大陆法系国家，行政诉讼和民事诉讼分别适用不同的法院和诉讼程序，环境公益诉讼理所当然地也被划分为民事与行政公益诉讼，这也是现有司法制度和传统上的一种必然选择。在英美法系国家，如美国采用的环境行政公益诉讼和环境民事公益诉讼合二为一的统一诉讼模式，与其不区分被告是政府还是企业都适用统一的民事诉讼程序的司法制度和传统有着直接的关联。而在美国环保组织起诉污染企业要求其支付巨额的罚款的做法，与美国区分民事罚款和行政罚款的做法也是密不可分的。与此同时，司法相对独立性及其功能演进性也促进了环境公益诉讼模式的形成与发展。

（一）司法的相对独立性

法治国家必须有一个独立、公正的司法制度。但是司法职能与行政职能之间的界限不明，就会直接影响司法的公正性。公法的公正性以独立的司法为基础，必须把司法与行政相独立。域外国家如美国，在司法独立性上具有显著性，因此对环境公民诉讼的推进无疑是有力的。法国因其行政法的完备及行政法院的独立性，因此越权之诉的发展就更为完善。如果司法权不独立于立法权和行政权，自由将不复存在……如果司法权与行政权合并，法官便握有压迫者的力量。① 我们把法律的生命寄托于政府及其官

---

① ［法］孟德斯鸠：《论法的精神》，张雁深译，商务印书馆1961年版，第156页。

员之手，法律制度的运行就永远是从上而下的单向性运作，而无法达到法治的境界。因此，司法相对独立性是法治社会的根本要求和主要标志之一，也是法的可诉性产生的基础，更是环境公益诉讼存在的前提。①

（二）司法功能的演进性②

各国法律传统和分权状况决定了司法机关适用法律范围的大小。一般而言，英美法系国家的司法机关权力要大于大陆法系国家的司法机关权力。典型代表如美国，该国几乎所有的案件都由司法机关处理，行政机关仅享有有限的制裁权。作为西方国家维护资本主义利益的有效手段，司法机关对法律适用权享有绝对的垄断，这对避免立法与行政权力的专断以及保障公民权利和法律的稳定性具有重要的作用。但是这种末端被动性的司法权却存在着不能全面、及时适应客观变化的缺陷。正如有学者所指出的，"尽管有三权分立的迂腐教条，向行政机关授予审判权却一直未中断过，复杂的现代社会需要行政机关具有司法职权，使这种授权不可避免"③。由此，行政机关以其主动特性，恰好补充了司法适用之不足，以满足及时适用法律的客观要求。但应该注意到的是，行政机关适用法律具有限制性，如行政机关无权对是否违宪、民事权利义务争议和是否构成犯罪、是否需要追究刑事责任等作出强制性裁判；而且，行政机关主动性往往会被权欲腐蚀而变成惰性，所以需要司法权督促和监督行政权，需要树立司法机关法律适用权高于行政机关法律适用权。行政机关适用法律仅仅是对司法机关适用法律的一种补充。在各国最为常见、有效的做法是，强化司法权对行政权的制约，"使行政领域的广泛事项都纳入司法关注的视野；而且还应扩大法院权力，赋予法官一定的直接决定权"④。总之，司法功能的演进性是环境公益诉讼得以实施的重要保障，其功能的扩张结果是法院取得了行政司法审查的普遍性权力，为环境公益诉讼的产生提供了可能。

---

① 邓一峰：《环境诉讼制度研究》，中国法制出版社2008年版，第98—99页。
② 参见邓一峰《环境诉讼制度研究》，中国法制出版社2008年版，第103—104页。
③ ［美］伯纳德·施瓦茨：《行政法》，徐炳译，群众出版社1986年版，第55页。
④ 左卫民、谢佑平：《我国法院功能模式演进历程的宏观考察》，载《诉讼法理论与实践》1996年卷，中国政法大学出版社1997年版，第262页。

三 环境公益诉讼制度所需承担的角色和功能

一个国家的环境公益诉讼所需要承担的角色和功能是选择环境公益诉讼模式的一个重要因素。"公共利益"是德国的国家主义与法国的集体主义所看重和强调的,"私人利益"是美国个人主义和自由主义所关注的重点。建立在不同法治文化背景下的制度,其模式的形成自不待言具有一定的差异性。但是随着思想的自由传播和融合,以国家主义为传统思潮的德国基于民主与自由的理念冲击,也发生了变化,建立起以保护私人利益为目的的行政诉讼制度。法国的行政诉讼是建立在社会连带主义理论基础上的,围绕权力监督而设计的。普通法传统国家如个人主义和自由主义的美国则基于以保护公民个人的权利与自由为最终价值追求,对于政府的违法行为,可以通过司法审查对权力加以监督与制衡,从而发挥对公民个人权利的救济作用。[①] 由此可知,上述三个国家的历史背景的差异性,导致了环境公益诉讼角色及功能定位的侧重点有所不同。在美国,环境公益诉讼通过"利害关系"的扩张解释被确立下来,并在司法审查制度加以确认,不单救济了私人利益还监督了行政权力的运行。换言之,以救济私人利益为重点,以监督行政为辅助。实效主义和能动司法的理念催生下的美国的环境公民诉讼承担着更为丰富的功能:首先,美国的环境公民诉讼保护通过参与优化行政执法和监督行政执法并以此促进客观的环境法秩序的维护;其次,美国的环境公民诉讼还通过这种诉讼弥补行政部门在环境执法方面的缺陷和不足,形成公共执法和私人执法的优势互补;最后,美国的环境公民诉讼在特殊情形下还承担着生态环境损害的索赔功能。在德国,行政法院明确监督行政机关的起诉资格,在欧盟法及欧盟法院的影响下渗入客观监督因素,从而形成环境团体诉讼,相较美国是一种更为纯粹的行政监督。德国的行政系统在风险预防、解决环境问题上具有突出表现,环境公益诉讼所承担的价值功能是通过社团参与优化行政执法与监督行政权的实施,以实现维护客观法律的秩序。在法国,环境公益诉讼的主要功能是通过监督环境行政维护客观的环境法秩序,并在特定的环境犯罪情形下承担追究生态环境损害责任。

环境公益诉讼的最终目的是维护环境公共利益,在这一点上三国具有

---

① 孔繁华:《法德英美四国行政诉讼性质比较考察》,《环球法律评论》2010年第2期。

共性。尽管上述三个国家基于不同背景、司法传统、环境公益诉讼的角色及功能等因素形成了不同的环境公益诉讼制度构造模式，但从中可窥视到环境公益诉讼制度构造模式的形成都与该国的政治密不可分。环境公益诉讼是不可或缺的，其在权力制衡中的角色与功能定位为"监督者"，限制环境行政权力的滥用与监督行政机关依法行政，从而真正地把保护公民环境权益与环境公共利益落到实处。总之，环境公益诉讼制度所承担的角色与功能呈现非单一性和融合性。任何一个制度建立之初基于客观条件的限制，或侧重于公民环境权利救济，或侧重于维护客观法律制度，但对于二者功能目的的追求并非非此即彼的。随着各国政治、经济和文化的变化与发展，其在本质上具有融合的趋向，"维护环境公共利益是当今的现实需要，但保障公民的权利是其永恒的主题"[1]。救济权利与监督行政是两大法系环境公益诉讼制度共有的本质，同时又都通过诉讼解决了环境纠纷与冲突。[2]

---

[1] 罗豪才主编：《现代行政法制的发展趋势》，法律出版社 2004 年版，第 157 页。
[2] 孔繁华：《法德英美四国行政诉讼性质比较考察》，《环球法律评论》2010 年第 2 期。

第三章

环境公益诉讼制度构造之中国选择

"法律的最终目的是社会福利。"① 环境公益诉讼产生源于特定社会的变迁，其发展要满足变迁的社会需求。它与现代国家公权力的扩张和公民对环境利益需求无法得以满足密切相关。目前，我国对于环境公益诉讼制度移植后的运行逻辑及其实践状况缺乏一个系统研究与关注，如我国环境公益诉讼与域外经验是否属于同一制度构造？如若不是，我国环境公益诉讼制度构造应为何？我国环境公益诉讼制度构造应该考虑哪些因素？哪一制度构造才是我国之最优选？本章试图对这些问题予以解答。

第一节 我国环境公益诉讼的特征及功能

所谓环境公益诉讼是指特定的国家机关、相关团体和公民个人，对有关民事主体或政府机关侵犯环境公共利益的行为向法院提起诉讼的活动。② 一般认为，为保护不特定多数人的利益而提起的诉讼属于公益诉讼；而为保护特定多数人或个人利益而提起的环境诉讼属于私益诉讼。③"全民所有"由于为非特定权利上的法律概念，因此"全民所有"的国家利益在宪法层面则可以认为是不特定多数人的利益，归属于公共利益的范

---

① [美]本杰明·卡多佐：《司法过程的性质》，苏力译，商务印书馆1998年版，第39页。
② 吕忠梅：《环境公益诉讼辨析》，《法商研究》2008年第6期。
③ 参见肖建国《利益交错中的环境公益诉讼的原理》，《中国人民大学学报》2016年第2期；税兵《自然资源国家所有权双阶构造说》，《法学研究》2013年第4期。

畴。故本书所指环境公共利益包括了国家利益与狭义的社会公共利益。我国环境公益诉讼历经从环境民事公益诉讼扩展至环境行政公益诉讼这一过程。在两种类型并存的情况下，就必须对环境公益诉讼的理论进行重新审视，以符合我国环境公益诉讼现实与未来发展的轨迹。本节所述我国环境公益诉讼的理论内容主要从其本质特征与功能两方面予以阐释，有利于揭示环境公益诉讼与其他传统诉讼的区别与联系，更好地保障各种诉讼制度各行其道，同时能够更加科学、合理、准确地为我国环境公益诉讼制度构造选择提供内在参考。

一 我国环境公益诉讼本质特征

环境诉讼案件并非在传统三大类型诉讼案件中简单涉及环境因素而已。环境问题同消费者保护、劳动权益保障等社会问题相似均属于社会公共利益，还具有其自身的特质，即涉及科技背景和风险、广度的利益冲突与决策权衡。[1] 环境诉讼具有如下基本属性：第一，公法手段对私法领域的介入，导致行政权的扩大以及对民事权利的直接裁量；第二，对行政权与民事权利的主张的双重审查；第三，对社会公共利益的裁量；第四，无过错责任和公平责任的运用。[2] 我国传统三大诉讼机制无环境权益与环境法实体制度相对应的程序制度，无法满足环境诉讼尤其是环境公益诉讼的预期目标。[3] 究其原因在于环境诉讼特别是环境公益诉讼有其特有的属性，突出表现在其诉讼目的、权利基础及救济内容三方面。这些本质特征一定程度上决定了环境公益诉讼的功能定位及其与其他诉讼的区别与联系。

(一) 公益与私益的连带性

环境公益诉讼目的有别于传统诉讼目的，所保护的是环境公共利益。[4] 环境公共利益是公共利益中的一种，具有显著的公益性，区别于私主体的私益性。但环境公益诉讼的公益性是以社会法为底蕴的。由于社会连带关系的存在，使得所谓的社会公益与社会之中生存、发展的每个个体的私益

---

[1] 叶俊荣：《环境政策与法律》，中国政法大学出版社2003年版，第23页。

[2] 吕忠梅：《环境诉讼初探——有没有环境诉讼》，载吕忠梅、徐祥民主编《环境资源法论丛》(第3卷)，法律出版社2003年版。

[3] 吕忠梅等：《环境司法专门化：现状调查与制度重构》，法律出版社2017年版，第123页。

[4] 朱谦：《公众环境公益诉权属性研究》，《法治论丛》2009年第2期。

息息相关，对于社会公益的损害就等于每个人的利益受损。① 由此，环境公益诉讼除了对环境公共利益的直接保护外，亦间接保护了处于社会之中的个体的私益，即环境公益诉讼具有公益与私益的连带性。环境公益诉讼之公益与私益的连带性意味着：环境公益诉讼既承载着全体成员所共享的整体利益，亦承载着全体每一个成员享有的独立利益。

具体而言，我国正处于社会转型期，经济发展对环境造成了极大的压力与破坏，对于身处环境中的社会公众而言，不仅其所代表的公共利益受到直接损害，同时组成公众的个体之私人利益亦受到损害。在我国社会主义市场经济体制确立的初期，由于市场尚不成熟，交易的对象及交易的内容均处于一个较小的范围之内，交易所使用的工具亦较为简单，私人利益的损害通过私益诉讼便能够得到救济，对侵害行为加以纠正。然而，随着现代社会的发展以及科学技术的进步，构成社会公众的个体之私人利益所面临的风险较之以往更加复杂，现代社会面临因公共利益受损所间接引发的私人利益受损之救济难题，难以通过传统的诉讼手段加以解决。环境公益诉讼的存在不仅直接维护公共利益，同样关系到私人利益的间接实现。如在环境行政公益诉讼中，环境行政机关不当维护或怠于维护公共利益，其不当作为或不作为虽未直接损害个体私益，但其行政行为已然对行政法律秩序造成了消极影响，对环境公共利益造成了损害，而构成社会公众的个体之私益亦失去了可以依赖的基础。同时，从《行政诉讼法》的立法宗旨来看，一是保护公众的个体私益，二是确保行政机关依法行政，其中既包含了对私益的保护，亦包含了对公共利益的保护。由此，环境行政公益诉讼虽是法律赋予公法上之权利途径，但其既维护公共利益，亦维护私人利益。当环境行政行为不当或违法使得社会公共利益受损，尤其是国家怠于行使职权造成环境损害或对环境损害纠正不力之时，通过环境行政公益诉讼方式，启动诉讼程序以司法纠正环境行政行为，兼顾公共利益与私人利益的实现。这不仅体现法律制度的公平正义，对公共利益的维护，亦回应了法治建设中权利意识日益强化的个体利益诉求。正如有学者所言："公益具有相对独立性，但它以私益为基础，服务于私益，二者是对立统一关系，只有能够还原为私益的公益才是真实的，不能给私益带来利益的

---

① 傅剑清：《论环境公益损害救济——从"公地悲剧"到"公地救济"》，中国社会科学出版社 2017 年版，第 110 页。

公益是假的，不存在。"①

（二）权利基础的二元性

根据传统司法救济的一般路径为：法律设定权利—权利主体主张权利—国家司法救济权利。环境问题因环境概念的模糊性、环境需求的多样性、环境利益的复杂性和环境客体的整体性等特征，使传统权利的法权属性难以满足环境权利融合其多元基础的制度需求。因此，环境权利基础的实现路径可以分为两种：一是对原有权利赋予新的内涵与解释；二是创设新的权利以满足现实需求。环境公益诉讼便是在上述两种路径中实现环境公共利益所需要权利基础的制度保障。环境公益诉讼权利基础包括了自然资源所有权与环境权。

与此同时，法权属性的不同决定了不同的救济方式。环境权、自然资源所有权的法权属性的不同，即指此两类权利属性归属于私法上的权利或是公法上的权力的问题，将构建不同的法律秩序，受到不同的"规范群"的调整。换言之，一旦某类特定的法权被定性为权利或权力，即意味其将被纳入不同法律规范秩序中，受到不同的理念、原则、规则的指引与约束，遵循不同程序，产生不同后果，引起不同的责任及救济方式。在我国环境公益诉讼制度中，意味着直接决定救济途径的是环境民事公益诉讼还是环境行政公益诉讼的现实问题。②

1. 自然资源所有权

依据我国《宪法》《物权法》《森林法》《煤炭法》《草原法》《水法》《野生动物保护法》《海岛法》《农村土地承包法》《土地管理法》《海域使用管理法》等相关法律规定，土地、森林、山岭、草原、河流、海洋、野生动植物、滩涂、矿藏、海域等自然资源均属于国家所有即全民所有，少数为集体所有，由国务院代表国家行使所有权，具体则由各级政府及其有关职能部门代为行使。③只要保护了自然资源本身，便能在一定程度上保护相应的生态环境，即只要能保护自然资源的经济性环境公益，就能附带保护相应的生态性环境公益。然而，我国实行生产资料公有制，自然资源大多为第一、第二产业的重要生产资料，在市场经济条件下，为了对自

---

① 刘正泉、敖双红：《论公益与私益关系的定位》，《求索》2005年第5期。
② 巩固：《自然资源国家所有权"非公权说"检视》，《中国法律评论》2017年第4期。
③ 杨朝霞：《论环境公益诉讼的权利基础和起诉顺位》，《法学论坛》2013年第3期。

然资源加以充分而有效的利用，需要将自然资源这一公有制下的生产资料，在法律上转化为私法领域中的"物"，借由私法将之纳入市场经济体系之中，以市场作为生产资料配置的基础性机制。由此，自然资源所有权由《宪法》等公法上的所有权转化为《物权法》等私法上的所有权，但是自然资源在私法领域中的所有权与传统私法领域中的所有权有所区别，除了具有传统私法所有权的"占有、使用、收益、处分"等权能之外，自然资源所有权更应有"管理"之权能。[①] 同时，自然资源这一公共利益的代表者不具有唯一性，除政府以及有关行政机关外，检察机关、公民及其社会团体同样可以作为环境公共利益的代表者提起环境公益诉讼。[②] 例如，2009年4月广州市番禺区人民检察院诉卢平章水域污染案中，检察机关基于水资源属于国家所有，当国家所有的自然资源受到违法行为的侵害，代表国家提起损害赔偿之诉。[③]

虽然自然资源所有权可以作为环境公益诉讼权利基础的理论支撑，但是，即使通过扩张传统私法领域之内的自然资源所有权，经由环境民事公益诉讼制度而使得其具有环境保护之制度功能，传统的私法领域对于环境保护的功能与作用依然有限。环境公益诉讼司法实践面临多元主体之间复杂的利益博弈。我国现阶段环境公益诉讼制度构造呈现出公权力主导的环境民事公益诉讼单一模式特征，环境污染者或破坏者为常态被告，法院在一定程度上扮演行政合谋者的角色。公权力机关、环境污染破坏者与法院之间失衡的三角构造模式不利于形成社会参与、环境行政与司法共治的生态法治合力。[④] 由此，基于环境保护所具有的公益与私益的连带性，环境公益诉讼亟待新的权利基础作为其制度构建的理论基点，以期克服传统私法领域中自然资源所有权的理论缺陷。自此，环境权作为环境公益诉讼的权利基础开始成为学界的研究焦点。

2. 环境权

自20世纪70年代始，中外法学研究者对环境权进行不断的探索与完

[①] 韩松：《论农民集体土地所有权的管理权能》，《中国法学》2016年第2期。
[②] 王小钢：《论环境公益诉讼的利益与权利基础》，《浙江大学学报》（人文社会科学版）2011年第3期。
[③] 参见广东省广州海事法院（2009）广海法初字第247号民事判决书。
[④] 梁春艳：《我国环境公益诉讼的模式选择》，《郑州大学学报》（哲学社会科学版）2015年第6期。

善。虽然我国学界对于环境权的研究已有30余载,但是至今仍未被我国实体法所确认。① 随着党的十八大提出"大力推进生态文明建设",环境权被赋予时代使命。通过赋予公众环境权,特别是赋予公众通过诉讼请求相关政府部门采取特定环境措施的权利和依法实施环境公共决策的权利,对于推动环境法律的实施具有不可替代的作用。由于环境所承载的公共利益与私人利益,反映在法律上的权属即是环境权具有明显的公私二元属性,是私权与公权的集合体,单纯依赖传统私法之路径难以实现对于环境权这类新型权利的保障,环境权之上的公益与私益难以在私法规则之下得以实现,由此环境权应由以私法权利为重心转向以私法权利与公法权利并重。② 目前我国多数学者主要对私益性环境权进行讨论,并从民事责任角度予以阐释,即将环境权定位为民法上的一种权利,从而限缩了环境权的功效。实际上,环境权是一个集合性、综合性的权利束,不仅私法上应予以确认与保护,公法上应通过赋予公众请求政府采取环境措施或参与环境决策的权利来实现对环境保护与救济。把抽象的、概括性的环境权转化为具体的、准确的子权利,则需要立法的确定。由于环境权的概念及内容尚存争议,且其作为实体法中的权利未被立法所确认,因而在司法实践中对其适用则始终保持着谨慎的态度,处于学界争议焦点的环境权在立法与司法中始终无法得以落实。环境公益诉讼则成为环境权的司法保障路径。③ 在环境公益诉讼中,诉之利益说则被多数学者所提倡,认为随着环境保护重要性的日益突出,以防止公害、保全环境目的的控制法的执行而得到保护的环境上的利益,已被解释为"受到法律上保护的利益"。④

---

① 参见叶俊荣《环境政策与法律》,中国政法大学出版社2003年版;蔡守秋《环境权初探》,《中国社会科学》1982年第3期;陈茂云《论公民环境权》,《政法论坛》1990年第6期;吕忠梅《论公民环境权》,《法学研究》1995年第6期;吕忠梅《再论公民环境权》,《法学研究》2000年第6期;吕忠梅《沟通与协调之途——论公民环境权的民法保护》,中国人民大学出版社2005年版;吴卫星《环境权研究》,法律出版社2007年版;王小钢《近二十年来的中国环境权理论述评》,《中国地质大学学报》(社会科学版)2007年第4期等。

② 徐以祥:《环境权利理论、环境义务理论及其融合》,《甘肃政法学院学报》2015年第2期。

③ 一般理论界将环境权分为私益性环境权与公益性环境权,前者主要涉及私益,后者主要以公共利益为主。此处的环境权是指公益性环境权。

④ [日]原田尚彦:《环境法》,于敏译,法律出版社1999年版,第184页。

（1）环境权需要公众参与权的保障。本质上"权利"是"利益"的核心内容，"利益"只有通过"权利"才能获得实在性与正当性，唯有实现从"利益之诉"到"权利之诉"的转变，我们才能更清晰地明确权利义务的内涵与外延。[①] 然而，环境权这一非法定权，在现阶段显然无法满足我国环境保护对于法律制度的现实需求。环境公众参与权是现阶段回应环境公益诉讼对于权利基础的理论需求，是在环境权于实体法缺失背景之下的权利替代，其为公众参与环境公益诉讼提供了私法与公法上的权利基础。

2014年修订的《环境保护法》第53条为环境公益诉讼提供实体法上的权利基础。该条款确立了公众参与权，并列举了公众参与权的三项基本权能即环境信息获取权、环境参与权以及环境监督权。就公众参与权作为环境公益诉讼的权利基础而言，其权能在制度功能上具体体现为：环境信息获取权是环境公益诉讼的前提，只有社会公众能够获取充分而有效的环境信息，据此知悉自身身处环境的私益及公益受到了损害，才能发起环境公益诉讼对环境侵害行为加以纠正；环境参与权是环境公益诉讼的核心，当环境公益受到损害之时，社会公众得以据此提起环境公益诉讼，具体参与到环境保护之中；环境监督权是环境公益诉讼的保障，社会公众据此在环境立法、执法、司法中对政府环保机关、污染者等各类主体及环境侵权行为加以监督，并在需要之时通过环境公益诉讼保护环境。环境公益诉讼则是公众参与权得以实现的重要制度供给，是一项公众在环境公共利益受到公权力主体侵害或有侵害之虞时享有诉诸公正、理性的司法权求得救济和纠纷解决的途径。[②] 作为一种宣示性或者衡平性的法律救济，当行政机关不履行、怠于履行或违法履行相应环境行政管理、环境行政执法、环境立法决策制定等行政行为之时，公众得以行使环境公益诉权，以个体启动环境公益诉讼的方式，督促、监督环境行政机关及时、有效、合理地履行职责，阻止、纠正违法或不当环境行政行为。

概言之，"公众参与权"是现阶段我国环境公益诉讼的权利基础，同时环境公益诉讼是对"公众参与权"中公众享有的环境信息获取权、环

---

① 刘湘刚：《和谐社会语境下中国行政公益诉讼制度构建》，中国书籍出版社2015年版，第107页。

② 左卫民：《诉讼权研究》，法律出版社2003年版，第2—3页。

境参与权、环境监督权的程序性制度保障。"在社会演变过程中,复杂的价值问题可以借助程序加以化解,实体规范也可以通过公正的程序来形成。"① 我国正处于社会转型的关键时期,环境保护所承载的环境公益与私益之间需要相应的法律程序进行调节与均衡,而环境公益诉讼正是在法律程序上实现环境公众参与权的制度保障,以此程序保障环境利益的实现。② 就环境公众参与权的程序制度而言,立法授权公众参与"环境法的实施",是通过赋予公众依法监督行政机关的环境权利,阻止、纠正违法或不当环境行政行为,环境公益诉讼正是这种环境权利实现的制度途径,其限制了环境行政行为的恣意行使,维持环境法的稳定性和自我完结性;同时,环境公益诉讼为社会公众提供了参与环境保护的选择自由。社会公众可以依据自身的意愿纠正环境侵权行为和不当的环境行政行为,是对环境行政执法、环境行政管理、环境行政立法决策等环境行政行为的有效补充,并最终以环境公益诉讼形式加以保障。

(2) 环境权需要国家环境保护义务的履行。由于环境具有"公共物品"的属性,一切自然人和组织都很容易达到或满足"所涉公众"的标准和条件,因此其特性可归结为"非排他性"与"非竞争性"。③ 具体说来,首先,社会公众中的每个个体对于环境这类公共物品的使用与消费不会影响其他个体对于环境的使用与消费,即所谓的"非排他性消费";其次,使用与消费环境这类公共物品,而不支付费用的"搭便车"成本过高或是在技术上不可行,以至于市场中没有一个追逐利润的私人厂商愿意供给这类商品。正是由于环境具备了"公共物品"的这两种特性,使得单纯依赖市场为社会公众供给"美好环境"成为不可实现的奢望。

第一,环境所具有的非排他性与非竞争性可能使得生产(维护)和消费"美好环境"之间不能产生正常的联结,生产者无利可图,最终导致"美好环境"的供给不足;第二,环境作为公共物品的特性,极易诱发经济人"搭便车"的心理与行为,使得生产与消费"美好环境"在分摊成本与费用上存在困难,从而导致市场中没有私权主体愿意提供"美好

---

① 季卫东:《法律程序的意义——对中国法制建设的另一种思考》,《中国社会科学》1993年第1期。
② 季卫东:《程序比较论》,《比较法研究》1993年第1期。
③ [美]萨缪尔森、诺德豪斯:《经济学》(第十二版),高鸿业等译,中国发展出版社1992年版,第194页。

环境"这类公共物品;第三,市场中的私权主体追逐利润的价值取向与环境公共利益的目标相悖而不愿提供,或是投入过高从而使市场中的私权主体无力供给,反而成为"美好环境"的消费者。因此,单纯依赖市场机制难以实现对环境公共利益的保护。① 在这种情况之下,类似"美好环境"这类公共物品的供给理应由国家承担或是主要由国家承担,属于国家环境保护义务,其与社会公众所享有的环境权利相对应,以构成"公众环境保护权利—国家环境保护义务"的"权利—义务"的环境法权结构。② 权利与义务相统一是法治价值之追求。"没有无义务的权利,也没有无权利的义务",二者之间相辅相成,缺一不可。但是二者之间存在着本位问题。所谓的本位是指两种或者以上的价值目标中的侧重点,法律本位表明一个法律体系的终极关怀是什么或者应该是什么的问题。③ 在不同的历史阶段和具体条件下两者的主次地位可能易位。在这个社会里,人们肆意地享受着自由利用资源和环境权利所带来的现代化繁荣与奢华。而在这繁荣与奢华的背后,却是满目疮痍的生态环境。一次又一次的自然灾害、生态破坏都是自然界向人类发出的严重警告。这是工业文明时代下的副产品,是权利本位时代下张扬与肆意的结果,严重地牵绊着人类前进的脚步。它迫使我们不得不反思权利本位给我们带来的"不良反应",寻求适宜生态文明建设的最佳环境法权利义务之关系。

基于此,"任何权利,只有通过主体的运用才能化为现实,法律义务对于法律权利的手段作用就在于通过普遍义务的设定,保障主体普遍权利的运用"④。在国家环境保护义务之下,国家应当为公众环境权利的行使制定合理、有效的程序性保障制度,即环境公益诉讼制度。一方面,环境公益诉讼制度是基于国家环境保护义务,进而由国家向社会公众提供的参与环境保护的制度通道;另一方面,社会公众所享有的环境权利需要经由环境公益诉讼制度得以实现,而在国家环境保护义务之下,环境行政机关必须接受来自社会公众的环境监督,并及时纠正不当的环境行政行为,预防、制止市场中的污染者对于环境的侵害。"从法律实践看,全部法律行

---

① 李昌麒主编:《经济法学》(第二版),法律出版社 2008 年版,第 36—37 页。
② 陈海嵩:《国家环境保护义务的溯源与展开》,《法学研究》2014 年第 3 期。
③ 吕世伦、张学超:《权利义务关系考察》,《法制与社会发展》2002 年第 3 期。
④ 谢晖:《法学范畴的矛盾思辨》,法律出版社 2017 年版,第 169 页。

为和活动都是围绕权利和义务而进行的，权利和义务通贯法律运行和操作的全过程。"① 由此，对于环境公共利益的保护不能离开公众环境保护权利的有效行使，更不能离开国家环境保护之义务的真正履行。

（三）环境损害预防与救济性

环境公益诉讼体现了对环境本身损害（环境污染、生态破坏）的预防与救济。因此，从诉讼救济内容上来看，具有环境损害的预防性与救济性。在环境法的视野中，环境公益诉讼是普通民众援用公益诉讼机制用以解决环境矛盾、实现环境正义的一种方式，它的核心在于公众出于对环境公共利益的保护，可以破坏实质相关要件，对与自身无实质关联的环境违法行为提起诉讼。正如有学者认为："在环境公益诉讼起诉资格方面，任何公民、法人公众团体或国家机关为了环境公益之目的，对已经造成或有可能造成重大环境损害后果的，可以以自己的名义代表国家或不特定的多数人，以环境违法行为人为被告，向法院提起诉讼，请求行为人停止对环境的侵害行为。"②

一方面，环境公益诉讼具有显著的损害预防性。与一般的私益诉讼不同，环境公益诉讼只要有侵害环境公共利益的可能，就可以提起诉讼，而私益诉讼必须有自身利益密切相关，这一点在2012年修订的《民事诉讼法》第55条规定③中得以彰显。环境公益诉讼以遏制环境损害为目的，做到防患于未然。因为环境污染、生态破坏需花费大量的人力、物力、财力等才能恢复原状，所以法律规制应当以预防原则为主，以后期修复为辅。④ 无论从事实判断还是规范要求来看，采用预防原则都是环境公益诉讼的基本理念与原则。在环境公益诉讼中，原告的请求是防范环境风险的发生或扩大而不是简单的如一般民事诉讼般的金钱赔偿或恢复原状。质言之，环境公益诉讼的请求内容对已发生的损害进行规范的同时，还指向未来，防止或减轻公益损害结果的发生。⑤ 环境公益诉讼更为强调事前或事

---

① 张文显：《法哲学范畴研究》（修订版），中国政法大学出版社2001年版，第327页。
② 傅剑清：《论环境公益损害救济——从"公地悲剧"到"公地救济"》，中国社会科学出版社2017年版，第112页。
③ 该条规定："对于污染环境、侵害众多消费者合法权益等损害社会公共利益的行为，法律规定的机关和有关组织可以向人民法院提起诉讼。"
④ 汪劲：《中国的环境公益诉讼：何时才能浮出水面》，《世界环境》2006年第6期。
⑤ 吕忠梅：《环境法导论》（第三版），北京大学出版社2015年版，第258页。

中救济，即环境公益诉讼的损害预防性是其第一要性。被诉人一旦做出某种威胁环境公共利益的行为，不需要损害结果的发生，即可以提起诉讼。这是由环境损害结果的特征——滞后性和不可逆转性决定的。因此，当环境损害结果产生之前就允许司法手段的介入以排除损害结果的发生，有效保护公共利益，以使社会秩序免受侵害。这一特性决定了诉讼受理的理由不应以充分确认的、科学调查结果为依据，而应根据环境风险的大小、环境公共利益损害的可能性加以权衡决定。在环境责任承担方式上，创设了环境禁止令制度。[1]

另一方面，环境公益诉讼具有损害救济性。环境公益诉讼的救济性突出表现为恢复性与赔偿性责任承担方式，即恢复原状和赔偿损失的责任承担方式。当环境损害事实发生并产生环境损害或部分环境损害之时，环境公益诉讼应当通过法定责任，对环境违法行为人科以修复或赔偿环境损害之责来实现对环境损害的事后救济目的。在环境保护单行法中也体现了对环境保护的损害救济，如《海洋环境保护法》第89条规定对破坏海洋生态、海洋水产资源、海洋保护区造成损害的须承担赔偿责任；《环境保护法》第58条增加了符合条件的社会组织可以就"损害社会公共利益行为"提起环境公益诉讼。当环境公共利益受到直接损害，相关法定主体便可以提起环境公益诉讼，对侵害环境公共利益之行为加以纠正。

二 环境公益诉讼的目的及功能

司法或诉讼的基本含义和功能就是解决纠纷或解决社会冲突。[2] 环境公益诉讼具有填补和监督环境行政权，保护环境与自然资源的重大法律制度功能，[3] 以及生成新型权利、形成环境公共政策、推动社会和政治变革等显著政治社会功能。[4] 然而在我国环境公益诉讼的理论研究当中，环境公益诉讼的功能更多体现为对环境公共利益的救济，尚未对环境公益诉讼的目的及功能进行更为深入的探索。实质上，环境公益诉讼的目的及功能具有多元性，且不同目的和功能之间存在层次性。

---

[1] 吕忠梅：《环境法导论》（第三版），北京大学出版社2015年版，第257—258页。
[2] 孔繁华：《法德英美四国行政诉讼性质比较考察》，《环球法律评论》2010年第2期。
[3] 杨朝霞：《论环保机关提起环境民事公益诉讼的正当性——以环境权理论为基础的证立》，《法学评论》2011年第2期。
[4] 陈虹：《环境公益诉讼功能研究》，《法商研究》2009年第1期。

（一）我国环境公益诉讼的目的

"所谓目的，并不是指某种客观的趋势、自然的指向，不是指那种自然的原因所引起的自然结果，而是指那种通过意识、观点的中介被自觉地意识到了的活动或行为所指向的对象和结果。"① 环境公益诉讼是以实现保护生态环境，免受环境污染和生态破坏为核心的公共利益为目标的，②并通过两种诉讼类型加以保障。环境公益诉讼制度作为公众参与的一种重要途径，是对国家机关维护公共利益职责的一种监督和补充。环境公益诉讼最核心的目的与功能是：确保环境法律的有效实施并对环境行政权进行有效监督。在行政机关不能或不愿实施环境法律时，公众可以通过诉讼的方式补充实施法律的权力，而环境公益诉讼的功能在弥补行政机关的不足，督促行政执法。③ 换言之，作为因环境行政执法保护环境公共利益不足而生的制度，环境公益诉讼应维持与环境行政执法的"互补"与"监督"关系。在环境行政执法"客观不能"之处发挥其"补充"作用，在环境行政执法"主观不能"之时发挥其"监督"作用。在制度设计之时，应该结合其目的，并妥善处理环境行政权与环境司法权之间的界限。具言之，我国环境公益诉讼的目的主要包括以下两点：

1. 维护环境客观法律秩序

环境客观法秩序维护是指保障环境公法秩序顺利进行并确保公法实施的有效性及优先性，其价值取向在于重建行政行为的合法性与协助行政创造。④ 环境公益诉讼是以维护环境公共利益为核心的，而环境公共利益的维护与增进，国家及政府应是第一义务与责任人。换言之，在环境监督管理体系中，行政权处于主导地位，只有当行政权力不能及之时，方可启动司法权加以填补。维护环境客观法律秩序的典型诉讼为环境行政公益诉讼，体现环境公益诉讼的监督行政的价值取向。客观法秩序维护模式的理论基础是法国社会连带主义。尽管行政诉讼的客观法秩序维护模式与诉讼的一般规律显得不太协调，却与产生行政诉讼制度的历史相吻合。从行政

---

① 夏甄陶：《关于目的的哲学》，上海人民出版社 1982 年版，第 22 页。
② 罗丽：《我国环境公益诉讼制度的建构问题与解决对策》，《中国法学》2017 年第 3 期。
③ 张晏：《环境公益诉讼的法律适用——基于对环境公益诉讼功能定位的思考》，《南京工业大学学报》（社会科学版）2016 年第 4 期。
④ 侯继虎：《客观法秩序维护模式：行政事实行为可诉的理论基础》，《江苏警官学院学报》2012 年第 5 期。

诉讼的设置伊始及发展历史来看，设立行政诉讼的初衷不是为了保护公民权益，而首先是为了客观法律秩序维护，其次才是主观权利保护，保护公民的合法权益。①

2. 保护与增进环境公共利益

环境公益诉讼的最终目的是保护与增进环境公共利益，这源于人类对人与自然关系的重新认识，它要求我们必须与自然和谐相处，实现生态平衡。② 对于环境公共利益的保护与增进可通过环境公益诉讼的类型化加以实现。环境行政公益诉讼更符合风险预防原则（源头控制及过程控制管理制度），其价值目标是在环境损害产生之前，将环境损害及时制止，以免环境公共利益的重大损失；环境民事公益诉讼则更符合事后损害救济，其价值目标是在环境损害产生之后，对环境公共利益损失进行事后补救。

总之，环境公益诉讼应兼顾维护环境客观法律秩序与环境公共利益，从而形成环境公益诉讼二元目的论，但二者目的具有层次性。一般而言，"具体的立法目的均是由终极目标派生的，并体现服务于终极目标"③。适用于环境公益诉讼的目的论中，维护环境客观法律秩序是实现保护与增进环境公共利益的前提与基础。尽管维护环境客观法律秩序不必然代表维护环境公共利益目的的实现，但我们必须清晰地认识到正确处理司法权与行政权的关系是环境公益诉讼与环境行政执法制度顺利运行与有效衔接的前提。环境公益诉讼的具体制度与运行规则都需以维护环境客观法律秩序为前提，避免司法权的越位或错位。维护和增进环境公共利益是环境公益诉讼的终极目标。这一目的的实现有赖于环境民事公益诉讼与环境行政公益诉讼通力合作，从而形成二维一体的环境公益诉讼制度。

（二）我国环境公益诉讼的功能定位

一般意义上来看，功能是指特定结构的事物或系统在内部和外部的联系和关系中表现出来的特性与能力。④ 从法律层面理解，功能更多的是法的客观社会效果，是基于法的实施的客观效用的描述。环境公益诉讼的目的的设立是一种价值目标的设定，而功能则是依目的所设定的法律规则在

---

① 侯继虎：《客观法秩序维护模式：行政事实行为可诉的理论基础》，《江苏警官学院学报》2012年第5期。
② 吕忠梅主编：《环境法导论》（第三版），北京大学出版社2015年版，第257页。
③ 胡卫列：《行政诉讼目的论》，中国检察出版社2014年版，第159页。
④ 《辞海》（第六版彩图本），上海辞书出版社2009年版，第724页。

实践中起到的客观作用或效果。本书认为环境公益诉讼应以维护与增进环境公共利益为核心而展开的功能定位，其具体功能主要包括如下几方面：

1. 修复环境与治理社会

环境公益诉讼是实现修复环境与公众参与社会治理的重要途径。2012年党的十八大报告提出："大力推进生态文明建设，并指出建设生态文明，是关系人民福祉、关乎民族未来的长远大计。面对资源约束趋紧、环境污染严重、生态系统退化的严峻形势，必须树立尊重自然、顺应自然、保护自然的生态文明理念，把生态文明建设放在突出地位，融入经济建设、政治建设、文化建设、社会建设各方面和全过程，努力建设美丽中国，实现中华民族永续发展。"至此，生态文明建设被置于与经济、政治、文化、社会建设相并列的高度，充分彰显了生态文明在国家建设中的突出地位。目前，我国从中央到地方都制定了大量的生态文明建设方面的法律法规，中国特色生态文明法律体系正在逐步形成。与此同时，环境司法与执法也得到了发展，是生态文明建设的重要内容。环境公益诉讼是生态文明建设的重要组成部分。环境公益诉讼不单可以扩大环境司法主体，而且可以完善环境司法的救济功能与增强环境司法能力建设。环境公益诉讼有利于实现生态环境的修复与创新社会治理模式。

一方面，环境利益作为一种新型权益，是社会经济情势变迁下，环境问题日益突出与公民利益诉求扩张的产物。综观我国相关立法规定，《宪法》第 26 条[①]从环境保护的角度明确了国家对公民环境权益的保护义务。从解释论的角度，根据权利推定原则，宪法第 9、10、22、26 条都承认了公民的环境权益。又如《环境保护法》第 1 条规定是对公民环境权益的一种具体强调，特别是保障公众健康方面。根据该法第 2 条对环境概念的界定，对于污染、破坏上述环境要素，我国环境法律体系确立了基本的法律规制及损害赔偿原则。由此观之，实质上，对于修复环境功能的直接权利——"环境权"并没有得到宪法和法律的明确规定，目前还处于学界讨论的阶段，不能成为诉讼请求与司法判断的基础。但是，环境权所包含的生存权与发展权是人的一项基本权利，拥有干净的环境是必要的生存、发展利益。因此，我们就必须冲破传统"无权利即无诉权"之规定，对

[①] 我国《宪法》第 26 条规定："国家保护和改善生活环境和生态环境，防治污染和其他公害。"

诉之利益进行扩张，将环境公共利益纳入其诉之利益之中，寻求司法救济，从而借以司法之手实现环境修复的功能。

另一方面，环境公众参与机制是一项富有活力的新兴社会治理机制，它在避免环境群体事件的发生、社会矛盾的激化，重塑社会规则等方面具有积极的功效。虽然公众参与环境保护的方式和途径多样，但是只有通过法律的途径才能更直接有效地实现环境公共利益的保护之目的。从某种意义上说，环境公益诉讼是一种更高层次的合作与妥协，是社会共治的一种表现形式。[①] 它能"对未来社会变革起到引领作用，催生相关的政策和机构并赋予它们合法性，通过对某种价值的肯定，从而推动观念革新，并通过新闻媒体对案件的报道，得以强化。这种影响是巨大的、不可低估的，其正义性一旦获得社会公认，将对全社会发生影响并形成某种压力，进而促成立法机关或行政机构调整公共政策，最终推动社会变革"[②]。我国现阶段已经进入环境污染的高发阶段，环境公益诉讼成为公众参与环境保护的重要方式。因此，构建环境公益诉讼制度，能对公众参与社会治理做出有利贡献。在诉讼过程中，为公众提供环境保护的参与途径，推动环境纠纷的解决，避免矛盾的激化和环境群体性事件的发生，推动整个社会治理变革。

2. 对环境行政执法的监督与补充

环境公共执法与环境私人执法（典型方式为环境公益诉讼）是以预防与救济环境损害为内容的环境公共利益的实现方式。[③] 事实上环境公共执法具有显著的优势，但是我国环境公共执法的公信力问题以及地方保护主义的影响，让公权力机构以外的私人作为公益诉讼的起诉主体是十分之必要的。作为私人执法方式，环境公益诉讼相较于环境行政执法的优势是具有监督和补充的双重价值。环境民事公益诉讼是以环境污染或破坏生态为被告，要求承担民事责任的诉讼。因为环境行政公益诉讼并不能实现修复的目的，也就是说，环境行政执法难以全面保护环境公共利益，所以环境民事公益诉讼才显得尤为重要。以被告作为区分，行政机关作为被告应

---

① 陈虹：《环境公益诉讼功能研究》，《法商研究》2009年第1期。
② [日] 谷口安平：《程序的正义与诉讼》，王亚新、刘荣军译，中国政法大学出版社1996年版，第206—207页。
③ 肖建国：《利益交错中的环境公益诉讼原理》，《中国人民大学学报》2016年第2期。

定位为监督环境执法之诉，污染者或破坏者作为被告的是补充环境执法之诉。环境行政公益诉讼以国家行政机关为被告，主要是针对行政机关对侵害环境公益、违法审批污染型企事业单位或者疏于国家环境保护的义务而提起的公益诉讼。环境民事公益诉讼是为了维护环境公共利益，针对个人或企业损害环境公益的行为而提起的诉讼。总之，环境公益诉讼很好地弥补了行政执法的不足与缺陷，填补了行政监督的缺位，是对环境执法的有力补充与监督。

3. 环境公共政策形成功能

公共政策制定本身是基于立法机关和行政机关为解决公共利益、公共目标等与社会公众有关的问题而存在的，与司法机关和司法裁判几乎不具备关联性。然而，随着环境问题的多样化发展、环境利益冲突的广泛发生、环境纠纷影响范围的扩大，以确定性、稳定性著称的成文法律已经难以回应现实对于环境纠纷解决、环境利益分配规则及时更新的客观诉求，同时司法机关在解决环境利益纠纷案件时存在法律供给不足、法律适用困难的问题。在不得拒绝裁判原则的指引下，司法机关为了更加公平、公正、及时、有效地解决其受理的与环境相关的法律纠纷，便不得不在法律原则的指引下进行裁判，并将那些共同性、常规性的法律问题进行梳理、归纳、总结，最后以指导案例、司法解释或者裁判要旨的方式予以发布，并指导下级法院的司法裁判工作或者对其他法院形成司法示范作用。即使不是以指导案例、司法解释或者裁判要旨方式形成公共政策，最高人民法院或者是上级人民法院所做的司法裁判也对下级法院或平级法院具有示范引导效应，甚至基层法院的司法裁判也会对最高人民法院等高层级法院形成影响，此乃法院司法裁判在法院体系内部的影响或者示范意义。

首先，法院进行环境司法裁判的漏洞填补等所形成的司法解释等具有环境公共政策意义，对立法机关所制定的与环境相关的政策或者是法律规范具有借鉴意义，促使立法机关所制定的与环境相关的法律规范或政策更加科学合理有效——更加符合环境权、环境权益等这些内涵尚未确定之环境利益的保护和环境纠纷的解决。质言之，立法机关在制定与环境相关的政策或法律规范时，其更能回应现实的诉求，也为具有不确定性之环境权、环境权益之内涵等提供实践上的指引。

其次，法院因填补环境司法裁判的漏洞所形成的具有环境公共政策意义的规范，还能对环境执法机关所制定的与环境相关的决策或者环境执法工作提供指导或者借鉴，让环境执法机关的执法或决策更加符合不同利益群体的利益诉求、实现利益分配的均衡和权利的救济。除了对环境直接相关利益进行权衡外，与环境公共利益相关的司法裁判还需要处理好个人利益与公共利益、环境保护与经济发展、中央政策与地方利益等多方利益的均衡。

综上，作为司法裁判机关的法院在进行与环境相关的司法裁判过程中所形成的判决或者是司法解释等具有明显的公共政策形成功能，填补了成文法上的漏洞，解决了法律规范的滞后与不健全等缺陷。与司法机关公共政策形成相关的司法裁判或者是司法解释制定最为紧密的即是环境公益诉讼活动，环境公益诉讼裁判或者与之相关的司法解释、指导案例、裁判要旨的发布将直接为未来环境法律规范的制定、环境执法工作的开展和环境司法工作的进行提供指导、示范或指引。值得注意的是，司法裁判的公共政策形成功能是司法功能的现代化发展与延伸，是对多元复杂环境纠纷解决的回应，是司法之漏洞填补作用的进一步发挥，而不是司法对立法和执法职能的僭越。①

第二节 我国环境公益诉讼制度构造选择的考量因素

随着环境与经济、社会发展关系的变化，以及经济、技术和环境政策逐渐成熟，我国已进入环境治理转型期，在加强常规的以污染控制和生态保护为核心的环境管理的同时，综合运用包括法律、经济、社会、技术和必要的行政措施在内的环境治理模式。环境公益诉讼有助于明确公民和社会组织参与环境保护的权利和义务，其顺利开展需要建立在一个多元共治、社会参与的环境治理新格局基础之上。根据域外环境公益诉讼制度构造的实证考察得出环境公益诉讼制度构造考量因素主要包括产生背景、司法制度及其变迁以及环境公益诉讼制度的功能与角色定位。本节即以此具体分析我国之情况，以期能够为我国环境公益诉讼制度构造的选择明确方向，以实现对环境公共利益的保护与救济。

---

① 王旭光：《论环境资源司法的基本功能》，《人民法院报》2015年9月9日第8版。

一 环境公益诉讼在我国的产生背景

环境公益诉讼在我国的产生具有深厚的历史背景。从转型中的中国体制来看，经济上历经了计划经济到市场经济的过渡、深化与全面转型这一变动，由此导致经济发展的不断调整。从"四高一多"的粗放型发展范式再到可持续发展范式的转变，这其中必然无法完全摆脱历史遗留的环境问题。同时，所谓的可持续发展范式亦未彻底挣脱以人类中心主义的经济增长观，因此新旧交替的发展范式造就了人与生态环境矛盾日益突出。政治上虽然进行了40多年的政治体制改革与现代化发展，但行政权仍旧是社会价值的支配力量，社会公民性与民主性仍旧薄弱，因此仍需要民主的深入与司法的干预。伴随着经济政治的改革，社会结构也在不断变动中。新一批社会组织也在这一变动中不断成长、壮大。尤其是代表公共利益的社会力量在国家治理与社会管理中发挥着日益重要的作用。它们要求国家对公共利益给予更多的关注与保护，为我国环境公益诉讼的发展提供了良好的力量基础。从转型中的我国环境问题来看，正是由于我国政治、经济、社会处于转型期，不可避免存在各种体制机制弊端，使得环境污染呈现出一种结构性与体制性污染。首先，高污染、薄环境基础的客观环境状况使得环境治理难度极大；其次，城乡、东西部发展的不平衡与环境污染转移，使得生态环境陷入恶性循环中；最后，伴随环境危机、生态环境恶化等问题的到来，公众对于环境保护的需求日益增长，环境民主与环境意识不断觉醒，群众性事件频发。这些都为我国环境公益诉讼的产生奠定了基础。从转型中的中国环境法治来看，显然不足以应对现行环境问题。首先，环境公众参与的制度供给不足，且对程序法重视不够，亟待完善；其次，环境行政权日益扩张、执法能力却不尽如人意，需要新的制度予以补足与制衡；最后，司法对环境问题的救济与保障力量不足，应该充分发挥司法能动性在生态环境领域的作用。

概言之，转型中的中国导致环境问题的日益突出，而环境法治的不完备无法解决现行的环境问题，因此这就催生了一种新的制度来化解人与环境之矛盾，由此环境公益诉讼制度便应运而生。它对于生态文明时代的中国有着重要的意义，推动着环境法治不断发展与前进。

二 我国的司法制度及传统

我国现行司法制度的大体框架成型于革命战争年代，经中华人民共和国成立初期的历史锻造，而成为特殊的政法体制。该体制特点是司法活动受执政党的领导和监督，司法服务于国家建设目标，人民满意是司法效果的关键性评价指标。[①] 一国的司法制度与该国的经济组织形式、政府特性等密切关联。[②] 在转型中的中国，这种关联性直接影响司法传统下司法体制结构。换言之，司法转型依附于社会转型，改革与社会治理共生共存。这就要求司法制度必须与转型中国的基本国情及社会治理相符合，由此，司法制度理应成为社会环境治理重要手段。一方面，司法机关具有对外的独立性；另一方面，司法系统及诉讼体制内部亦独立运行。从诉讼体制来看，虽然我国目前还没有建立专门的行政法院，但我国已经承续了大陆法系国家民事诉讼和行政诉讼区分的诉讼体制，民事诉讼和行政诉讼适用不同的诉讼程序规则。在环境民事公益诉讼的程序规则方面，《民事诉讼法》第 55 条规定了法律规定的机关和社会组织可以提起环境公益诉讼，最高人民法院《关于审理环境民事公益诉讼适用法律若干问题的而解释》进一步细化了环境民事公益诉讼的相关规则。在没有特殊规定的情形下，环境民事公益诉讼适用民事诉讼的一般程序规定。在环境行政公益诉讼的程序规则方面，《行政诉讼法》第 25 条规定了人民检察院可以提起环境公益诉讼。2015 年 7 月 2 日，全国人大常委会授权检察机关在 13 个省份开展环境公益诉讼改革试点。同年 12 月，最高人民检察院颁布了《人民检察机关提起公益诉讼试点工作实施办法》。2017 年 6 月 27 日全国人民代表大会常务委员会作出关于修改《行政诉讼法》的决定，对第 25 条增加一款"人民检察院在履行职责中发现生态环境和资源保护、食品药品安全、国有财产保护、国有土地使用权出让等领域负有监督管理职责的行政机关违法行使职权或者不作为，致使国家利益或者社会公共利益受到侵害的，应当向行政机关提出检察建议，督促其依法履行职责。行政机关不依法履行职责的，人民检察院依法向人民法院提起诉讼"。2018 年 3 月 1 日，最高人民法院和最高人民检察院联合颁布了《关于检察公益诉讼案件适用法律若干问题的解释》，对检察机关提起行政公益诉讼作出翔实规

---

① 郑涛：《中国司法改革七十年的逻辑与进路》，《哈尔滨工业大学学报》（社会科学版）2020 年第 2 期。

② ［美］米尔伊安·R. 达玛什卡：《司法和国家权力的多种面孔——比较视野下的法律程序》，郑戈译，中国政法大学出版社 2004 年版，第 9—14 页。

定。在司法试点和环境司法专门化进程中，我国环境公益诉讼的发展以公权力主导的环境民事公益诉讼为主线。检察机关和行政机关等公权力机关经过酝酿后提起的环境民事公益诉讼均以胜诉告终，社会组织提起且胜诉的环境公益诉讼案件离不开当地政府、公权力机关的支持。我国在环境执法中，对于环境行政公益诉讼的监督性功能的落实与柔性执法的理念的贯彻也在进行初步探索。

三 环境公益诉讼在我国的功能与角色定位

我国环境法治一方面要解决企业环境违法问题，另一方面要面对政府的环境违法治理问题。在这种复杂交错中催生了我国环境公益诉讼。因此，我国的环境公益诉讼至少应该存在两个方面的监督功能：一方面是间接监督企业环境污染的行为，另一方面是直接监督政府环境行政行为。此外，环境公益诉讼还要承担修复环境与治理社会功能及环境公共政策形成功能。具体而言，环境民事公益诉讼主要承担生态环境损害的环境修复功能，环境行政公益诉讼则主要承担监督政府环境行政行为功能。上文已对环境公益诉讼功能定位进行翔实阐释，在此不再赘述。从我国环境公益诉讼的功能定位来看，可以将环境公益诉讼制度的角色具体划分为环境公共利益的代言者与捍卫者、环境多元利益的协调者以及环境行政行为的监管者三种。

1. 环境公共利益的代言者与捍卫者

随着依法治国的推进，公众参与国家治理以及对国家行政部门进行监督的意识逐渐增强，社会公众逐渐认识到参与国家治理对于自身权利保障的重要意义。现代民主体制要求在国家权力的活动中，特别是政府公共政策的制定过程中，必须给公众参与政策制度全过程的机会。[1] 伴随着我国环境问题的加剧，社会公众事实上已经不再是国家环境治理过程中被动的观望者。在互联网时代，公众能够随时关注不断爆发的环境问题，时刻监督环境行政机关。当环境行政机关不作为或消极作为之时，公众通过多种途径向国家倾诉其利益主张以及对环境行政机关的期望，乃至启动司法程序对环境行政行为加以纠正。环境公益诉讼是社会公众以环境保护为目的，获取环境信息、参与环境决策与实行环保监督的重要途径与有效载

---

[1] 王绍光：《中国公共政策议程设置的模式》，《中国社会科学》2006年第5期。

体。"生态环境保护领域的价值多元性、利益冲突性和科学技术性决定了环境法律问题的破解必须建立在广泛的主体参与、沟通和协商的实践理性基础之上。与此相适应，一系列渗透平等、信任、理解、包容、尊重、合作诸要素的程序性配置应得以构建并逐步细化。"① 2014 年修订的《环境保护法》确立了公众参与的基本原则。通过环境公益诉讼的审理、环境修复的认定和公众参与范围的确定，切实落实公众参与制度。因此，我国环境公益诉讼使得社会公众能够直接参与到环境保护的司法过程之中，成为环境公共利益的"代言者"。同时，多元主体通过环境公益诉讼为环境公共利益的保护与救济发出诉求，通过法律程序对侵害环境之行为加以纠正，成为环境公益的"捍卫者"。

2. 环境多元利益的协调者

对于环境公共利益的内涵与外延，在法律上并没有明确的定义，学界对此争议也比较大。庞德对法律秩序所保护的利益进行分类，包括个人利益、公共利益和社会利益。其中，公共利益被认为是以政治组织社会名义提出的要求与愿望。社会利益涉及文明社会以及以该生活名义提出的主张与愿望，并将社会资源的利益放在社会利益之中。② 这里的公共利益与国家利益相关，与社会利益的环境利益相分离。究其原因在于：一方面，公共利益本身涵盖了国家利益，但是国家利益是凌驾于社会之上的政府而独立存在的公共利益，这种独立的名义是以国家利益实现的，却与公共利益不同。公共利益包含了国家利益与社会利益这两个方面的意思。另一方面，环境权益的特殊性让国家利益与社会利益的分离成为必然。在制度构架上，环境公益诉讼是以环境公共利益维护为基础，以适格的原告作为起诉的开端，以法官的裁判作为对利益衡平的手段。环境公益诉讼制度的构建并不是在于解决多少个案件纠纷，而在于对其中多元主体利益的平衡和保护。我国环境公益诉讼立法历程异常曲折和艰辛，这表明我国在发展环境保护中多元利益的平衡是相当困难的。立法者将社会力量纳入公益诉讼持谨慎态度，担心过度的诉讼会给企业造成严重的负担，影响社会与经济的发展。在我国法院地位并不强势的情况下，基于环境法治的特殊性强化

---

① 王旭光:《论环境资源司法的基本功能》,《人民法院报》2015 年 9 月 9 日第 8 版。

② [美] E. 博登海默:《法理学：法律哲学与法律方法》,邓正来译,中国政法大学出版社 2004 年版,第 156 页。

了司法权。环境公益诉讼的推进是对环境中多元利益的综合衡量与协调。

3. 环境行政行为的监督者

行政机关环境权力扩张具有双效应,适度或恰当的行使能实现环境保护的正效益,过度或不当的行使则可能加剧环境问题的负效应。基于环境保护行政机关权力扩张的客观需求与防止行政机关环境权力的滥用与怠于行使的风险预防之考量,唯有通过各种手段监督与督促行政机关切实履行环境义务,并课以相应责任才能实现行政机关环境权力行使的最优化。申言之,打造"环境强政府"的同时,亦需打造"环境责任政府",让行政机关环境权力得到有效监督与制衡,才能充分发挥行政机关在环境保护中的主导作用。从环境公益诉讼制度的产生来看,环境公益诉讼最核心的目的与功能就是确保法律的适当实施和执行,并对行政权的行使即环境行政行为进行有效监督。因此,我国环境公益诉讼是环境行政行为的监督者。其最主要的功能在于使公众参与环境执法,促进环境执法效能,监督和推动环保部门及其相关行政部门加强环境管理,积极执法,是环境法律实施与执行的有效补充,而非替代环境行政执法。当环境行政机关的行政行为存在不当或违法情形时,以监督者的身份及时制止,督促环境行政执法。

四 现实环境公益诉讼制度构造状况

在环境公益诉讼制度构造方面,我国已经初步形成环境民事公益诉讼和环境行政公益诉讼二元并存的构架。在《民事诉讼法》和《环境保护法》等法律法规确立了环境民事公益诉讼制度的基础上,近年来环境行政公益诉讼制度也取得了突破性的进展。2017 年《行政诉讼法》的修正,正式确立了检察环境行政公益诉讼。虽然《环境保护法》第 58 条规定被普遍解释为是针对企业和个人的行为,但究其文义解释的空间来看,仍然存在着针对政府违法行为的可能。这取决于法院采取何种法律解释策略和方法。根据现实情况及法律规范之审视,我国现行的环境公益诉讼制度构造具有以下显著特征[1]:首先,公权力在环境公益诉讼中居于主导地位;其次,环境公益诉讼被告通常为环境污染者或破坏者;最后,法院在诉讼启动之前便介入联动执法。这就是我国环境公益诉讼制度构造的现状,它

---

[1] 参见梁春艳《我国环境公益诉讼的模式选择》,《郑州大学学报》(哲学社会科学版) 2015 年第 6 期。

对于我国未来制度构造之发展具有重要的指引与考量意义。

第三节 我国环境公益诉讼二元构造之选择

一 我国可供选择的环境公益诉讼制度构造

环境公益诉讼制度虽然在基础理论方面取得了突破性进展，且实践中关于环境公益诉讼的案件数量也呈现出良好的增长态势，但何种制度构造可供未来我国环境公益诉讼之选择，理论界并未达成共识，实务界也没有对此进行长远规划。就域外和我国在实践中的经验而言，可供选择的环境公益诉讼制度构造主要包括以下几种：

（一）以环境民事公益诉讼为主的环境公益诉讼模式

在此类环境公益诉讼模式之下，其诉讼请求是以民事损害赔偿责任的内容为核心，污染环境和破坏生态的企业或个人是作为主要的被告主体，在环境治理中行政执法将公益诉讼作为其辅助手段，是对环境执法效果不足的补充，其监督政府环境违法的功能被限制。

（二）以环境行政公益诉讼为主的环境公益诉讼模式

此类环境公益诉讼模式是众多学者所主张的模式。[1] 在此类模式下，其诉讼请求是请求政府承担环保职责的部门撤销其违法的行为或依法履行其职责，被告主要限定于政府部门，通过行政权力作为实现和保护环境公共利益的主要方式，其主要功能是通过监督政府以间接实现对环境公共利益的保护。

（三）统一式的环境公益诉讼模式

此类环境公益诉讼模式未对民事诉讼和行政诉讼进行区分，将其视为一类独立统一的诉讼，对传统诉讼法理论进行了突破。[2] 主张此类模式的学者认为，环境公益诉讼不同于传统的私益民事诉讼和行政诉讼，因为传

---

[1] 典型代表可参见王明远《论我国公益诉讼的发展方向：基于行政权和司法权理论的分析》，《中国法学》2016 年第 1 期；王曦《论环境公益诉讼制度的立法顺序》，《清华法学》2016 年第 6 期。

[2] 丁国民、高炳巡：《论我国环境公益诉讼的归位与诉讼模式的选择》，《中国社会科学院研究生院学报》2016 年第 6 期。

统的民事诉讼是私益对私益的诉讼，而传统的行政诉讼是私益对公益的诉讼，而环境公益诉讼与这两种诉讼都不同，是公益对私益或公益对公益的诉讼。① 在此类环境公益诉讼的模式中，环保组织具有起诉资格，被告范围既包括污染环境和破坏生态的企业或个人，亦包括违法作为或不履行职责的政府相关部门。在制度功能方面，其既具有对政府的监督功能，也具有对企业等违法主体的监督功能。在诉讼体系方面，作为区别于民事诉讼、行政诉讼及刑事诉讼的第四类独立诉讼，适用新型统一的诉讼程序。

（四）环境民事公益诉讼与环境行政公益诉讼二元并存模式

此类环境公益诉讼模式对环境民事公益诉讼和环境行政公益诉讼进行了区分，这是因为这两种诉讼的被告不同，其利益关系有本质区别。环境民事公益诉讼是环境公益对私益的关系，而环境行政公益诉讼是环境公益对其他公益的关系。从司法监督对侵害环境公共利益的行为来看，其既针对企业或个人的损害生态环境公共利益的环境违法行为，又针对承担环境监管职责的行政部门损害环境公共利益的违法行为。在二元并存模式下两类诉讼各自独立且承担不同功能，其无先后主次之分并存且相互配合，实现对环境公共利益的共同保护。

二 对以环境民事公益诉讼为主模式的理性批判

对以环境民事公益诉讼为主模式的提倡一定程度上源自对域外美国环境公民诉讼的借鉴。由于美国环境公民诉讼制度主要是以民事诉讼的方式加以保障，作为私人执法的手段，主要功能在于对环境执法不足之补充，因此早期环境公益诉讼研究中更侧重于环境民事公益诉讼制度构建。然而，随着经济、社会、环境问题等各个因素的变化，以环境民事公益诉讼为主模式显现出其自身固有的缺陷。

（一）与环境公益诉讼目的不相符

环境公益诉讼的目的不仅是为个人权利提供司法救济，还包括监督行政机关依法行政，严格执法，维护客观的法秩序。正如有学者所认为的，环境民事公益诉讼并不能从根本上对受损的环境公益进行全面救济，其提

---

① 吕忠梅：《环境公益诉讼辨析》，《法商研究》2008年第6期。

出的经济性环境损害赔偿，不能取代环境修复与社会治理功能。① 因此，环境公益诉讼应该是"对监督者进行监督"的公益诉讼。②

（二）司法权与行政权关系的错位

在这种制度构造下，行政权被司法机关所超越、取代，司法机关以司法程序的方式替代了本来应由行政机关履行的职责，导致司法机关过度介入本不应介入的领域，因为停止对环境公共利益的侵害、排除妨碍、消除危险、恢复原状等公益诉讼中判决被告承担的民事责任，完全可以由行政机关通过行政命令的方式实现。这种错位不仅浪费司法资源，而且对环境风险的有效克服并无帮助。③ 我国环境民事公益诉讼将已经发生的生态环境损害和发生"重大环境风险"纳入其保护对象，如此便由司法部门行使本应当由立法、行政部门共同进行的公共决策，然而司法部门并不擅长于此。④ 此外，公益诉讼往往试图改变现有利益分布格局，或是提出新的权利要求，而对"社会对利益分布结构性变化的呼声"往往隐藏在具有集团性特征的新权利背后。⑤ 这被称为司法的公共政策形成功能。因此，在考虑原告的诉讼请求时，法院可能形成新的规范，对立法与行政机关的公共政策决定权加以取代。⑥

（三）环境保护团体职能的扭曲

作为环境法律实施的重要监督者和环境公共利益的重要维护者，环保团体的监督对象主要包括两类：其一是政府，特别是地方政府；其二是企业。由于各级政府是环境质量负责的第一责任主体，各级政府具有解决环境问题所需要的技术和资源，同时其不履行职责也是导致环境问题的首要原因；而且，从监督的效果和节约监督成本的角度出发，监督政府也是最

---

① 梁春艳：《我国环境公益诉讼的模式选择》，《郑州大学学报》（哲学社会科学版）2015年第6期。

② 黄锡生、谢玲：《环境公益诉讼制度的类型界分与功能定位》，《现代法学》2015年第6期。

③ 王曦：《论环境公益诉讼制度的立法顺序》，《清华法学》2016年第6期。

④ 王明远：《论我国公益诉讼的发展方向：基于行政权和司法权理论的分析》，《中国法学》2016年第1期。

⑤ 王亚新：《社会变革中的民事诉讼》，中国法制出版社2001年版，第265页。

⑥ 齐树洁、林建文主编：《环境纠纷解决机制研究》，厦门大学出版社2006年版，第213页。

有效和最节约成本的。① 基于上述理由，环保组织应当把监督政府作为维护环境公共利益和监督环境法律实施的首要手段。但以环境民事公益诉讼为主的模式更多侧重于对企业环境违法行为的监督。事实上，环境行政执法才是环境公共利益保护与增进的主力。环境公益诉讼仅作为环境行政部门的单纯助力，其与公众参与环境公共治理的初衷并不相符，② 使得环保组织的职能遭到了限制与扭曲。

（四）司法资源的浪费

根据最高人民法院《关于审理环境民事公益诉讼案件适用法律若干问题的解释》第 12 条关于"人民法院受理环境民事公益诉讼后，应当在十日内告知对被告行为负有环境保护监督管理职责的部门"的规定，最高人民法院《关于适用〈中华人民共和国民事诉讼法〉的解释》第 286 条关于"人民法院受理公益诉讼案件后，应当在十日内书面告知相关行政主管部门"的规定，以及最高人民法院《关于审理环境民事公益诉讼案件适用法律若干问题的解释》第 26 条关于"负有环境保护监督管理职责的部门依法履行监管职责而使原告诉讼请求全部实现，原告申请撤诉的，人民法院应予准许"的规定，作为提起环境民事公益诉讼的原告，如果其诉求在环境行政机关在执法中得以实现，那么则无须浪费司法资源。此外，政府部门掌握有大量的资源，其存在向司法部门进行"权力寻租"的可能，司法部门又很容易为其所"俘获"。由此可见，如此的制度设计不仅可能诱发权力部门之间的"寻租"，更使得司法资源被无端浪费。

三 以环境行政公益诉讼为主模式的提倡及缺陷分析

在反思以环境民事公益诉讼为主的模式之基础上，多位环境法学者提出和推崇以环境行政公益为主的模式。③ 然而，目前就环境公益诉讼以环境行政公益诉讼为主模式究竟如何具体构架，尚无清晰和具体的论述。学界主要存在"对环境行政公益诉讼和环境民事公益诉讼在环境公益诉讼中

---

① 王曦：《论环境公益诉讼制度的立法顺序》，《清华法学》2016 年第 6 期。
② 杜群、梁春艳：《我国环境公益诉讼单一模式及比较视野下的反思》，《法律适用》2016 年第 1 期。
③ 参见王曦《论环境公益诉讼制度的立法顺序》，《清华法学》2016 年第 6 期；王明远《论我国公益诉讼的发展方向：基于行政权与司法权理论的分析》，《中国法学》2016 年第 1 期等。

的主辅关系加以明确,行政权和司法权在环境法治中的关系理顺"① "环境行政公益诉讼是环境公益诉讼的制度构建重点"② 等此类观点。

(一) 提倡以环境行政公益诉讼为主的模式

《环境保护法》中对国家环境保护义务的规定,标志着我国环境法从规制单位和个人的环境行为到规制政府环境行为的扩张的开启。环境公共利益保护与救济的立法改革,由环境权的保护转向国家环境义务履行,为我国未来环境公益诉讼的发展指明了方向。我国历经了以确认公民的基本环境权利为逻辑起点,规定国家环境保护义务,规范政府环境行为,再到环境公益诉讼制度发展方向的改变。此外,对政府环境行为实现有效的规范与监督,环境污染、生态破坏才能从根源上得以有效的改善、遏制。虽然当前学者尚未对以环境行政公益诉讼为主的模式及其具体制度构造进行论证,但对于这一类模式的正当性已经有了一定的研究与阐述,主张这一模式的理由主要可以归纳为以下三个方面:

第一,此类模式能够有效保护环境公共利益,其与环境公益诉讼的目的相契合。环境民事公益诉讼是以环境损害赔偿为主要手段的,而环境公益诉讼的环境修复与社会治理的功能并非仅通过经济性环境损害赔偿所能实现的。行政机关通过依法履行环境保护义务是环境修复与社会治理的主要途径。因此,环境行政公益诉讼才是对政府依法履行环境保护义务进行监督的重要手段。③

第二,行政权和司法权的特点与此类模式更加契合,行政权和司法权在其中才能实现自身的定位与功能。环保组织应当在政府不采取措施或实施违法的行为时,先敦促其采取措施,环境行政公益诉讼只有在敦促无效之时才能提起,以司法力量监督其依法履行其职责。由此,既能充分发挥行政机关的资源和优势,又不会过度地扩张司法权力。④

---

① 王明远:《论我国公益诉讼的发展方向:基于行政权与司法权理论的分析》,《中国法学》2016年第1期。

② 黄锡生、谢玲:《环境公益诉讼制度的类型界分与功能定位——以对环境公益诉讼"二分法"否定观点的反思为进路》,《现代法学》2015年第6期。

③ 梁春艳:《我国环境公益诉讼的模式选择》,《郑州大学学报》(哲学社会科学版) 2015年第6期。

④ 王明远:《论我国公益诉讼的发展方向:基于行政权与司法权理论的分析》,《中国法学》2016年第1期。

第三，环保组织在此类模式下得以回归其最重要的角色，监督政府和企业，而非协助政府监督与制约企业。① 解决监督监督者的问题是社会组织参与环境治理所应发挥的、最为重要的功能。是故，环保组织只有在以环境行政公益诉讼为主的模式中才能回归其应有的本质定位与功能。

（二）以环境行政公益诉讼为主模式的缺陷分析

在前文所述的几种类型的环境公益诉讼模式中，以环境民事公益诉讼为主的公益诉讼模式受到的批评最多，其致命缺陷在于政府环境违法行为难以克服，其仅仅将环境公益诉讼的功能局限为对行政机构纠正企业环境违法行为的辅助手段，使得环境公益诉讼的功能被极大降低，对此问题本书已在前文深入分析，在此不再赘述。相较于以环境民事公益诉讼为主的模式，以环境行政公益诉讼为主模式则存在如下问题：第一，环境民事公益诉讼制度业已形成并较为完善，发挥对环境公共利益的事后救济之功能，这是环境行政公益诉讼所未有之功能，具有不可替代性。第二，这种模式突出行政权的优先性，但是却忽略了我国环境行政执法的现实情况。任何一个国家的行政执法都不可能做到包罗万象，全能最优化。以环境行政公益诉讼为主的模式意味着对政府环境监管职能的全面规定，当环境损害产生或有产生之虞，环境行政行为可以高效全面地预防损害的发生或实现损害修复。显然，这在我国环境行政执法现状下是难以实现的。因此，这种完全寄希望于环境行政机关履职的美好愿望，是不适宜的。值得注意的是，统一式的环境公益诉讼模式为少数学者所提倡，统一的环境公益诉讼模式是以美国环境公民诉讼为蓝本的一种制度设计，但这一环境公益诉讼的模式与美国行政诉讼和民事诉讼适用统一的诉讼程序的司法制度传统是分不开的，但是在我国现行二元诉讼司法体系背景下，若采用此类诉讼模式不仅改革的制度成本较高，且在操作上不具有可行性。因此统一式的环境公益诉讼因我国司法体制传统注定道路更为艰难。概言之，统一式的环境公益诉讼模式与以环境行政公益诉讼为主的模式均存在缺陷，前者与我国的司法制度实际明显不相符，而后者的不可行，业已达成共识。

四 我国应以二元并存环境公益诉讼制度构造为最优选择

上述对各种环境公益诉讼制度构造的剖析，以及综合考量选择因素，

---

① 王明远：《论我国公益诉讼的发展方向：基于行政权与司法权理论的分析》，《中国法学》2016年第1期。

本书认为二元并存环境公益诉讼制度构造为我国最佳模式。这是在分析环境公益诉讼制度产生背景、司法体制、功能定位以及现实状况后作出的理性选择。

（一）符合我国环境公益诉讼的产生背景

就我国引入环境公益诉讼制度的背景而言，二元并存的环境公益诉讼制度构造与我国的现实国情更加契合。我国环境公益诉讼制度是基于环境公众参与这一背景之下而开启的。作为环境公益诉讼中的核心概念，社会组织的公益诉权发端于公众参与理论，其不仅适用于对政府的环境违法行为的纠正，对企业的环境违法行为亦同样适用，针对此两类诉讼对象并没有先后主次之分。德国以其行政系统的守法传统和高效的行政效能，作为其选择环境行政公益诉讼的制度构造的背景和根基。虽然我国大多数法律制度借鉴德国法，然而在我国特殊的背景之下，若环境公益诉讼制度构造采纳以环境行政公益诉讼为主导的模式，则可能导致环保组织失去了对损害环境公共利益的企业进行直接起诉之原告资格。在我国未能将行政系统解决环境问题的效能提高至理想水平的前提下，若采用德国的环境公益诉讼制度构造会制约环境公共利益的保护与救济。我国现阶段处于经济、社会与制度转型交汇期，错综复杂的利益与价值冲突决定了我国环境执法必将面临各种机遇与挑战。我们应将环境执法放置于整个社会大环境中予以考量。环境行政公益诉讼作为环境执法补充手段之一，给环境治理注入新的血液以符合时代与现实需求，避免了在历史潮流中逐渐失效的窘境。因此，环境民事公益诉讼和环境行政公益诉讼在我国均有存在的必要性，我国的理性选择应当是二元并存的制度构造。

（二）适应我国民事诉讼与行政诉讼二元并存司法制度及传统

从我国司法传统和体制架构来看，环境公益诉讼采用二元并存制度构造是与司法传统和体制架构相契合的。这两种诉讼制度在同一司法体系之下，其效力、适用范围等方面并无优劣、主次的区分。从现有的二元并存司法诉讼体系对环境公益诉讼进行制度构建上的创新，应当选择以环境民事公益诉讼和环境行政公益诉讼二元并存诉讼模式下的制度构造，并以此为基础对其具体制度加以设计，由此才能以较小的成本实现制度改革的目标。概言之，任何制度变革必须从成本—效益的角度予以考量，离开现实进行的制度变革更多是一种倡导与愿景。

（三）顺应我国环境公益诉讼的角色与功能定位

就我国环境公益诉讼的角色及其功能而言，环境公益诉讼的二元构造方能满足我国的现实需求,以其多重角色在我国发挥其应有的功能。如上所述,企业违法和政府违法的现象在我国均非常普遍,我国所要应对的问题既有生态环境利益损害的追责,又有对环境法律秩序的维护。然而,统一式和单一式的环境公益诉讼模式显然难以满足我国的现实需求,我国环境保护对环境公益诉讼的角色及功能需求,只有选择二元并存的环境公益诉讼制度构造方能实现。

(四) 契合我国环境公益诉讼制度的现实现状

环境公益诉讼二元并存模式下的制度构造在我国已然初步形成,对其进行制度改革应当首先尊重制度的现状以及之前改革所形成的成果。我国环境公益诉讼制度从以往以环境民事公益诉讼为主线,到现在环境行政公益诉讼日趋突出并不断完善。但在现有的环境公益诉讼的制度背景下,若是仅强调环境行政公益诉讼在环境公益诉讼的主导地位便会对其制度构造的改革造成不必要的困难,由此应当以现行的制度体系为基础,顺势而为,将以已经初步成型的二元并行环境公益诉讼为其制度构造进行优化,并完善相应的具体制度设计。

第四章

我国环境公益诉讼二元构造的制度构架

"一个国家环境法治水平主要取决于具体制度建设的体系性与有效性。"[①] 我国环境公益诉讼制度构造应为二元并存式，那么接下来的问题是如何构建制度框架及完善运行机制。环境公益诉讼二元构造制度框架一般由基本内容、主体等要素组合而成。同时，为使我国环境公益诉讼二元构造制度顺利运行，应对相关运行规则进行完善，尤其是对环境公益诉讼中的起诉主体的角色定位及其分工作出合理设计，以保障制度运行的科学性与自洽性。

第一节 环境公益诉讼二元构造的主要内容

一种模式的顺利运行离不开各要素及相互关系的合理设计。在环境民事公益诉讼和环境行政公益诉讼二元并存模式下，环境民事公益诉讼和环境行政公益诉讼各自承担相应的角色，两者相互区分又相互协作，共同维护环境法律秩序和保护环境公共利益。

一 环境公益诉讼的基本类型

一般而言，环境公益诉讼可分为环境民事公益诉讼与环境行政公益诉讼两大类别。也有学者主张根据被告的性质将其分为普通环境公益诉讼和

[①] 徐以祥：《环境权利理论、环境义务理论及其融合》，《甘肃政法学院学报》2015年第2期。

环境公诉两种，前者包括环境民事公益诉讼和环境行政公益诉讼，后者包括环境刑事公诉、环境民事公诉和环境行政公诉；前者是私人提起的，为了公益，后者是公权提起的，为了公益。① 还有学者认为环境公益诉讼可根据诉求分为环境公益确认之诉和环境公益给付之诉。环境公益确认之诉是原告以特定权利关系（比如作为非直接利害关系人的诉讼主体资格）存在或不存在之主张以及要求法院作出确定其存在或不存在之确认判决为请求内容的诉；环境公益给付之诉是以原告针对被告的给付请求权（被告的给付义务）主张以及要求法院作出给付判决为请求内容的诉。② 根据本书对环境公益诉讼的界定及环境公益诉讼二元构造的制度框架，我国环境公益诉讼可分为环境民事公益诉讼与环境行政公益诉讼两大类别。这与我国既有的传统诉讼体系分类相契合，正如有学者所言"如无必要，勿增实体"③。这种类型化的划分能够保证理论体系的自洽、共通和建构，符合我国传统司法体制，同时梳理这两类环境公益诉讼的特质及其功能定位，能够更好地实现二者的功能组合，使环境公益诉讼功能最优化。

（一）环境民事公益诉讼及其功能定位

1. 环境民事公益诉讼的界定及特征

所谓的环境民事公益诉讼，是指原告主体对有关民事主体侵犯环境公共利益的行为向法院提起诉讼的活动。环境民事公益诉讼属于环境公益诉讼中的一种类型，它是公益诉讼在环境领域的运用。正如有学者所言："相对于以调整个人之间利害冲突为基本对象的传统民事诉讼来说，这种以处理牵涉多数人或集团间错综复杂的利害关系为特征的新型案件大大扩展了诉讼的功能，从而具有在社会上发生更广泛和更直接影响的效应。这种可称为'多极化纠纷'的案件，其解决的方式区别于传统的所谓'非黑即白'的判定，而不得不更多地采取调整式或和解式的方法。"④ 环境民事公益诉讼具有以下几个方面的特征：

第一，原告主体的广泛性。一般而言，适格的原告主体必须是以维护

---

① 别涛：《中国环境公益诉讼及其立法设想》，载别涛主编《环境公益诉讼》，法律出版社2007年版，第2页。
② 张忠民：《论环境公益诉讼的审判对象》，《法律科学》（西北政法大学学报）2015年第4期。
③ 张忠民：《论环境公益诉讼的审判对象》，《法律科学》（西北政法大学学报）2015年第4期。
④ ［日］谷口安平：《程序的正义与诉讼》（增订本），王亚新等译，中国政法大学出版社2002年版，第178—266页。

自身权益为目的，也即具有法律上的利害关系。在环境民事公益诉讼中，只要对环境公共利益造成损害或有损害之虞的行为，与案件无法律上利益关系的任何人均可基于维护环境公共利益而提起公益诉讼。从该视角来看，环境民事公益诉讼的主体具有相对广泛性。在我国法律规范层面已然承认了"法律规定的机关和有关组织"具有主体资格，理论层面则提倡原告主体的最大泛化，包括了行政机关、社会团体、公民甚至自然资源等。[①]

第二，诉讼目的的公益性。关于民事诉讼的目的说存在权利保护说、维护法律秩序说、纠纷解决说、程序保障说、多元目的说等诸多学说。就我国立法而言，目前采用的是权利保护说。环境民事公益诉讼作为一种新型民事诉讼形态，有别于传统民事诉讼。综观我国《民事诉讼法》《环境保护法》及其相关司法解释可得知，环境民事公益诉讼的目的是保护环境公共利益。[②]

第三，程序上的职权主义色彩浓烈。传统民事诉讼是以一对一的诉讼构造模式，诉讼各方之间遵循辩论原则和处分主义，法官中立。在环境民事公益诉讼中，由于双方实力的悬殊、环境损害的特殊性等因素，无法直接适用传统二元对立的纠纷解决模式和私法自治民法理论加以解释。各国在环境民事公益诉讼中更多采用职权主义。一则环境民事公益诉讼涉及众多社会成员乃至整个社会、国家的利益，其利益的公共性决定了司法的能动性；二则诉讼当事人力量的不平衡可能因强调辩论原则导致诉讼效率低下。因此，在环境民事公益诉讼中更多采用职权主义，法官拥有更多的职权，充分发挥环境司法权的作用。如在我国现行法律规定中，法官即具有释明权，可采用诉前禁止令、依职权调查取证，对当事人处分权予以限制等。

2. 环境民事公益诉讼的目的及功能定位

目的是指人在采取某种行动之前有计划、有意识地欲达成的目标或结果。[③] 功能是指特定结构的事物或系统在内部和外部的联系和关系中表现

[①] 如美国环境公民诉讼中，任何人（公民个人、团体、政府机关）均可对违反环境法的污染者提起公民诉讼，甚至还可以受到污染影响的鱼、鸟、树木等动植物及自然界的河流、沼泽等名义向法院提起诉讼。参见陈小平、潘善斌、潘志成等《环境民事公益诉讼的理论与实践探索》，法律出版社 2016 年版，第 5 页。

[②] 陈小平、潘善斌、潘志成等：《环境民事公益诉讼的理论与实践探索》，法律出版社 2016 年版，第 7 页。

[③] 《辞海》（第六版彩图本），上海辞书出版社 2009 年版，第 1618 页。

出来的特性和能力。① 从法的层面来看，"目的就是全部法律创造者，每条法律规则源于此目的，它是事实上的动机"②。功能更多的是法的客观社会效果，是基于法的实施的客观效用的描述。目的与功能是主观与客观之结果差异。因此，环境民事公益诉讼的目的及功能定位需要从其在环境公益诉讼整体性制度中的定位与具体制度规则中探寻。

（1）对于环境民事公益诉讼的目的而言，具有共性与个性之别。

第一，就环境民事公益诉讼的共性目的而言，它作为环境公共利益损害救济体系中的一员，主要针对私人主体侵害环境公共利益进行相关救济，不以行为违法性为要件，即只需具备存在侵害环境公共利益的行为、环境公共利益存在实际损害或有损害之虞和损害间的因果关系三要件即可，③ 并通过恢复性民事责任④达到消除环境公共利益损害之目的，具有与环境行政执法目的的一致性。换言之，这一目的的实现可以通过环境行政执法中的"责令改正"的行政命令方式加以实现，因而在消除环境公共利益损害目的上具有与其他救济方式的共性特征。

第二，就环境民事公益诉讼的个性目的而言，它通过经济性赔偿损害⑤的司法救济方式来实现对环境公共利益损害成本的公平合理配置，是其特有之目的，亦是其他救济方式所不具备的。在整个环境公共利益损害救济体系中，环境行政执法无损害赔偿之职权，环境行政公益诉讼的判决类型亦无此类型，因此无法通过该制度实现目的；环境行政协商则是建立在平等协商之基础上，不具有强制性。因此，环境民事公益诉讼中的赔偿损害是其特有的目的，具有显著的个性特征。

---

① 《辞海》（第六版彩图本），上海辞书出版社2009年版，第724页。

② ［美］E. 博登海默：《法理学——法律哲学与法律方法》，邓正来译，中国政法大学出版社1999年版，第109页。

③ 徐以祥、周骁然：《论环境民事公益诉讼目的及其解释适用——以"常州毒地"公益诉讼案一审判决为切入点》，《中国人口·资源与环境》2017年第12期。

④ 此处的恢复性民事责任是指停止侵害、排除妨碍、消除危险、恢复原状等责任承担方式，其主要目的是停止、减轻或消除环境公共利益的损害。

⑤ 对于恢复原状之成本是否纳入损害赔偿范围内存在争议，但是从我国司法实践相关判例来看，更倾向于将环境修复成本纳入赔偿损失的范围，因此基于对立法及实践之尊重，本书将其纳入损害赔偿范围。参见江苏省高级人民法院（2014）苏环公民终字第00001号民事判决书、江苏省常州市中级人民法院（2016）苏04民初214号民事判决书等。

(2) 对于环境民事公益诉讼的功能,可从以下两方面加以论述。

第一,排除环境危害,赔偿环境损害。环境民事公益诉讼的提起不以行为的违法性为要件,具有法定资格的公民、检察机关、行政机关、环保组织均有权基于损害事实而对私人主体提起诉讼。通过对环境危害的排除,将对环境公共利益的损害行为扼杀在萌芽状态,在事中或事前进行预防性救济,减轻或消除环境损害。同时,通过环境民事公益诉讼赔偿环境损害,也成为我国生态环境损害索赔机制中的一大有效路径。在大量环境污染或生态破坏案件中,我国传统的民事诉讼将人格利益、财产利益等私权损失予以司法救济,但是对于生态环境利益却未做相应的规定。环境民事公益诉讼制度则是对这一真空地带的填补,试图通过公益诉讼实现生态环境损害赔偿救济。[①]

第二,弥补行政执法之不足,而非监督环境行政权的违法作为或不作为。随着现代化进程的加快,政府管理治理公共事务越发繁杂,这就造成了政府管理事务无法做到面面俱到。为了保证国家公共事务的顺利开展与完成,"私人执法"路径逐渐成为补充国家行政管理的重要力量。这符合现代化趋势下公众参与国家事务的发展规律。换言之,让社会组织和公民个人有途径参与到国家的治理中,积极投入保护环境公共利益当中去。当环境行政机关客观无法实现执法效果时,通过环境民事公益诉讼的方式,达到补充环境行政执法不足之功效。

(二) 环境行政公益诉讼及其功能定位

1. 环境行政公益诉讼的界定与特征

所谓的环境行政公益诉讼是指原告主体对有关行政机关侵犯环境公共利益的行为向法院提起诉讼的活动。环境行政公益诉讼是通过对行政机关环境权力的有效监督,维护环境法律的客观秩序,实现对环境公共利益预防性救济。环境行政公益诉讼是未来环境公益诉讼的重点和发展方向,其能为司法权监督行政权以及行政过程中的公众参与提供有效的制度资源。[②] 环境行政公益诉讼具有以下特征[③]:

---

① 关丽:《环境民事公益诉讼研究》,博士学位论文,中国政法大学,2011 年。
② 王明远:《论我国环境公益诉讼的发展方向:基于行政权与司法权关系理论的分析》,《中国法学》2016 年第 1 期。
③ 参见詹建红《论环境公益诉讼形态的类型化演进》,《河北法学》2006 年第 8 期。

第一，诉讼对象的恒定性。环境行政公益诉讼的起诉对象为环境行政机关及其法定授权组织，是恒定被告。随着现代化及福利国家理念的发展，行政权日益扩张以为社会提供更为广泛的福利。为了防止权力的滥用与不当行使，就需要对其进行一定的监督与约束。环境行政公益诉讼即是基于对环境行政权的监督而设立的。它既是对环境法律秩序的维护，也是对行政行为进行有效监督的重要手段，从而切实保护和救济环境公共利益。

第二，原告主体的广泛性。同环境民事公益诉讼类似，在环境行政公益诉讼中，只要对环境公共利益造成损害或有损害之虞的行政行为，与案件无法律上利益关系的任何人均可基于维护环境公共利益而提起公益诉讼。在我国法律规范层面已然承认了"检察机关"具有主体资格，理论层面则更倾向于原告主体的多元性，包括了检察机关、社会团体、公民等。

第三，诉讼客体的特定性。一般而言，环境行政公益诉讼的诉讼客体为环境行政行为，大体可分为：①具体环境行政行为，又可细分为环境行政不作为与环境违法行政作为。前者表现为如对环保行政机关未履行"三同时"及环境影响评价监管职责的行为等；后者则如环保行政机关违法审批排污许可、不当作出行政规划行为等。①②抽象环境行政行为，是指行政机关针对非特定主体制定的、对以后发生法律效力并具有反复适用效力的环境规范性文件的行为。②抽象环境行政行为虽未被现行诉讼法所接受，但其针对的不特定、广泛的公众恰恰符合环境公共利益受益群体的不特定性与广泛性，直接影响环境公共利益，因此域外如美国、德国等国家也将其纳入审查范围。

2. 环境行政公益诉讼的目的及其主要功能

对于环境行政公益诉讼的目的及功能定位亦同环境民事公益诉讼，需要从其在环境公益诉讼整体性制度中的定位与具体制度规则中探寻。

（1）对于环境行政公益诉讼的目的而言，具有共性与个性之别。

第一，就环境行政公益诉讼的共性目的而言，它作为环境公共利益损害救济体系中的一员，主要针对行政机关主体侵害环境公共利益进行相关救济，以行为违法性为要件，并通过行政责任达到预防与救济环境公共利益损害之目的，具有与环境行政执法目的的一致性。

---

① 韩德强：《环境司法审判：区域性理论与实践探索》，中国环境出版社2015年版，第73页。
② 王珂瑾：《行政公益诉讼制度研究》，山东大学出版社2009年版，第220页。

第二，就环境行政公益诉讼的个性目的而言，在整个环境公共利益损害救济体系中，环境民事公益诉讼虽也有公共利益之考虑，但其具有显著的损害补偿性，仅是对过去环境污染、生态破坏损害的及时有效救济，无法实现事前环境污染、生态破坏的预防，只能是事后环境损害的填补。与此相反，环境行政公益诉讼则可以实现对环境污染、生态破坏损害的事前预防与事后救济双重目的。环境行政机关是维护环境公共利益、预防环境公益损害发生的第一顺位者。环境行政权的行使具有双效应，适度或恰当地行使能实现环境公共利益保护的正效益，过度或不当地行使则可能带来加剧环境损害的负效应。是故，行政机关基于自身维护环境公共利益之职责，因其行政行为而侵害环境公共利益的可能性概率更高，从某意义上说行政机关的不当或违法行政行为对企业、法人及其他社会组织、个人污染环境、破坏生态具有推波助澜之嫌。也即，它既可能是预防环境损害发生的最佳"捍卫者"，也可能成为侵害环境公共利益的"共犯"。为确保环境行政机关在维护环境公共事务上的主导作用的正发展，环境行政公益诉讼乃促进行政权力正当适度行使，实现环境公益诉讼制度目标的重要手段。因此，环境行政公益诉讼对行政权的滥用和不作为的监督，是其特有的目的，具有显著的个性特征。

（2）对于环境行政公益诉讼的功能，可从以下两方面加以阐述。

第一，维护客观的环境法律秩序。在大陆法国家有主观诉讼和客观诉讼的划分，诉讼目的是划分这两种类型的起点和基础，前者以维护主观权利为目的，后者以维护客观法秩序为目的。① 环境行政公益诉讼作为一种维护环境公共利益的手段，属于典型的客观诉讼，毫无疑问是以维护客观法秩序为主要目的，并可能伴随主观权利的保护，因此在现代化诉讼过程中，私益与公益日益呈现出融合的趋势。

第二，监督环境行政执法，实现对环境公共利益预防性救济。一方面，在环境公共利益方面，因存在制度性障碍及权力自身的可交换性，②

---

① 湛中乐、尹婷：《环境行政公益诉讼的发展路径》，《国家检察官学院学报》2017年第2期。

② 体制性障碍是指环境保护行政机关在执法过程中遭遇到地方政府的消极对待以及地方保护。权力是群体、国家或社会的意志，本身不具有可交换性或作为物物交换的媒介，但在市场中，权力被视为一种稀有之物而可在商品交换者中传递，于是转化为一种商品具有可交换性，权力向商品的转化就是权力异化的开始，权力的腐败则是异化的极端方式。参见盛华仁《全国人大执法检查组关于跟踪检查有关环境保护法律实施情况的报告》，转引自章礼明《检察机关不宜作为环境公益诉讼的原告》，《法学》2011年第6期；林喆《权力腐败与权力制约》，山东人民出版社2012年版，第73页。

极易滋生环境行政权的滥用与不作为，迫切需要制度对环境行政权以新的制衡。环境行政公益诉讼制度的建立则促进了环境司法对环境行政权力的制约，形成以法治法、以权治法的权力制衡权力模式。通过司法的力量来对环境行政进行权力制衡，监督环境行政机关依法做出环境决策、环境行政许可并严格执法。另一方面，为环境行政过程中的公众参与提供制度资源，监督行政机关严格执法，促进企业严格守法，遵循环境法律规则，从而达到良好的法律实施效果。环境行政机关执法资源的客观有限性不能完全满足实施环境法律的需求，加之政府受地方经济发展、经济与政治利益的驱动等主观"有力无为"，不愿意充分实施环境法律。行政机关不履行或不完全履行环境法律职责，企业违反环境法律之规定，致使环境公共利益遭受或可能遭受侵害，期冀通过环境行政公益诉权之行使，借以司法力量予以补力，克服环境执法之乏力正合时宜。

二 不同原告主体在环境公益诉讼中的角色与序位

（一）现有立法下不同原告主体在环境公益诉讼的角色定位

1. 环保组织——最佳原告

依域外的立法及实践经验，认为有关环保组织（团体）（ENGO），其建立本质上是一个"利益组织化"的过程，[①] 是对分散的公民个人环境保护诉求的一种有组织有目的的聚合。环保组织（团体）参与环境公益诉讼的价值追求与环境公益诉讼的公益性和普惠性高度契合，并通过集体的力量实现公民参与环境保护的现实需求，因而广被提倡为环境公益诉讼起诉主体。[②] 我国环保组织提起的公益诉讼的定位体现在两点[③]：第一，环保组织无提前告知行政机关之义务，只是在法院受理环境民事公益诉讼后10天内告知相关监督管理部门。域外立法通常均设置了前置程序，即穷尽行政救济，环保组织方可提起司法救济。究其原因在于，环保组织虽然

---

① 王锡锌：《利益组织化、公众参与和个人权利保障》，《东方法学》2008年第4期。

② 郭会玲：《环保NGO在环境民事公益诉讼的困境与出路》，《环境保护》2009年第19期；李玉娟：《论NGO在环境民事公益诉讼中的路径选择与突破》，《行政论坛》2010年第3期；李玉娟：《环境民事公益诉讼中环保NGO法律地位的反思与重构》，《南昌大学学报》（人文社会科学版）2011年第1期。

③ 参见胡静《环保组织提起的公益诉讼之功能定位——兼评我国环境公益诉讼的司法解释》，《法学评论》2016年第4期。

是公共利益的代表者,实施私人执法,但行政机关更具有代表的优先性。我国司法解释未对此作出规定,使环保组织的代表性优于行政机关。第二,环保组织是生态损害赔偿的法定代表者,且无须以行为违法性为要件。例外的是,2017年修订的《海洋环境保护法》第89条规定了海洋监督管理权的主管机关享有诉讼起诉权。2017年12月17日中共中央办公厅、国务院办公厅印发《生态环境损害赔偿制度改革试点方案》,明确规定了省级、市地级政府及其指定的部门或机构均有权提起生态环境损害赔偿诉讼。跨省域的生态环境损害,由生态环境损害地的相关省级政府协商开展生态环境损害赔偿工作。目前,我国立法未规定环保组织享有环境行政公益诉讼诉权,因此环保组织无法通过行政诉讼请求要求行政机关对污染者进行相应的损害赔偿。概言之,在环境民事公益诉讼中,环保组织是在除海洋领域及《生态环境损害赔偿制度改革试点方案》中规定适用范围①以外的其他生态环境损害领域的唯一索赔主体,且构成损害赔偿不以污染者违法为要件。

2. 行政机关——有限原告

依据我国《宪法》《环境保护法》等相关规定,国家负有环境保护义务,且对污染环境、破坏生态的行为享有相应的处罚权。因此,对环保行政机关提起环境民事公益诉讼的赞成者认为:造成环境污染或生态破坏的原因的复杂性、损害与行为之间因果关系的难确定性、环境利益的不可估量性等,以及环境损害的滞后性、隐蔽性、多重性等特征,都需要专业技术与知识的运用才能对损害结果、因果关系等加以评判,这些也是环境民事公益诉讼所需要的证据。而行政机关无论在技术支持、专业知识储备、人员配备等方面都具有优势。换言之,环境民事公益诉讼的专业性决定了环保行政机关适宜作为环境民事诉讼的原告主体。②

---

① 根据《生态环境损害赔偿制度改革试点方案》规定,其适用范围包括:(一)有下列情形之一的,按本方案要求依法追究生态环境损害赔偿责任:1. 发生较大及以上突发环境事件的;2. 在国家和省级主体功能区规划中划定的重点生态功能区、禁止开发区发生环境污染、生态破坏事件的;3. 发生其他严重影响生态环境后果的。各地区应根据实际情况,综合考虑造成的环境污染、生态破坏程度以及社会影响等因素,明确具体情形。(二)以下情形不适用本方案:1. 涉及人身伤害、个人和集体财产损失要求赔偿的,适用侵权责任法等法律规定;2. 涉及海洋生态环境损害赔偿的,适用海洋环境保护法等法律及相关规定。

② 吴勇:《环境民事公诉适格原告的实践考察与立法选择》,《法治研究》2013年第3期。

但本书认为，环保行政机关作为环境公益诉讼的主体具有有限性。首先，从行政机关权属来看，其环境监管权属于行政权的范畴，而赋予环保行政机关诉权属于司法权，这样易导致权力的混淆，使环保行政机关除拥有强大的行政权力来管理环境事务外，亦可通过司法的路径进行环境事务管理，严重破坏已有的权力运行秩序。其次，行政机关作为"强公主体"享有行政执法权，对环境违法行为可进行行政处罚或调查取证等。相对于"弱私主体"，明显双方的地位、实力存在不平等性，不符合民事诉讼当中当事人诉权平等原则。最后，诉讼的过程是一个漫长的过程，其效率相对于环境行政执法来说无疑是较低的。行政机关可通过行政手段将损害环境公共利益的行为扼杀在萌芽状态中。若属环境犯罪行为，则行政机关可将犯罪线索移交公安机关或检察机关立案侦查，由检察机关来提起公诉。换言之，具有效率优势的环境行政救济优先于司法救济，唯有在行政救济穷尽之时，才能启动环境民事公益诉讼。如果赋予行政机关诉权则可能导致司法权与行政权的错位，行政机关怠于履行其环境职责，而转移其应尽之义务。

3. 检察机关——谦抑原告

基于"公共信托"理论，法律监督职责定位等理论与立法规定，检察机关有权有义务代表公共利益运用公权力对侵害环境公共利益的行为提起公益诉讼。检察机关因其具备的专业性、司法权威、诉讼能力等优势，理应成为环境公益诉讼最适合的起诉主体之一，赋予其适格原告资格。[①]这种观点注意到了检察机关在环境公益诉讼中的作用，但是却忽略了"二分法"下检察机关的角色定位问题。环境民事公益诉讼主要是通过追究环境污染或生态破坏责任人的民事责任来实现对环境公共利益的保护与救

[①] 参见段厚省、郭宗才《论我国检察机关提起公益民事诉讼》，《法学》2006年第1期；张式军、谢伟《检察机关提起环境公益诉讼问题初探》，《社会科学家》2007年第5期；梅宏、李浩梅《论人民检察院提起环境公益诉讼的原告主体资格》，《中国海洋大学学报》（社会科学版）2010年第6期；张敏纯、陈国芳《环境公益诉讼的原告类型探究》，《法学杂志》2010年第8期；蔡彦敏《中国环境民事公益诉讼的检查担当》，《中外法学》2011年第1期；廖柏明《检察机关介入环境公益诉讼的思考与建议》，《法学杂志》2011年第6期；张峰《检察机关环境公益诉讼起诉资格的法律制度建构》，《政法论丛》2015年第1期。

济。① 环境行政公益诉讼主要通过对环境行政机关的行政行为的监督来实现对环境法律秩序的维护与环境公共利益的保护。基于二者目的之差异性及检察机关自身法律监督职责，其在环境行政公益诉讼中承担主力军的角色，在环境民事公益诉讼中则作为一个补充、辅助角色。理由如下。

首先，检察机关作为环境民事公益诉讼的起诉主体易与自身内部程序产生冲突。依据我国《宪法》及法律规定，人民检察院的首要职责是依法行使检察权。因此，检察院在履行职责的过程中，如果"发现国家工作人员涉嫌贪污贿赂、渎职侵权等职务犯罪线索"的情形，则应该根据《人民检察院组织法》第 11 条相关规定，履行法定职责。然而根据《人民检察院提起公益诉讼试点工作实施办法》第 4 条以及第 7 条之规定，可能导致相关案件材料在人民检察院各业务部门来回移送，造成人民检察院履行法定职责工作程序混乱和冲突，更甚者直接影响人民检察院"履行职务犯罪侦查、批准或者决定逮捕、审查起诉、控告检察、诉讼监督等职责"等首要职责。②

其次，顺应现行相关法律规范的规定。2016 年 1 月 6 日发布的《人民检察院提起公益诉讼试点工作实施办法》第 13 条规定了人民检察院在提起环境民事公益诉讼之前，应当履行的诉前程序。由此可见，《人民检察院提起公益诉讼试点工作实施办法》设置了诉前程序，试图对人民检察院之外的法律规定的机关、符合法律规定条件的有关组织和人民检察院之间提起环境民事公益诉讼的先后顺序进行规定。与此同时，根据 2015 年 1 月 7 日起施行的最高人民法院《关于审理环境民事公益诉讼案件适用法律若干问题的解释》第 10 条之规定，③ 人民检察院提起的环境民事公益诉讼，进入法院审理前后最长需经过 35 日的等待期。

---

① 吕忠梅：《环境司法理性不能止于"天价"赔偿：泰州环境公益诉讼案评析》，《中国法学》2016 年第 3 期。

② 参见吕忠梅《环境司法理性不能止于"天价"赔偿：泰州环境公益诉讼案评析》，《中国法学》2016 年第 3 期；罗丽《我国环境公益诉讼制度的建构问题与解决对策》，《中国法学》2017 年第 3 期。

③ 最高人民法院《关于审理环境民事公益诉讼案件适用法律若干问题的解释》第 10 条规定："人民法院受理环境民事公益诉讼后，应当在立案之日起五日内将起诉状副本发送被告，并公告案件受理情况。有权提起诉讼的其他机关和社会组织在公告之日起三十日内申请参加诉讼，经审查符合法定条件的，人民法院应当将其列为共同原告；逾期申请的，不予准许。"

最后，检察机关对于提起环境民事公益诉讼的专业知识与能力不足。检察机关的法律角色定位决定了其在环境纠纷中缺乏技术性因素，即欠缺专门的证据收集方法和技术手段。而在环境纠纷中，在专业性技术与知识方面，环境行政机关显然具有优越性与更高专业性，这就决定了检察机关并非提起环境民事公益诉讼的最佳主体。[①]"泰州天价赔偿案"为检察机关角色定位做了很好的示范作用。在该案中，泰州市检察院以及江苏省检察院出庭参与了诉讼，在本案的证据调查收集以及法庭辩论方面为泰州市环保联合会提供了有力支持，为检察机关作为环境公益诉讼的支持方出庭参与诉讼提供了很好的范本。检察机关作为国家的公诉和法律监督机关，在支持起诉方面尤其是搜集证据方面有很大优势，而且检察机关对诉讼过程有监督职责，参与公益诉讼能够有力地推动案件的顺利进行。因此，检察机关作为环境公益诉讼的支持者参与诉讼值得鼓励。2015年1月最高人民法院《关于审理环境民事公益诉讼案件适用法律若干问题的解释》对此作了确认，第11条规定了检察机关可以通过提供法律咨询、提交书面意见、协助调查取证等方式支持社会组织依法提起环境民事公益诉讼。[②]

由此可见，现行环境公益诉讼制度安排对于人民检察院提起民事公益诉保护国家和社会公共利益显然并不占优势，不能达到及时、有效地救济功能。而基于法律监督机关角色之定位，检察机关提起环境行政公益诉讼具有法理上的正当性与合理性，是环境行政公益诉讼的起诉主力军，并被我国立法所确认。

4. 公民个人——潜在原告

公民个人是否享有起诉资格是学界最具争议性的。支持者认为，公民有权提起公益诉讼，但对起诉资格规定了限制性条件，如需具备利害关系、好事者除外标准、设置前置程序等。[③]反对者认为，为避免滥诉导致

[①] 吕忠梅：《环境公益诉讼辨析》，《法商研究》2008年第6期。

[②] 吕忠梅：《环境司法理性不能止于"天价"赔偿：泰州环境公益诉讼案评析》，《中国法学》2016年第3期。

[③] 参见解志勇《论公益诉讼》，《行政法学研究》2002年第2期；张廉《公益诉讼之法理分析》，《求是学刊》2004年第3期；颜梅林《探究我国公益诉讼制度之构建》，《东南学术》2006年第2期；许清清、颜运秋、周晓明《好事者除外：公益诉讼原告资格标准》，《湖南科技大学学报》（社会科学版）2012年第2期。

诉讼的不经济，公民个人能力、信息与资源的有限等因素决定了不宜赋予原告诉讼资格。① 本书认为，公民提起环境公益诉讼具有其独特的优势，分布广泛性使其对环境侵害感触最为直接，公民在发现环境侵害事实或者有侵害之虞时，及时向有关主体要求介入或自身提起环境公益诉讼。基于对环境司法的秩序维护及司法资源的有效配置，以公益性环境权益受到损害提起环境公益诉讼（包括环境民事公益诉讼与环境行政公益诉讼）需对公民个人适格条件予以一定的限制，比如无违法记录、在环境方面具有专业的知识、受到"不利影响"等。综观我国环境公益诉讼立法，无论是环境民事公益诉讼抑或环境行政公益诉讼，对于公民个人的起诉资格均未规定，因此亟待立法的完善。② 同时，相对于其他起诉主体，公民的主要功能是启动公益诉讼程序，即诉讼启动者角色。③

（二）不同原告主体在环境公益诉讼中的序位选择与分工

权利主体与诉讼主体的分离是现代诉讼趋势之一，亦是环境公益诉讼特色之一。④ 由于不同原告主体在不同环境公益诉讼的类型中的诉讼能力、诉讼利益、权利基础不同，因而四元主体在环境公益诉讼中的序位选择尤为重要。其是保障环境公益诉讼顺利并有序开展的重要前提。目前，对于不同环境公益诉讼的原告主体的序位选择研究，主要存在以下三种观点：第一，以利益为划分标准，对于属于国家利益的环境公共利益而言，法定国家机关（环境行政机关及检察机关）应该成为第一顺位原告，公民个人和社会组织则作为后补或支持原告主体而存在。同时，环境行政公益诉讼的原告不包含行政机关。对于狭义社会公共利益的环境公共利益而言，公民和社会组织在特定人群的环境利益受到侵害时应当作为第一顺序

---

① 参见张晓民、汪剑歆《公益诉讼及其"外部性"的经济学分析》，《社会科学》2005年第8期；梁玉超《民事公益诉讼模式的选择》，《法学》2007年第6期；朱学磊《论我国环境行政公益诉讼制度的构建》，《烟台大学学报》（哲学社会科学版）2015年第4期。

② 杨朝霞：《环境司法主流化的两大法宝：环境司法专门化和环境资源权利化》，《中国政法大学学报》2016年第1期。

③ 吴应甲：《中国环境公益诉讼主体多元化研究》，中国检察出版社2017年版，第211—212页。

④ 张忠民：《论环境公益诉讼的审判对象》，《法律科学》（西北政法大学学报）2015年第4期。

的原告。① 第二，以原告主体的起诉优劣对比及其域外经验为出发点加以划分，认为应以社会公众为主导，"政府不宜作为起诉主体……环保组织处于第一序位，检察机关处于第二序位，公民处于第三序位"②。与此相反，也有学者主张应公权力为主导，"环境公益诉讼原告应当根据公权主体优于私权主体的原则，按照政府环境管理机关、检察机关、环保团体和公民个人的先后顺位来行使环境公益诉权"③。还有学者认为环境公益诉讼应为三元主体，即"环境公益诉讼的原告应包括国家（环境保护行政机关）与公民、社会团体，其中国家（环境保护行政机关）处于第一顺位，公民与社会团体处于第二顺位"④。第三，以权利为划分标准，持"以自然资源所有权为基础，环保机关为第一顺位，检察机关为第二顺位，公民和环保组织为第三顺位；以环境权为基础，公民和环保组织为第一顺位，环保机关为第二顺位，检察机关为第三顺位"⑤的二分序位说。

综合上述之观点，本书认为环境公益诉讼原告主体序位问题首先应当厘清其在环境公益诉讼中的角色定位，而后在根据二元原则即"以社会为主导"及"类型化划分"等确定顺序。

1. 以社会公众为主导

厘清公权主体与私权主体的序位问题，即以公主体为主导还是私主体为主导。有学者认为公权主体应当优位于环保社会组织以及公民个人等私权主体。理由主要有⑥：第一，附条件的司法终局性能够解决环境行政权力的绝对与相对有限的客观情况，具有一定合理性；第二，由环境行政机关作为环境民事公益诉讼主体能够解决因行政机关自身能力不足而导致环境行政目标的无法实现，在一定程度上减轻行政诉讼的发生；由检察机关提起环境行政公益诉讼能够充分行使其法律监督权，保障环境行政机关依

---

① 李挚萍：《中国环境公益诉讼原告主体的优劣分析和顺序选择》，《河北法学》2010年第1期。
② 黄亚宇：《生态环境公益诉讼起诉主体的多元性及序位安排——兼与李挚萍教授商榷》，《广西社会科学》2013年第7期。
③ 张海燕：《论环境公益诉讼的原告范围及其诉权顺位》，《理论学刊》2012年第5期。
④ 夏梓耀：《论环境公益诉讼原告的范围与顺位》，《甘肃政法学院学报》2014年第1期。
⑤ 杨朝霞：《论环境公益诉讼的权利基础和起诉顺序——兼谈自然资源物权和环境权的理论要点》，《法学论坛》2013年第3期。
⑥ 颜运秋、杨志华：《环境公益诉讼两造结构模式研究》，《江西社会科学》2017年第2期。

法行使行政权，履行环境保护职责；第三，环境行政机关或检察机关在各自的环境公益诉讼类型中具有其特有的人力、物力及财力优势。相对于公权主体，私权主体因成本与效益之考量，容易使其为环境公共利益而伸张正义的热情受到打击，望而却步。因此，将环境行政机关或检察机关作为环境公益诉讼的主导力量有利于诉讼案件的查清与目标的实现。本书认为，此观点值得商榷。随着国家民主及环保意识的增强，公众参与已经成为国家环境治理的重要力量。从我国司法实践情况来看，环保组织或公民提起环境公益诉讼的案件所占比例极少，且一般情况是在公权力机关的支持下才得以起诉或胜诉、和解的。私权主体提起环境公益诉讼的有限性实质上与立法者为降低政治风险及社会风险的考量密切相关。但从域外经验来看，无论是美国的环境公民诉讼、德国的团体诉讼抑或法国的环境公益诉讼都是以社会团体为主导的，即私权主体在环境公益诉讼中占主导地位。反观我国环境公益诉讼立法，首先社会组织的资格受到限制，其次社会组织的环境公益诉讼类型具有唯一性即只能提起环境民事公益诉讼；最后公民个人不具备环境公益诉讼原告资格。然而作为环境公益诉讼的权利基础之一的环境权具有社会属性，这就决定了环境公益诉讼的主体应与之权利属性相适应，具有社会性即以社会公众（环保组织或公民个人）为主，尤其是环保组织，应作为环境公益诉讼的主力军。

2. 二元制度构造下的不同原告主体的分工

环境公益诉讼的首要目的是维护环境法律秩序，其次目的是保护和增进环境公共利益。是故，本书认为，以维护环境法律秩序为主要目的的环境行政公益诉讼应该成为环境公益诉讼最主要、最广泛的适用类型；而环境民事公益诉讼则是一种特殊的环境公益诉讼类型，其适用范围具有有限性，即作为生态环境索赔的一种特殊司法路径，而非无限制地扩大其适用范围。

在二元制度构造下，不同起诉主体在环境民事公益诉讼与环境行政公益诉讼中的顺位也不尽相同。具体而言，环保组织作为环境公益诉讼的最佳原告，是环境公益诉讼的核心力量，可提起环境民事公益诉讼与环境行政公益诉讼；行政机关仅能因自然资源所有权的社会性而以生态环境损害索赔为诉讼请求，提起环境民事公益诉讼。检察机关则基于其法律监督者之角色定位，而提起环境民事公益诉讼和环境行政公益诉讼。在环境民事公益诉讼中，更多承担的是支持者、监督者的角色。换言之，检察机关需在其发出检察建议一定期限后，如果环保组织、公民个人或行政机关未提起相应的环境民事公益诉讼之时方可提起民事公益诉讼；在环境行政公益诉讼中，检察机关则成为重要原告主体，在充分遵循行政执法优先的前提下，即在其对行政机关发出检察建议后一定期限内如果行政机关还不履行其职责或撤销违法行为，则检察机关可以提起环境行政公益诉讼。① 公民个人则是环境公益诉讼中潜在原告，只有符合无违法记录、在环境方面具有专业的知识、受到"不利影响"等条件方可提起环境民事公益诉讼或环境行政公益诉讼。结合环境公益诉讼的程序规则，具体不同主体提起环境公益诉讼的大致流程如图4-1所示。

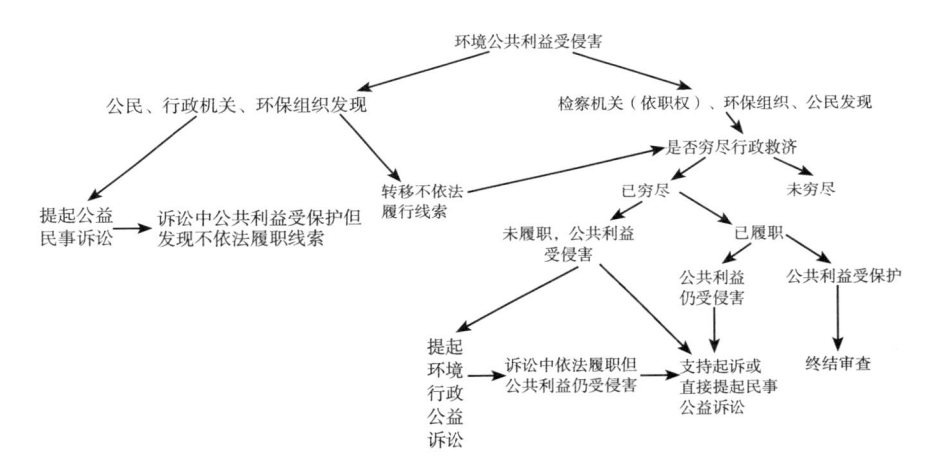

图 4-1 不同原告主体提起环境公益诉讼的流程

总之，不同主体基于自身的角色定位而在环境民事公益诉讼与环境行政公益诉讼中发挥不同的作用，并具有先后序位。同时，可通过各自的专长与优势，实现各方力量的整合与最优组合。在二元构造的环境公益诉讼制度下，不同原告主体可通力合作，并在环境行政公益诉讼与环境民事公益诉讼的程序中完成无缝衔接。

---

① 徐以祥：《我国环境公益诉讼的模式选择——兼评环境行政公益诉讼为主模式论》，《西南民族大学学报》（人文社会科学版）2017年第10期。

第二节　环境公益诉讼二元构造的制度完善

如本书第一章中所归纳的，我国立法对于环境公益诉讼制度的规定主要集中在"3+2+1"法律规范性文件中。[①] 其中，环境民事公益诉讼制度自 2015 年《环境保护法》正式施行以来，可称为是环境公益诉讼的实质性确立，历经五年多，现已基本制度化且较完备，形成了一系列较为翔实的运行规则。环境行政公益诉讼则是在 2017 年 6 月《行政诉讼法》的二次修正中得以建立，并规定了原告主体的唯一性，即仅能由检察机关提起环境行政公益诉讼，并颁布了相关的运行规则。但随着司法实践的不断增多及理论的深入，在二元构造制度框架下的环境公益诉讼不免存在一些具体法律运行规则问题。本节将对两种基本制度类型加以具体分析与完善。

一　我国环境民事公益诉讼制度困境及完善

（一）我国环境民事公益诉讼制度困境

从 2012 年《民事诉讼法》到 2015 年《环境保护法》再到两个司法解释，[②] 我国环境民事公益诉讼制度的现状为：环保组织、海洋环境监督管理权的部门、检察机关享有原告主体资格，并建立起了审理环境民事公益诉讼的司法规则。但是仍然存在一些明显不足：

[①] 其中 3 部法律是指《民事诉讼法》《环境保护法》《行政诉讼法》；2 部司法解释是指最高人民法院《关于审理环境民事公益诉讼案件适用法律若干问题的解释》，最高人民法院、最高人民检察院《关于检察公益诉讼案件适用法律若干问题的解释》；1 个全国人大常委会决定是全国人民代表大会常务委员会《关于授权最高人民检察院在部分地区开展公益诉讼试点工作的决定》并由此颁发的系列政策文件。为实施全国人民代表大会常务委员会《关于授权最高人民检察院在部分地区开展公益诉讼试点工作的决定》，最高人民检察院制定了《检察机关提起公益诉讼改革试点方案》《人民检察机关提起公益诉讼试点工作实施办法》、最高人民法院制定了《人民法院审理人民检察提起公益诉讼试点工作的实施办法》。

[②] 即最高人民法院《关于审理环境民事公益诉讼案件适用法律若干问题的解释》，最高人民法院、最高人民检察院《关于检察公益诉讼案件适用法律若干问题的解释》两个司法解释。此外，2015 年 7 月 2 日，环保部颁布了《环境保护公众参与办法》，明确环保主管部门协助支持环保社会组织提起环境公益诉讼。

1. 原告主体范围及资格有限与严苛

《民事诉讼法》第 55 条、《环境保护法》第 58 条以及两司法解释都明确规定"法律规定的机关"享有公益诉权,但是对于法律规定的机关,目前除了《海洋环境保护法》规定"行使海洋环境监督管理权的部门"享有起诉权外,尚无其他立法规定还有哪些行政机关可以享有起诉权,而事实上环境公共利益的损害涉及领域广泛,上至空气下至水、湖泊等,这些都需要我国法律予以保护与救济。此外,对于公民个人是否享有环境民事公益诉权,立法者显然持否定观点。事实上,公民行使环境民事公益诉权是基于原生性权益——环境权益,而社会组织及法定机关是基于公共信托而产生的派生性权益。当法定的所有适格主体均怠于或不行使诉权之时,公民个人可起到补充的作用。将公民个人拒之环境民事公益诉讼门外,显然是有失偏颇的,国外如美国公民诉讼即赋予公民个人环境公益诉权。因此,如何设定相关规则,将相关法定行政机关及公民纳入原告范围亟待解决。

2. 法院职权主义的过度

按照我国诉讼的传统模式基本上以职权主义为主,在行政诉讼与刑事诉讼中表现尤为突出。作为新型诉讼形式——环境民事公益诉讼在诸多方面依赖于法院,体现浓烈的职权主义色彩。如在"泰州天价赔偿案"中,从一审判决时间到法院对《民事诉讼法》第 55 条的文义解释,充分体现了法院能动性,对环保组织提起环境民事公益诉讼予以大力支持。这既源于环境问题的特殊性亦是社会对法院或法官审判角色的期许,具有强烈的环境公共政策形成功能。但是这种环境民事公益诉讼制度安排导致司法权的强化与行政权的弱化,也即法院主导环境民事公益诉讼程序,对整个诉讼案件实质上享有决定权。[①]

3. 环境民事公益诉讼激励机制的不足

环境民事公益诉讼成本高,成为原告尤其是公众提起环境公益诉讼的拦路虎。为了更好地激励社会公众参与到环境公共利益的保护与救济中来,我国目前建立起了诉讼成本负担机制。根据现行最高人民法院《关于审理环境民事公益诉讼案件适用法律若干问题的解释》规定,主要包括以

---

① 王明远:《论我国环境公益诉讼的发展方向:基于行政权与司法权关系理论的分析》,《中国法学》2016 年第 1 期。

下两方面：第一，在《诉讼费用缴纳办法》的既有规定下，尽可能地减轻诉讼费用的承担成本。通过依法申请缓交、减交或免交等相关规定，减轻诉讼负担；第二，给予适当的司法救助。对于原告应承担的鉴定费、调查、检验、专家咨询等必要费用，酌情从生效裁判的生态环境修复费用以及服务功能损失等款项中予以支付。[①] 这些激励机制都在一定程度上促进了环境民事公益诉讼的启动与推进。但是，环境民事公益诉讼是出于公共利益的考量，对于社会公众（社会组织与公民个人）来说，实质上是需要前期大量的成本投入，上述的激励机制只是在一定程度上减轻诉讼成本，归根结底并非直接的激励机制，对于无资金支持的草根环保组织或公民个人来说，只是间接激励机制，要想充分发动社会公众的力量，笔者认为激励机制显然尚存不足。为了促进更多的社会力量加入环境民事公益诉讼的队伍中来，我们需要在现有环境民事公益诉讼激励机制上有所突破。

（二）我国环境民事公益诉讼制度完善

为了进一步完善我国环境民事公益诉讼制度，实现环境民事公益诉讼的有效运行，发挥其应有之功能，应从以下几点进行完善：

1. 运用解释论适当扩大原告资格范围

立法上的漏洞可以通过法律解释加以补充与解决。对于环境公益诉讼立法之漏洞，我国立法或司法部门相关解释背后的法律依据可通过目的性扩张解释加以阐释。据我国现行的《民事诉讼法》对于原告资格存在着"直接利害关系"这一限制性条件，而环境民事公益诉讼存在起诉者与案件结果之间不存在直接利害关系的情形，这就严重阻碍了我国环境民事公益诉讼的顺利开展。作为社会规范，任何国家、任何时代的法律，无论其制度形式和内容多么完美，都可能程度不同地存在某种漏洞，只有不断检查和缝补，经常诊疗和医治，才有可能走向相对健康和完善的道路。[②] 因此，环境民事公益诉讼要求改变直接利害关系这一限定性条件，可以借鉴美国对于环境民事公益诉讼的原告资格采取相当宽泛的规定这一做法，在环境民事公益诉讼中，允许与诉讼标的没有直接利害关系的主体因污染环

---

① 参见最高人民法院《关于审理环境民事公益诉讼案件适用法律若干问题的解释》第22、24、33条规定。

② 魏宏：《法律的社会学分析》，山东人民出版社2003年版，第13页。

境和破坏资源的违法行为已经对社会公共环境资源造成损害或有不利影响之虞提起诉讼，扩大我国环境民事公益诉讼原告范围。根据现行《民事诉讼法》《环境保护法》以及相关司法解释之规定，原告的范围仅为法律规定的机关（即行使海洋监督管理权的部门及检察机关）和法定社会组织，这造成原告范围过于狭隘且模糊，应该将原告范围扩张到与案件有"直接或间接利害关系"的公民、法人、社会团体或国家机关。

法律规定的机关实质上是指检察机关和行政机关二元主体。对于前者，我国立法虽未直接规定其原告资格，但是司法解释中却予以肯定，在此就不再赘述。对于后者，本书认为首先应当肯定行政机关的民事公益诉讼诉权，其次应将其范围限制在以生态环境损害赔偿为诉求的公益诉讼案件中。因此，未来的单行性环境法修法或立法中，一是应肯定行政机关的原告资格，扩大其适用领域；二是诉讼类型仅为生态环境损害赔偿之诉。

对于公民个人的原告资格，从法理学角度以及当前制度构建来看，通过扩大解释将公民个人作为环境民事公益诉讼的原告主体具有一定的困难性。但是我国《宪法》第41条明确规定了公民的批评与建议权。因此，现阶段赋予公民一定的建议权，在与自身有关联性的环境权益受到侵害或有侵害之虞时可以通过对适格主体给予建议的方式参与。随着环境公益诉讼制度的发展及公众参与的不断深入，我国立法最终必然需要赋予公民参与环境民事公益诉讼的诉权，因此未来需要通过修法来实现其资格的确立。环境正义作为环境法的首要价值亦为义务本位，兼顾人类权利提供了理论依据。人与自然之间的正义要求人们在开发利用自然资源时，先考虑其应尽的义务，环境及自然界其他生命是否会因其行为而受到威胁或伤害，而后遵循自然规律创造物质财富与谋求自身福利。代际正义亦要求在开发利用自然资源时，首先考虑当代人对后代人的义务，即是否后代人能够公平地分享地球及其自然资源，实现真正的可持续发展。代内正义则要求国家、法人、个人权利的行使必须以履行不损害他人合法利益、社会公共利益义务为前提。简而言之，正义价值要求我们在构筑环境法"大厦"时，应重构权利义务次序，以义务为先，权利次之。也有学者主张将诉讼主体扩大到后代人甚至是自然物，认为后代人虽然未现实存在，但是鉴于现行法律已对胎儿、无民事行为能力人和限制民事行为能力人都设计了特殊的制度，因而后代人参与环境诉讼不存在较大的理论障碍。① 至于自然物的原告资格，其优势在于符合现行诉讼法与案件有利害关系这一条件，因为环境本身就是受害者。只要有一套合理的代物诉讼制度相配套就可解决问题。但是，自然物在我国一直作为法律关系的客体，想一时改变根深蒂固的主客体说，赋予自然物主体地位，是不现实的。从松花江污染事件中北京大学六名师生以松花江、太阳岛、鲟鳇鱼等自然物为原告提起的诉讼的案例可知，在我国自然物成为环境民事公益诉讼原告是不具有可行性的。因此，所谓将主体扩大到后代人与自然物，绝非修改现行法律可完成之事，对于民事诉讼原告资格扩大应仅限于当代人中的"任何人"。

2. 环境民事公益诉讼前置程序的完善

基于我国法院职权主义的过度之现状及司法权与行政权之关系，在提起环境民事公益诉讼之前需要遵循行政优先原则。具体来说，就是在提起环境民事公益诉讼之前，应当在一定期限内告知相应的环境主管机关。如果在此期间，环境主管机关怠于或不采取相应的行政措施，使环境公共利益一直受侵害或有被侵害之虞，这种情况下方可提起诉讼。在美国告知程序提起环境公民诉讼的前置程序。告知程序即 "60 日通知" (60 day notice) 是指环保组织或者私人原告必须在起诉前将书面的 "起诉意愿通知" (notice to commence an action) 送交被主张的违法者及联邦政府和州政府。在该起诉通知送交之日起满 60 日，起诉人方可向法院提起诉讼。② 据此，公民在提起环境民事公益诉讼之前必须通知有可能成为被告的污染者，并且经过 60 天才能向法院起诉。在这 60 日内，如果行政机关或联邦、州政府已对污染者起诉抑或污染者已经采取了相应措施改正违法行为，那么原告一般不能再提起民事诉讼。告知程序的设置，使民众参与执法的愿望与行政机关主导执法的原则得到合理调和，成为美国环境公益诉讼制度的精髓所在。③

环境民事公益诉讼允许 "任何人" 基于现实或可能的环境损害向法院提起诉讼，这可能导致滥诉。提起环境民事公益诉讼的目的在于制止不

---

① 例如菲律宾最高院在 1993 年的一个判例中，法官即赋予了 42 名儿童诉讼权，并使之能代表自己及子孙后代名义提起诉讼并最终胜诉。

② 李静云：《美国的环境公益诉讼——环境公民诉讼的基本内容介绍》，载别涛主编《环境公益诉讼》，法律出版社 2007 年版，第 97 页。

③ 崔华平：《美国环境公益诉讼制度研究》，《环境保护》2008 年第 4 期。

法侵害公共环境资源的行为，及时消除可能污染环境、破坏生态的潜在危险，最终实现对生态环境的保护和永续发展。因此，一旦在诉讼之前达到了此目的就无须浪费司法资源。目前，我国环境民事公益诉讼中却只规定了诉前通知程序及撤销规定，① 我国可借鉴美国公民诉讼制度的经验，首先设置具体的规则：第一，原告在提起环境民事公益诉讼前60天，应将环境公共利益损害结果、被告人的违法行为等情况书面通知负有环境监管职责的行政主管机关，由该机关采取具体措施予以解决；第二，环境行政主管机关在60日内未予以解决的，原告才可以提起环境公益诉讼。② 其次，根据环境行政执法与环境公益诉讼诉讼请求的匹配度进行精细化设计：第一，对于因相关部门依法履行监管职责而使原告的诉讼请求已经全部实现的，原告申请撤诉的，人民法院应予准许。如原告坚持不申请撤诉，人民法院应判决驳回原告的诉讼请求。第二，对于因相关部门依法履行监管职责而使原告的诉讼请求部分实现的，人民法院可就未实现请求作出判决。第三，对于相关部门拒不履行监管职责或无法履行相应监管职责而使原告的诉讼请求不能实现的，原告可进行完整的环境公益诉讼程序。

3. 建立援助机制，激发公众参与执法与监督的积极性

对于私人主体来说，法必须便于使用、具有可期待使用效果并且在经济上合算。如果期待私人主体以法为武器保护自身的权利并与邪恶做斗争，法必须在便宜性、实效性、经济性上对私人主体具有实践的魅力。③ 在环境民事公益诉讼中，原告为诉讼花费了大量的人力、物力、财力，却可能不能从环境民事诉讼中得到任何补偿性奖励，这会极大地打击公众参与公益诉讼的积极性，也与立法精神相违背。司法救济机制运行的实践也证明，知识欠缺和不能负担为纷争解决所支出的费用是私人寻求接近司法正义的两大主要障碍。④ 因此，要消除这两大障碍，就必须能够对诉讼中的专业知识和经济进行相关援助。

---

① 参见最高人民法院《关于审理环境民事公益诉讼案件适用法律若干问题的解释》第20、26条和《关于适用〈中华人民共和国民事诉讼法〉的解释》第286条之规定。

② 罗丽：《我国环境公益诉讼制度的建构问题与解决对策》，《中国法学》2017年第3期。

③ [日] 田中英夫、竹内昭夫：《私人在法实现中的作用》，李薇译，法律出版社2006年版，第2页。

④ [意] 莫卡·卡佩莱蒂：《福利国家与接近正义》，刘俊祥主译，法律出版社2000年版，第69页。

（1）专业知识之援助。由于环境民事公益诉讼的专业性与复杂性，导致普通公众参与并胜诉的可能性较低，而克服该问题的唯一途径就是聘任具有专门知识的律师。在美国，为激励普通民众参与到环境保护当中，出现了许多在政府、大型企业及私人提供的资金和捐助下的各种公益性法律机构，这些公益性法律机构成为环境公益诉讼领域重要的推动力量。还有一些环境保护组织凭借环保基金会的支持，以低于市价的佣金雇请"公共利益"律师事务所代理环境公益诉讼，这在缺乏律师就无法有效进行诉讼的美国，可以使众多的民众免去昂贵的律师费用的顾虑，愿意参与到环境公益诉讼之中。[1] 我国目前虽然未完全建立起公益诉讼机制，但是 2003 年《法律援助条例》却为环境民事公益诉讼援助机制提供了良好的土壤。该条例第 10 条第 2 款明确授予省、自治区、直辖市人民政府可以对该条例规定以外的法律援助事项做出补充规定。由此，省级以上人民政府可以通过扩展法律援助的事项范围为环境民事公益诉讼提供行之有效的援助。同时鼓励社会上各界人士及企业为环境公益事业积极贡献力量。

（2）诉讼费用之经济援助。美国为了激励公民积极参与环境公益诉讼，除了可获得胜诉后由被告支付的律师费用、部分诉讼费以及酌定专家鉴定费外，法律还规定了可给予胜诉原告一定的物质奖励。最为典型的物质利益驱动机制即"公私共分罚款之诉"（qui tam action）。[2] 如果原告胜诉，将可以获得一定比例的民事惩罚金。我国亦可效仿美国上述之做法，对于胜诉的原告亦可进行其他一些必要的物质奖励。原告奖励资金的来源包括被告惩罚性赔偿的部分资金、政府或社会出资捐助设立的环境公益诉讼基金等。《消费者权益保护法》第 49 条有"双倍赔偿"的民事惩罚性赔偿规定，该法"双倍赔偿"的民事惩罚性赔偿规定目的与环境民事公益诉讼的激励机制有着异曲同工之处。2021 年 1 月 1 日施行的《民法典》第 1232 条[3]明确规定了故意违规污染环境、破坏生态的惩罚性赔偿责任，可将其作为我国未来环境公益诉讼原告经济援助机制的破冰之作，鼓励更多的公众参与到环境民事公益诉讼中来，推动我国环境民事公益诉讼

---

[1] 胡中华：《论美国环境公益诉讼制度之基础》，《宁波职业技术学院学报》2006 年第 4 期。

[2] 蔡巍：《美国个人提起公益诉讼的程序和制度保障》，《当代法学》2007 年第 4 期。

[3] 《民法典》第 1232 条规定："侵权人违反法律规定故意污染环境、破坏生态造成严重后果的，被侵权人有权请求相应的惩罚性赔偿。"

4. 为完善我国环境民事公益诉讼相关立法提供依据

环境民事公益诉讼在我国法律框架中仍有不足之处，因此亟待立法完善，这涉及立法形式问题。美国的环境民事公益诉讼是在环境的单行性法条中进行规定的。就我国而言，《海洋环境保护法》第89条规定："造成海洋环境污染损害的责任者，应当排除危害，并赔偿损失；完全由于第三者的故意或者过失，造成海洋环境污染损害的，由第三者排除危害，并承担赔偿责任。对破坏海洋生态、海洋水产资源、海洋保护区，给国家造成重大损失的，由依照本法规定行使海洋环境监督管理权的部门代表国家对责任者提出损害赔偿要求。"该法虽然未明确提及环境公益诉讼的概念，但是已明确授权海洋环境监督管理部门依法代表国家行使环境民事公益诉讼的权利，这是我国对环境公益诉讼的主体做出明确规定的第一部法律。[①] 2012年8月31日通过的《关于修改〈中华人民共和国民事诉讼法〉的决定》第55条规定："对污染环境、侵害众多消费者合法权益等损害社会公共利益的行为，法律规定的机关和有关组织可以向人民法院提起诉讼。"2015年1月1日正式实施的《环境保护法》第58条规定："对污染环境、破坏生态，损害社会公共利益的行为，符合下列条件的社会组织可以向人民法院提起诉讼：（一）依法在设区的市级以上人民政府民政部门登记；（二）专门从事环境保护公益活动连续五年以上且无违法记录。符合前款规定的社会组织向人民法院提起诉讼，人民法院应当依法受理。提起诉讼的社会组织不得通过诉讼牟取经济利益。"由此可见，我国立法者也倾向于修改现有诉讼法之规定，辅之以环境单行法的立法模式，以大大降低立法成本。

但有学者质疑现行的诉讼法从理论到制度都无法容纳环境公益诉讼，不能为环境公益诉讼提供制度支持，实践中很多环境案件即使通过了立案审查也无法进行实体审理，亟须构建全新的环境公益诉讼制度。[②] 一项新的制度的建立非一日之功，特别是环境法的理论对传统的法学理念产生了

[①] 这里所述的环境公益诉讼的主体做出明确规定的第一部法律是指2013年第一次修正的《海洋环境保护法》第90条第2款规定，而后《海洋环境保护法》又经2016年和2017年两次修正。

[②] 宋晓丹：《我国环境公益诉讼制度建立的路径选择》，载吕忠梅、[美] 王立德主编《环境公益诉讼中美之比较》，法律出版社2009年版，第31页。

极大的挑战,许多环境法理念还难以融入传统法律体系之中。法律即使发生了实质性的、根本性的变革,也往往是悄悄发生的,"旧瓶换新酒",尽可能保持其旧有的形式,或诉诸旧有的理由,其目的就在于不到万不得已,不要打破人们对于既成规则的依赖。① 因此,本书认为通过现行民事诉讼制度的适当修改,完成民事诉讼法的生态化,以实现环境公益救济之目的,为环境公益诉讼融入现行法律体系做好接纳新制度的准备,继而在环境法理论与环境诉讼都相对成熟之时构建环境公益诉讼制度,并在实践中与传统诉讼制度进行衔接与融合,最终确立以传统诉讼制度为依托,以公益诉讼制度为特别法的两种公私救济诉讼模式。

二 我国环境行政公益诉讼制度困境及完善

(一) 我国环境行政公益诉讼制度困境

自 2014 年 10 月《中共中央关于全面推进依法治国若干重大问题的决定》提出探索建立检察机关提起环境公益诉讼制度后,十二届全国人大常委会第十五次会议于 2015 年 7 月 1 日通过了《关于授权最高人民检察院在部分地区开展公益诉讼试点工作的决定》。最高人民检察院随即印发了《检察机关提起公益诉讼改革试点方案》,并于同年 12 月颁布了《人民检察机关提起公益诉讼试点工作实施办法》。2016 年 2 月 25 日,最高人民法院颁布了《人民法院审理人民检察院提起公益诉讼试点工作的实施办法》。2017 年 6 月 27 日全国人民代表大会常务委员会作出关于修改《行政诉讼法》的决定,对第 25 条增加 1 款,② 明确规定了检察机关可提起行政公益诉讼。2018 年 3 月 1 日最高人民法院与最高人民检察院联合发布了《关于检察公益诉讼案件适用法律若干问题的解释》,翔实规定检察行政公益诉讼之诉讼规则。综观之,在我国现行有效的环境法律制度体系下,环境行政公益诉讼制度正式建立,并形成了以检察机关为唯一主体的制度建构。但这种所谓的环境行政公益诉讼"国有化"制度实质上存在一定的不足,本书结合现行立法及实践状况,认为我国环境行政公益诉讼

---

① 苏力:《制度是如何形成的》(增订版),北京大学出版社 2007 年版,第 153 页。
② 该款规定为:"人民检察院在履行职责中发现生态环境和资源保护、食品药品安全、国有财产保护、国有土地使用权出让等领域负有监督管理职责的行政机关违法行使职权或者不作为,致使国家利益或者社会公共利益受到侵害的,应当向行政机关提出检察建议,督促其依法履行职责。行政机关不依法履行职责的,人民检察院依法向人民法院提起诉讼。"

存在如下几个方面问题：

1. 公众参与环境行政公益诉讼制度未受到应有的重视

我国目前所确立的环境公益诉讼制度是以环境民事公益诉讼为主线，检察机关主导的环境行政公益诉讼为辅的二分模式。实际上，这种二分法的立法顺序的颠倒与制度构建的失衡，可能导致审判机关与行政机关职责错位和环保团体职能扭曲等诸多问题，① 不符合环境公益诉讼的目的。环境公益诉讼的目的在于有效预防与救济"对环境本身之损害"，环境公益诉讼制度构建的前提是环境公益行政救济在环境损害问题上的失效。因此，环境公益诉讼不是对环境行政权的补强，而是通过"监督监督者"实现环境公益救济。②《环境保护法》新增权利——公众参与权为环境行政公益制度的权利基础，但是对于公众参与权的内涵与外延，所涉具体权利等现行法未予以明示，使得社会公众通过司法手段监督环境行政行为缺乏翔实的实体法依据。虽《环境保护法》第58条明确了社会团体提起环境公益诉讼的资格与范围，开启我国环境公益诉讼的新篇章，但是关于"对污染环境、破坏生态，损害社会公共利益的行为"是否包括行政机关导致环境污染和生态破坏的行政行为，仍然属于不确定状态。概言之，以社会公众为主导的环境行政公益诉讼在我国环境法治体系中尚未得到应有之位。

2. 环境行政公益诉讼的原告资格未明确

关于行政诉讼原告资格问题，经历了"合法权益标准"到"法律上利害关系标准"再到"利害关系标准"的资格标准演变。③ 现行的"利害关系标准"要求原告与被诉行为间具有利害关系，但是"利害关系"的认定标准十分模糊。从法律规定的字面理解，似乎意味着原告只要证明自

---

① 王曦：《论环境公益诉讼制度的立法顺序》，《清华法学》2016年第6期。
② 黄锡生、谢玲：《环境公益诉讼制度的类型界分与功能定位》，《现代法学》2015年第6期。
③ 1989年《行政诉讼法》第2条规定："公民、法人或者其他组织认为行政机关和行政机关工作人员的具体行政行为侵犯其合法权益，有权依照本法向人民法院提起诉讼。"2000年最高人民法院《关于执行〈中华人民共和国行政诉讼法〉若干问题的解释》第12条规定："与具体行政行为有法律上利害关系的公民、法人或者其他组织对该行为不服的，可以依法提起行政诉讼。"2014年修正的《行政诉讼法》第25条第1款规定："行政行为的相对人及其他与行政行为有利害关系的公民、法人或者其他组织，有权提起诉讼。"

己事实上受到侵害即可提起诉讼，无须证明其主张的权益是否为法律所明文规定保护。尽管如此扩大化地解释该标准，仍无法得出社会公众享有提起环境行政公益诉讼的原告主体资格。社会公众在整个环境行政公益诉讼中扮演的角色，将决定了环境行政公益制度的程序设计。《水污染防治法》《大气污染防治法》《固体废物污染环境防治法》等环境单行法一般规定任何公民和单位对污染和破坏环境有权进行检举或控告。那么控告权的表现形式是否包括了向人民法院提起诉讼呢？有学者认为该规定赋予了公民和单位享有控告权，并认为检举和控告的表现可以为"向法院提起诉讼"。① 从文义解释理解，控告具有模糊性，不能直接认定为公众为维护环境公共利益而提起诉讼的法律依据。而从我国现行环境司法和立法层面审视，均未明文规定我国社会公众享有环境公益诉权。

即使以上推论能够得出社会公众具有提出环境行政公益诉讼之主体资格，但是社会公众提起环境行政公益诉讼时仍然面临制度障碍：首先，我国行政程序法一直贯彻"行政诉讼是主观诉讼"的观点，原告只有维护自己的合法权益才能向法院提起诉讼，为维护环境公共利益而提起行政公益诉讼的"客观诉讼"无法满足现行程序法所确立的原告资格标准。② 虽侵害环境公共利益的行政行为最终可能导致环境私益的受损，从而使公民个人权益受损，但是由于环境利益损害滞后性决定了损害往往不能及时得以发现，具有较长的潜伏期，直指将来。这就需要进行预防性救济，与环境行政公益诉讼之目的相契合，但却与现行程序法难以调和。其次，环境利益未来性决定了环境行政行为可能致使环境利益损害不仅表现在当代还可能危及后代。《我们共同的未来》确定的可持续发展原则明确了我们每一代人（包括当代人和后代人）都享有在发展中合理利用地球资源及安全、清洁、舒适的环境权利。这需要当代人承担更多环境保护的义务与责任。然而，现行制度无法实现当代人环境行政公益诉讼，更勿言为后代人环境利益而提起行政公益诉讼。

---

① 金瑞林主编：《环境法学》，北京大学出版社2002年版，第151页。
② 根据日学者樱井敬子、桥本博之古的观点，罗马时代以侵害利益的公私差异为划分标准，对私益诉讼与公益诉讼加以区分。大陆法系国家在罗马法的基础上，将其进一步发展为主观诉讼和客观诉讼两种诉讼类型。所谓的主观诉讼是指以保护公民个人的权利与利益为目的的诉讼；而客观诉讼则是指以维护客观的法律秩序和确保行政活动的适法性，即纯粹为了维护公共利益而提起的诉讼，与原告个人的权益无关。

3. 环境行政公益诉权行使位序不清晰

目前我国环境行政公益诉讼立法与实践中，以检察机关提起环境行政公益诉讼为主。据相关数据统计，2015 年度提起的环境行政公益诉讼案件有 6 起，且该 6 件案件的原告均为检察机关。① 究其原因，与 2015 年起国家大力推动与陆续颁布的检察机关提起公益诉讼的一系列政策法规密切相关。由此，我国初步建立起检察机关提起环境行政公益诉讼制度并在试点中开启实践之旅。但是这种以检察机关为主导的环境行政公益诉讼却可能使检察监督权与独立的审判权产生冲突的概率与频率增加。② 在检察机关提起环境行政公益诉讼实践中亦存在案件来源单一、诉讼请求不全面、二审抗诉不明晰等困境。③ 这就需要发挥社会公众的监督力量，与检察机关通力合作共同促进环境行政机关依法行政，构建完备的环境行政公益诉讼。据此，就出现一种困境：同样具有环境行政公益诉权的社会公众与检察机关两主体行使诉权的竞合及角色定位问题。它们之间对于诉权之行使的顺序如何规定？当一方已然行使环境行政公益诉权时，另一方是否可以作为诉权的支持者或监督者呢？这些显然在现有立法中均没有规定。

4. 环境行政公益诉讼的可诉范围狭窄

关于可诉范围问题，2014 年修订的《行政诉讼法》将过往条文中的"具体行政行为"改为"行政行为"，结束了长期以来以具体行政行为为行政诉讼可诉范围的历史，消除了从法律规范层面界定具体行政行为内涵的窘境，成为修法的最大亮点。④ 但审视《行政诉讼法》有关可诉范围之规定，总则篇第 2 条概括式规定行政行为，可对行政行为作出宽泛意义上

---

① 王灿发主编：《新〈环境保护法〉实施情况评估报告》，中国政法大学出版社 2016 年版，第 104 页。

② 梁春艳：《我国环境公益诉讼的模式选择》，《郑州大学学报》（哲学社会科学版）2015 年第 6 期。

③ 这些困境的存在一定程度上说明了我国环境行政公诉制度的不完备，检察机关在环境行政诉讼中的当事人与法律监督者角色的不统一性及定位不清晰，因此无法达到环境行政公益诉讼功能最优化。参见李艳芳、吴凯杰《论检察机关在环境公益诉讼中的角色与定位》，《中国人民大学学报》2016 年第 2 期；朱全宝《检察机关提起环境行政公益诉讼：试点检视与制度完善》，《法学杂志》2017 年第 8 期。

④ 章志远：《新〈行政诉讼法〉实施对行政行为理论的发展》，《政治与法律》2016 年第 1 期。

的解释与理解;① 分则篇第 12、13 条通过肯定性及否定性列举式明确规定了纳入司法审查范畴的行政行为，依旧沿袭以"具体行政行为"为审查基础的惯例，将抽象行政行为排除在可诉范围外，从而形成了总则篇广义界定与分则篇的狭义定位的不一致情形。实际上，抽象行政行为相较而言对于公共利益的损害概率更高。因为抽象行政行为是具体行政行为的前提，其与公共利益的关系更为密切，只有对抽象行政行为的合法性展开审查，才能更好地判断具体行政行为的合法性。

相比之，2000 年颁布的最高人民法院《关于执行〈中华人民共和国行政诉讼法〉若干问题的解释》第 1 条对可诉范围的规定则摒弃了《行政诉讼法》肯定性列举方式，将可诉范围重点落脚在"行政行为"上，并加之否定性列举方式明晰不可诉范围，概括式加否定性的列举方式为行政诉讼可诉范围留有余地，亦为抽象行政行为进入司法审查提供了可能性。应该说，该司法解释更符合环境行政公益诉讼的要求。它客观上扩大了受案范围，使损害环境公共利益的行政行为纳入可诉范围成为可能，且不必区别抽象行政行为与具体行政行为。同样 2014 年修订的《环境保护法》第 58 条明确规定符合法定条件的社会组织对于污染环境、破坏生态，损害社会公共利益的行为为可诉范围。但从文义上解释，该条款既未明确规定可诉行为的民事行为或行政行为属性，更勿言具体行政行为抑或抽象行政行为。这就为社会组织提起环境行政公益诉讼，并对行政行为作更为宽泛的解释留有空间。概言之，《行政诉讼法》将具体可诉范围仍限制在具体行政行为上，与其司法解释及《环境保护法》较之不无遗憾，不协调性使环境行政公益私诉的实现不免陷入困境。

（二）我国环境行政公益诉讼制度完善

以检察机关为主体的环境行政公诉制度已在不断完善中，以个人及社会组织（团体）为主体的环境行政公益私诉制度尚属空白。为更好地适应环境行政监管与治理的客观发展需要，实现环境行政公益诉讼功能的最优化，不同主体提起环境行政公益诉讼应通力合作。为此，需要对现行制

---

① 在对修订《行政诉讼法》行政行为的解读中，以王万华为代表的学者认为行政行为的范围应尽可能将实践中存在的对公民、法人和其他组织权益产生影响的行政权力表现形态涵盖其中，最大限度接近公民权利的司法无遗漏保护，行政行为包括但不限于受案范围逐项列举的情形，事实行为、重大决策行为、规范性法律文件也包含其中。参见王万华《新行政诉讼法中"行政行为"辨析——兼论我国应加快制定行政程序法》，《国家检察官学院学报》2015 年第 4 期。

度作出与之相适应的结构性调整。该结构性调整因素包括原告资格标准、可诉范围、其他保障性规则等，以符合环境行政公益诉讼目的的内在要求。

1. 正视公众参与环境行政公益诉讼制度的地位

环境行政公益诉讼制度应该在环境公益诉讼制度构建中处于核心地位。从本质内容来看，环境公益诉讼是为维护环境公共利益而产生的。环境民事公益诉讼虽也有公共利益之考虑，但是环境公益诉权之行使，不仅要求环境污染者对环境所受损害进行简单的经济赔偿或损害填补，更要求污染者采取有效预防性措施防止环境公益损害结果的发生，即环境损害风险预防。换言之，环境公益诉讼的诉求不仅针对过去之事实采取措施，而且指向未来预防环境损害结果之发生。然而，行政机关基于自身的维护环境公共利益之职责，因其行政行为侵害环境公共利益的可能性更高，从某种意义上说行政机关的不当或违法行政行为对个人、法人及其他社会组织污染破坏环境具有放任之嫌。

从环境公益诉讼的功能来看，主要是促进企业守法和监督行政行为。这恰恰与环境行政公益诉讼的功能定位相契合。一方面，通过司法的力量来对环境权力的运行进行监督、促进行政职责的积极履行，从而保障环境行政机关依法做出环境行政行为并严格执法；另一方面，通过公众的间接监督、行政机关的依法严格执法促进企业严格守法，遵循环境法律规则，从而达到良好的法律实施效果。

从环境公益诉讼的制度设计来看，环境民事公益诉讼的"行政程序前置"的设置也间接说明了环境行政执法的优先性。该程序的设置既避免了滥诉现象的出现，又能防止司法权对行政权的越界，也即只有在环境行政机关不履行其职责之时才能行使其诉权。由此可见，环境行政机关在环境监管与治理中处于主导地位，环境民事公益诉讼的启动是以环境行政机关监管不充分、不到位为前提的。依此推知，如果在环境行政机关监管这一环节进行制度设计，如建立环境行政公益私诉以督促、监督环境权力的合法、合理行使，那么环境民事公益诉讼似乎就不至于不堪重负。

概言之，环境公益诉讼的功能定位更倾向于行政监督，环境公益诉讼制度应以环境行政公益诉讼为主线，以社会公众为主导。具体而言，在程序法上应进一步完善《行政诉讼法》及其司法解释，赋予公民、有关社会组织（团体）为维护环境公共利益而提起的客观诉讼权利；在实体法上通过修订《大气污染防治法》《水污染防治法》等单行法,将特定的环境行政行为纳入环境行政公益诉讼范畴,实现实体法对程序法之补充。

2. 确立环境行政公益诉讼的原告资格标准

对于现行诉讼法"利害关系标准"的解释,本书认为"利害关系"通常有直接与间接之分,又有已经发生利害关系和可能发生利害关系之分。任何损害环境公共利益的行政行为都可能与公民或社会组织(团体)存在某种形式上的利害关系而使其具有起诉主体的资格。采取"不利影响"作为公民或有关社会组织(团体)环境行政公益诉讼起诉资格标准最为妥当。这个"不利影响"程度不论是严重的还是轻微的,"利"是法定的利益还是反射利益,直接的还是间接的,只要原告遭受了"不利影响"即具有可诉性。[①]

在这样宽泛的起诉资格标准下,赋予并保障公民或社会组织(团体)环境行政公益诉权是否会造成滥诉、司法负担过重、浪费司法资源呢?这其实是多虑的,因为公民或社会组织(团体)作为理性经济人会基于人力、物力和财力等因素而决定是否行使诉权,加之我国传统厌诉、惧诉思想,又更添阻力。因此,赋予公民或社会组织(团体)环境行政公益诉权并不会造成滥诉,反而会激励更多公众关注环境公共利益,成为对环境行政权力监督的"第三方强有力的外在力量"。归结起来,环境行政公益诉讼私主体享有起诉权应满足以下条件:首先,应该受到该行政行为的不利影响;其次,这种影响可以合理地归因于环境行政机关的行政行为;最后,诉求能够为法院判决所救济。

3. 明确环境行政公益诉权的行使位序

环境行政公益诉讼包括可由国家授权的检察机关代表国家提起环境行政公诉和由公民个体或有关社会组织(团体)以国家授权机关的名义或个人的名义提起环境行政公益私诉两种形式。二者在诉权的行使上具有一定区别。在环境行政公诉中,作为国家法定监督机关的检察机关对损害环境公共利益的行政机关的行政行为进行监督,是依法履职之行为,某种程度上具有强行性,一旦起诉不具有任意撤诉权;而公民个人或有关社会组织(团体)对损害环境公益的行政机关的行政行为以诉讼的方式依法追究其责任的公益私诉,更多体现为一种权利,因而具有更多的任意性,一

---

① 黄学贤、王太高:《行政公益诉讼研究》,中国政法大学出版社 2008 年版,第 146 页。

般不对撤诉权作过多限制。这就要求对不同主体行使诉权时设计不同的制度规则。同时，对于环境行政公诉与私诉竞合问题，本书认为公民或有关组织（团体）扮演"私人检察总长"[①]的角色，应该与检察机关处以同等地位，都是对行政机关环境权力的制衡与监督，都有权对行政机关提起环境行政公益诉讼。《人民检察院提起公益诉讼试点工作实施办法》第28条对于公民、法人或其他社会组织与检察机关谁具有诉权的优先性并未明确，仅规定前者在没有直接利害关系，没有也无法提起诉讼时，可由其提起诉讼。这似乎意味着只要公民或有关组织（团体）有法可依提起诉讼，那么其与检察机关处于同一起诉顺位，甚至更具优先性。当公民或有关组织（团体）提起环境行政公益诉讼时，检察机关因其具备的专业性、司法权威性及诉讼能力等优势可以为通过提供法律咨询、协助调查等方式予以支持，并监督环境行政公益诉讼诉求之实现。

4. 扩张环境行政公益诉讼可诉范围

前文所述，环境行政公益诉讼可诉范围狭窄应进行适当扩充。立法缺失并未阻碍环境行政公益私诉在司法实践中的"试水"。从2009年贵州清镇市百花湖风景区烂尾楼事件到2011年康菲油田重大海洋污染责任事故事件再到2014年石家庄市民李贵欣诉石家庄环保局空气污染案，都在不断践行司法中的环境行政公益诉讼。如前文已述，一般而言，根据行政行为的不同形式，环境行政公益诉讼可诉范围可分为：①具体环境行政行为，又可细分为环境行政不作为与环境违法行政作为。前者表现为如对环保行政机关未履行"三同时"制度及环境影响评价制度监管职责的行为等；后者则如环保行政机关违法审批排污许可、不当作出行政规划等行为等。[②] ②抽象环境行政行为，是指行政机关针对非特定主体制定的、对以后发生法律效力并具有反复适用效力的环境规范性文件的行为。[③] 抽象环境行政行为虽未被现行诉讼法所接受，但其针对的不特定、广泛的公众恰恰符合环境公共利益受益群体的不特定性与广泛性，直接影响环境公共利

[①] 私人检察总长理论源自美国，旨于制止官吏的违法行为，最初应用于相关人诉讼、纳税人诉讼和职务履行令请求诉讼三类行政公益诉讼。而后被应用于环境保护领域，作为环境公益诉讼起诉主体扩张的重要理论。参见蔡虹、梁远《也论行政公益诉讼》，《法学评论》2002年第3期。

[②] 韩德强：《环境司法审判：区域性理论与实践探索》，中国环境出版社2015年版，第73页。

[③] 王珂瑾：《行政公益诉讼制度研究》，山东大学出版社2009年版，第220页。

益，因此应该纳入审查范围。

在此需要指出是：其一，该处抽象环境行政行为仅包括规章以下的规范性文件，规章、行政法规的行政立法行为属"立法活动"不宜由法院进行审查，以避免司法权对立法权的过度干涉。其二，对于环境标准尤其是污染物排放标准应作为司法审查的重点对象。在美国环境司法审查中，污染物排放标准占据重要地位。无论是《清洁水法》《清洁空气法》及《固体废物处置法》均将该领域的排放标准纳入审查范围。其三，对抽象环境行政行为尽量进行独立审查，且不能因环境具体行政行为的合法性影响或判断抽象环境行政行为的合法。

5. 环境行政公益诉讼的其他保障制度

（1）诉前行政告知程序。为提高效率和降低成本，公民或有关组织（团体）在行使环境行政公益诉权前可先行行使纠正建议权。环境行政公益私诉主体在了解环境行政机关存在损害环境公共利益的行政行为时，需以书面形式向相关行政机关说明其行政行为违法内容及相应诉求，督促其纠正违法行为或依法履行职责。行政机关应当自收到纠正建议书后一个月内依法办理，并将办理情况以书面形式回复，形成常态化的纠正反馈机制。经过诉前行政告知程序，环境行政机关拒不纠正其违法行政行为，国家和社会环境公共利益仍处于受侵害状态，那么环境行政公益私诉主体可针对环境行政机关提起环境行政公益诉讼，或者亦可要求检察机关对环境行政机关的损害环境公共利益的行政行为进行立案查处或提起环境行政公诉。检察机关需对上述之审查要求作出回应，并阐明理由。因为检察机关与公民或有关组织（团体）处以同一顺位的起诉主体，但是公民或有关组织（团体）可基于各种因素考虑，自由选择采用环境行政公益私诉或退而由检察机关提起环境行政公益公诉。

（2）诉讼激励机制。经济学理论认为，任何行为的付出都需要成本，通过成本与收益对比分析来最终决定是否实施该行为。公民或有关组织（团体）行使环境行政公益诉权意味着精力与付出，典型公共物品的环境由于产权的不明晰极可能导致"搭便车"现象的普遍存在，加之新型环境行政公益诉讼的复杂性，虽设定低诉讼费仍需财力、物力、人力及时间的耗费，如果不对这些成本进行适当性激励与填补，势必影响诉讼的开展。而公民或有关组织（团体）诉权行使的收益则表现在两方面：直接收益是实现对环境行政机关依法履职的外部监督，间接收益则是由此增进的环境公益与社会福利。① 显然，由于成本与收益间的利益衡量会直接影响公民或有关组织（团体）诉讼的热情，上述成本与收益具有不对等性，必然减弱公民或有关组织（团体）环境行政公益诉权行使的积极性。因此，应该建立一套诉讼奖励机制：第一，在诉讼费用承担规则方面，可规定免缴诉讼费，并就原告因胜诉有权要求败诉被告承担交通费、监测费、鉴定费、律师费等诉讼必要支出费用。第二，在智力支持方面，亦可建立公民或有关组织（团体）环境行政公益诉讼律师援助制度，为原告提供专业知识服务。

第三节 环境民事公益诉讼与环境行政公益诉讼之关系

在环境公益诉讼二元构造的模式下，需要正确处理环境行政公益诉讼与环境民事公益诉讼之关系，以避免制度的冲突，达成制度组合的最佳合力。当企业出现环境违法行为时，如果环境行政机关能够通过其行政执法来制止其违法行为，应当优先通过行政执法来应对环境违法行为。当行政机关不履行职责时，原告可以选择提起环境行政公益诉讼，也可以选择提起环境民事公益诉讼。

一 环境民事公益诉讼与环境行政公益诉讼的区分

环境民事公益诉讼与环境行政公益诉讼隶属于不同类型的诉讼体系，前者适用于民事诉讼程序，后者适用于行政诉讼程序，不同的诉讼本质及其目的决定了环境民事公益诉讼与环境行政公益诉讼的差异性，本书对二者的区分仅就从适用范围、诉讼请求及目的功能三方面加以论述。

（1）适用范围的差异性。环境民事公益诉讼是通过原告向人民法院提起诉讼的方式，以法院司法判决的形式，对环境公共利益损害进行救济。环境行政公益诉讼则通过原告向人民法院提起诉讼的方式，针对负有环境监督管理职责的行政机关的违法行为或不作为，通过法院司法判决的

---

① 韩德强：《环境司法审判：区域性理论与实践探索》，中国环境出版社2015年版，第79页。

形式，督促行政机关依法履行职责，对环境公共利益的损害实现救济。① 换言之，环境民事公益诉讼的适用范围是私人主体的民事行为，不以行为的违法性为要件，而环境行政公益诉讼的适用范围则为负有环境监督管理职责的行政机关的违法行为或不作为，以行为的违法性为要件。具体而言，有学者根据司法实践案例统计，将"行政违法行为"分为六类，而"行政不作为"分为两类。② "行政违法行为"六大类包括：第一类，被诉行政机关违法倾倒垃圾或违法建设和使用垃圾场，典型代表如剑河县人民检察院诉剑河县南哨镇人民政府违法倾倒垃圾案。③ 第二类，被诉行政机关对于不满足政策标准、条件、公民或企业发放、允许发放相关专项补贴，典型代表如临沂市兰山区人民检察院诉临沂市兰山区农业机械局违法发放补贴案。④ 第三类，被诉行政机关违法向不满足政策要求的企业或者项目发放相关许可证、证明书，行政机关违法发放的证书包括渣土消纳场核准证书⑤、工程规划许可证⑥、防空地下室易地建设证明书⑦等。第四类，被诉行政机关擅自决定行政相对人缓交相关费用，具体表现为被诉行政机关擅自决定企业缓交人防易地建设费⑧、被诉行政机关允许公民个人缓缴罚款⑨。第五类，被诉行政机关擅自降低相关费用标准，具体表现为被诉行政机关擅自降低河道采砂管理费收费标准⑩、矿山生态环境恢复治理保证金⑪。第六类，被诉行政机关违法出让、转包土地，具体表现为被诉行政

---

① 徐以祥、周骁然：《论环境民事公益诉讼目的及其解释适用——以"常州毒地"公益诉讼案一审判决为切入点》，《中国人口·资源与环境》2017 年第 12 期。

② 此部分内容主要参见秦鹏、何建祥《检察环境行政公益诉讼受案范围的实证分析》，《浙江工商大学学报》2018 年第 4 期。

③ 参见贵州省凯里市人民法院（2017）黔 2601 行初 21 号行政判决书。

④ 参见山东省临沂市兰山区人民法院（2017）鲁 1302 行初 88 号行政判决书。

⑤ 参见贵州省清镇市人民法院（2017）黔 0181 行初 2 号行政判决书。

⑥ 参见吉林省梅河口市人民法院（2017）吉 0581 行初 21 号行政判决书。

⑦ 参见湖北省公安县人民法院（2017）鄂 1022 行初 10 号行政判决书。

⑧ 参见吉林省靖宇县人民法院（2017）吉 0622 行初 5 号行政判决书。

⑨ 参见江苏省泰州医药高新技术产业开发区人民法院（2017）苏 1291 行初 218 号行政判决书。

⑩ 参见甘肃省礼县人民法院（2017）甘 1226 行初 1 号行政判决书。

⑪ 参见福建省德化县人民法院（2017）闽 0526 行初 1 号行政判决书。

机关出让地块用于砂石加工①、被诉行政机关转包林场②等。"行政不作为"两大类包括：第一类，被诉行政机关怠于履行其职责范围之内的职权。第二类，在公民或者企业存在违法行为的情况下，被告未能全面履行监督管理职权。

（2）诉讼请求的差异性。环境民事公益诉讼的诉讼请求包括停止侵害、排除妨害、消除危险民事责任与损害赔偿、恢复原状民事责任。具体而言，根据最高人民法院《关于审理环境民事公益诉讼案件适用法律若干问题的解释》第18条规定："对污染环境、破坏生态，已经损害社会公共利益或者具有损害社会公共利益重大风险的行为，原告可以请求被告承担停止侵害、排除妨碍、消除危险、恢复原状、赔偿损失、赔礼道歉等民事责任。"环境行政公益诉讼的诉讼请求则包括了撤销或部分撤销违法行政行为、在一定期限内履行法定职责、确认行政行为违法或无效等诉讼请求。具体而言，根据最高人民法院、最高人民检察院《关于检察公益诉讼案件适用法律若干问题的解释》第25条规定："人民法院区分下列情形作出行政公益诉讼判决：（一）被诉行政行为具有行政诉讼法第七十四条、第七十五条规定情形之一的，判决确认违法或者确认无效，并可以同时判决责令行政机关采取补救措施；（二）被诉行政行为具有行政诉讼法第七十条规定情形之一的，判决撤销或者部分撤销，并可以判决被诉行政机关重新作出行政行为；（三）被诉行政机关不履行法定职责的，判决在一定期限内履行；（四）被诉行政机关作出的行政处罚明显不当，或者其他行政行为涉及对款额的确定、认定确有错误的，判决予以变更；（五）被诉行政行为证据确凿，适用法律、法规正确，符合法定程序，未超越职权，未滥用职权，无明显不当，或者人民检察院诉请被诉行政机关履行法定职责理由不成立的，判决驳回诉讼请求。"

（3）目的功能的差异性。环境民事公益诉讼是以排除环境危害、赔偿环境损害，弥补行政执法之不足，而非监督环境行政权的违法作为或不作为为目的。环境行政公益诉讼是以维护客观的环境法律秩序和监督环境行政执法、实现对环境公共利益预防性救济为目的。二者具有其独有的目的而相区别，共同合力最大化发挥环境公益诉讼的功能，实现对环境公共

---

① 参见贵州省遵义市播州区人民法院（2016）黔0321行初155号行政判决书。
② 参见贵州省清镇市人民法院（2016）黔0181行初35号行政判决书。

利益的保护与救济。

二 环境民事公益诉讼与环境行政公益诉讼的衔接

环境民事公益诉讼与环境行政公益诉讼在目的上具有一致性即保护环境公共利益。当私主体污染环境、破坏生态造成环境公共利益受损或有受损之虞，如果环境行政机关能够通过行政救济手段加以减轻或消除，则优先采用行政执法手段等。当行政机关不履行或怠于履行其应尽之职责时，原告则可在环境民事公益诉讼或环境行政公益诉讼中进行选择。

1. 二者竞合问题的处理

对于针对一般环境污染或生态破坏的公益诉讼而言，原告选择哪一类型的诉讼方式，在一定程度上取决于成本对比。一般而言，环境行政公益诉讼的优势在于受案费用低、举证责任要求低，劣势在于对企业的环境违法行为的处理处于间接状态，还需通过环境行政机关的行政执法得以规制。此外，环境行政公益诉讼无法实现对生态环境损害的赔偿。环境民事公益诉讼的优势在于能够提起赔偿损失在内的赔偿性诉讼请求，但劣势在于对其举证责任要求高，诉讼成本相较于环境行政公益诉讼更高。

那么当环境民事公益诉讼与环境行政公益诉之间出现竞合之时，则需要根据具体案件、证据多少、自身诉讼能力等因素进行综合考量，以择最佳诉讼方式来维护和救济环境公共利益。例如在"常州毒地案"中，政府虽然已采取相应的行政命令或措施进行环境风险规制，但是其因采取措施所产生的相应成本与损失并未向责任主体索赔。面对此种情况，原告既可选择通过环境行政公益诉讼要求行政机关履行职责，也可通过环境民事公益诉讼要求责任人赔偿生态环境损害。原告所选择的实现路径取决于成本、能力、效率等综合因素的利益衡量。

2. 生态环境损害赔偿诉讼的特殊处理

在生态环境损害赔偿诉讼这一特殊类型中，其诉讼目的是追究责任人的生态环境损害赔偿责任。2017年第三次修正的《海洋环境保护法》第89条规定了海洋环境监督管理部门提起海洋损害赔偿责任，在公法领域为生态环境损害赔偿诉讼提供实体法依据。而2021年1月1日正式施行的《民法典》第7章专门规定了环境污染和生态破坏责任，在私法领域为生态环境损害赔偿诉讼提供实体法依据。域外如美国的生态环境损害赔偿诉讼为我国提供了良好范本。美国普通法基于公共信托原则和国家侵权原则授予公共机构对自然资源损害的索赔权。① 在《清洁水法》和《石油污染法》中，同样也规定了联邦政府和州政府是自然资源损害的求偿主体。② 可见，关于自然资源损害赔偿的公民诉讼属于监督执行之诉，但排除了环保组织直接起诉的递补执行机制。③ 从美国的自然资源赔偿与公民诉讼的规定中可知，自然资源赔偿一般是行政执法优先，在行政执法无效或不足的情况下才能提起环境民事公益诉讼。换言之，在对环境侵害行为寻求司法救济时，如果存在公民环境权之救济请求与国家环境行政权之救济请求两情况竞合的问题，应以最有利于环境公共利益保护为原则进行选择。④ 2019年6月5日最高人民法院颁布了《关于审理生态环境损害赔偿案件的若干规定（试行）》，对环境公益诉讼与生态环境损害赔偿诉讼的次序问题予以回应，从该规定来看，最高人民法院的做法和美国自然资源赔偿的规定异曲同工，明确规定了生态环境损害赔偿诉讼优先于环境公益诉讼。但是对于二者之间的内在机理及关系等问题还须进一步的理论探究。

---

① 王树义、刘静：《美国自然资源损害赔偿制度探析》，《法学评论》2000年第1期。

② 自然资源索赔具有例外情况：被告证明经环境影响报告书或者其他类似的环境分析，该损害被明确确定为不可逆转和不可恢复，颁发许可证或执照的决定授权自然资源实行托管，且设施或工程运营符合许可证条件。公民不能成为自然资源损害求偿主体，但通过公民诉讼监督行政机关行政执法，迫使行政机关向责任人索赔自然资源损失。显然，违法性是自然资源损害的索赔条件。另外在《清洁水法》和《石油污染法》中，同样也规定了联邦政府和州政府是自然资源损害的求偿主体。参见李冬梅《美国〈综合环境反应、赔偿与责任法〉上的环境民事责任研究》，博士学位论文，吉林大学，2008年。

③ 胡静：《环保组织提起的公益诉讼之功能定——兼评我国环境公益诉讼的司法解释》，《法学评论》2016年第4期。

④ 王岚：《论生态环境损害救济机制》，《社会科学》2018年第6期。

第五章

我国环境公益诉讼二元构造的相关制度衔接

"一项新的规范是否能够被融入某一现行的规范系统之中……往往是这样一个问题，即在现存的事实情境中，该项新的规范是否会产生一种使不同行动和谐共存的秩序。"[①] 新的规范的产生必然要与旧规范进行融合、共生。在构建我国环境公益诉讼二元构造之际，应发挥该制度在实现保护环境公共利益方面之功能，厘清已有相关制度同新制度之关系，实现制度间的流畅衔接。换言之，作为一种新制度构造的形成，必然要与旧制度实现无缝对接。在确定环境公益诉讼二元构造之后，需在我国现行生态环境救济及诉讼制度体系下去看待、设计环境公益诉讼与其他相关制度的衔接。

第一节 我国环境公益诉讼与环境行政执法的制度衔接[②]

环境公益诉讼与环境行政执法在目标理念设计上具有契合性，这种契合性决定了二者所属的权力行使与具体责任方式设计方面存在重合性与交叉性。无论两者之协调是不是有意为之，在现行法律制度设计上，两者在

[①] [英]哈耶克：《法律、立法与自由》（第一卷），邓正来等译，中国大百科全书出版社2000年版，第167页。

[②] 本节部分内容已作为《论环境公益诉讼与环境行政执法之冲突与消解》一文的组成部分，发表于《中国软科学》2020年第4期。

环境治理体系中存在权力行使的次序与具体责任方式适用的竞合问题，或者有些冲突已经有所调和（如诉前通知制度、环境民事公益诉讼撤诉规定的设计），以实现环境行政执法与环境公益诉讼有机衔接。然而，单一的诉前通知及相关撤诉制度设计并不能有效解决环境行政执法与环境公益诉讼固有的重合性与交叉性所导致的竞合问题。我国理论界与实务界对环境行政执法与环境公益诉讼之间的关系缺乏系统、清晰之阐释。显然，在环境行政执法与司法实践亟待展开，而理论研究却乏善可陈的情形下，对环境公益诉讼与环境行政执法制度衔接进行研究实属必要。

一 环境公益诉讼与环境行政执法之制度定位

差异性决定了对环境公益诉讼与环境行政执法的具体表现形式必须予以区分与认定，以明晰边界关系；关联性决定了二者在现行法律规范结构下必须符合二者内在逻辑关系，实现有机的衔接与协调。但综观我国环境公益诉讼与环境行政执法关系的现状，却存在关系错位与衔接关系不清等困境。要探究环境公益诉讼与环境行政执法之关系，实质上是对环境司法权与环境行政权二者权力关系的探索。因此，本书试图从权力视角分析环境公益诉讼与环境行政执法之关系。

(一) 追根溯源：司法权与行政权之关系

剖析环境公益诉讼与环境行政执法之制度定位，首先必须对行政权与司法权关系之一般原理进行探究。众所周知，上述两种权力作为西方国家"三权分立"的重要组成部分，构筑成了国家法律权力运行的基本框架。在三权鼎立的基本框架下，行政权与司法权呈相互制约、相互监督之势，鲜有衔接、联动等情况。在法律执行体系中，行政权具有强执行性特征，往往占据着较大的比例或份额来服务、执行国家事务；[1] 在国家治理空间内，政府部门会积极地执行具体行政事务，表现出强主动性特征。[2] 与此相反，司法权则属权力运行后置环节，以起诉人的诉求为启动条件，具有被动性特征；在司法裁判过程中，司法机关往往依照立法规定之要求作出具体的裁判，保持司法公正中立特质。由此可见，行政权与司法权具有各自不同的运行逻

---

[1] 翁岳生：《行政法》（上册），法制出版社2009年版，第5页。
[2] 王诗宗：《法理理论与公共行政学范式进步》，《中国社会科学》2010年第4期。

辑，构成了各自独立和相对封闭的运行系统。①同时，西方国家的行政权与司法权之关系经历了"夜警国家""福利国家"以及"风险社会"三种模式，西方国家的现代行政权与司法权的关系构架基本形成。②就行政权而言，运行目的已从推动经济发展逐步发展为促进社会公益的保护与平衡，且后者越来越被关注与认可。此外，科技与民主亦成为行政权的新的理论基础。司法权则在适应行政权变化的过程及实践的需要中，游离于司法克制主义和司法能动主义之间。概言之，行政权和司法权处于动态平衡中。

反观我国特有法律场景，行政权与司法权在我国的法律执行体系与国家治理中呈现出与西方传统"三权分立"截然不同之特点，形成了典型的中国逻辑。③西方"三权分立"具体类型化为立法、行政、司法，各权力独立运行、互相监督与制衡；而在我国，上述三种权力体系虽各具独立性，但从关联性角度审视，在立法、行政和司法法律制度之间有许多交叉，例如立法与行政之间交叉形成行政立法领域、立法同司法之间交叉成为司法立法（最高人民法院与最高人民检察院司法解释）领域以及行政与司法交叉形成行政司法和司法行政领域。④也即，在我国当下的法律运行体系及治理场景下，立法、行政及司法互相交叉、影响与融合，如"行政超越了与司法之间的权力分工，在行政判断、行政程序、行政主体等方面逐渐呈现出司法化的倾向"⑤，同样，司法权也越过了与行政权的界限与分工，在司法系统内部运作以及职能分化等情形中出现一定行政化之特点。⑥总之，行政权与司法权在我国特有的法治土壤中出现的关联、渗透及融合成为环境司法与环境行政关联之基础。

（二）内在关联：环境公益诉讼与环境行政执法之制度定位

在对司法权与行政权关系的一般原理进行探究的基础之上，有助于我们更好、更深刻地了解环境公益诉讼与环境行政执法之间的内在关联。

---

① 郭武：《论环境行政与环境司法联动的中国模式》，《法学评论》2017年第2期。

② 王明远：《论我国环境公益诉讼的发展方向：基于行政权与司法权关系理论的分析》，《中国法学》2016年第1期。

③ 何艳、汪广龙：《"政府"在中国：一个比较的反思》，《开放时代》2012年第6期。

④ 郭武：《论环境行政与环境司法联动的中国模式》，《法学评论》2017年第2期。

⑤ 耿玉基：《超越权力分工：行政司法化的证成与规制》，《法制与社会发展》2015年第3期。

⑥ 郭武：《论环境行政与环境司法联动的中国模式》，《法学评论》2017年第2期。

1. 相互协作，共筑环境公共利益救济体系

无论是环境公益诉讼抑或环境行政执法均是对我国环境公共利益救济的重要路径。二者均以保护和增进环境公共利益为目的，通过各自的制度设计来实现对环境公共利益的最优保护与救济。相比司法机关而言，行政机关具有高效、专业、灵活的优势，对于具体的法律事实裁断更为准确与便宜；司法机关则主要解决法律适用问题，两者彼此尊重自身优势。① 二者在环境公共利益救济体系中所占的地位及范围，在一定程度上取决于司法和行政的优势比较。

从环境行政角度来看，环境行政范围日益扩张，成为环境公共利益救济的主力。随着环境问题日益突出，环境行政权在治理范围上从维持社会秩序到风险规制，运行方式上从消极行政到积极行政。② 此处所谓消极行政，即公权力负有不侵害义务以及事后被动地应对环境侵害的义务，如污染所致损害或者危害的排除，污染末端治理，生态环境损害修复等；所谓积极行政，如对因环境问题而受害者特别是健康受害者提供金钱上的行政给付救济，通过环评、规划、许可证、经济和信息等手段主动保护和改善环境，防止环境损害的发生或者恶化。③ 正如有学者所言，"环境行政从传统的维持社会秩序到涉及风险行政，如基于科学不确定性的风险行政（转基因生物安全、气候变化等）以及基于科学确定性的风险行政（如核泄漏、PX 等化学品污染）等"④。由此，环境行政形成一套普遍、广泛的制度规则与行政管理体系以应对生态环境问题。环境司法与环境行政相比，具有固有的局限性⑤：第一，环境司法囿于个案裁量，无法生成可重复使用的、具有普遍性的规则，既判力也只能是就具体个案而言所做的利

---

① 王明远：《论我国环境公益诉讼的发展方向：基于行政权与司法权关系理论的分析》，《中国法学》2016 年第 1 期。

② 王明远：《上下求索》，载高鸿钧、王明远主编《清华法治论衡》第 22 辑，清华大学出版社 2014 年版，第 5 页。

③ 王明远：《论我国环境公益诉讼的发展方向：基于行政权与司法权关系理论的分析》，《中国法学》2016 年第 1 期。

④ 王明远：《上下求索》，载高鸿钧、王明远主编《清华法治论衡》第 22 辑，清华大学出版社 2014 年版，第 5 页。

⑤ 王明远：《论我国环境公益诉讼的发展方：基于行政权与司法权关系理论的分析》，《中国法学》2016 年第 1 期。

益平衡与妥协，难以像环境行政那样"批量化"解决具有共性的对环境公共利益的损害；第二，环境司法囿于其匮乏的司法资源，不能解决复杂的技术问题，即便在环境公益诉讼实践相对完善的国家，因科学的不确定性以及技术性人才的缺乏所引发的大量环境纠纷悬而未决的情形也非常普遍；① 第三，环境司法囿于烦琐而封闭之程序以及高昂的诉讼成本，也无法像环境行政那样实现各方利益诉求的充分表达与综合平衡。

从环境司法角度来看，环境司法能够充分发挥其能动性，成为环境公共利益救济的助力。能动司法在重构社会秩序、纾解社会矛盾、平衡各方利益与创新社会管理等方面具有重要意义。② 环境司法专门化与环境公益诉讼制度的创设实际上就是司法能动性的突出表现。这些举措表明了司法机关在环境公共利益救济中发挥着自身的优势与作用，用积极的司法促进我国环境公共利益救济，甚至有些地方建立了环境行政执法与环境司法的联动机制。③ 因此，环境司法成为我国环境公共利益救济中的一大助力，并与环境行政执法共同促进环境公共利益的保护与救济。同时，我们也应注意到，司法机关的能动性需控制在理性范围内，如印度环境公益诉讼制度即为典型范例。换言之，司法能动意味着自由裁量权的扩大，绝对的权力是把"双刃剑"。从环境公共利益救济理论上讲，环境损害的特性导致了司法应有理性的能动性；但这种能动不应该为所欲为地"任性"。④ 在环境司法专门化背景下，法院能动司法必须是理性的，必须坚持限定的职权主义。"环境司法专门化"可规范环境公益诉讼案件的裁判标准，推动案件的优化审判，对环境公共利益形成全面、综合的立体保护。但这不可以成为司法机关过度能动之理由。在司法实践中司法机关在无人申请时，直接依照职权采取保全措施，责令排污行为人停止违法行为乃至停产停业，与此同时进行取证调查。更有甚者，主动要求负有环境监督管理职能的行政机关提起诉讼，或者"力邀"环境保护组织提起诉讼。诸如此类做法同印度的过度能动司法实践如出一辙，同司法机关居中裁判的角色定

---

① 李挚萍：《外国司法专门化的经验及挑战》，《法学杂志》2012年第11期。
② 姚莉、显森：《论能动司法的社会管理功能及其实现》，《法商研究》2013年第1期。
③ 王树义：《环境治理是国家治理的重要内容》，《法制与社会发展》2014年第5期。
④ 吕忠梅：《环境司法理性不能止于"天价"赔偿：泰州环境公益诉讼案评析》，《中国法学》2016年第3期。

位相去甚远。① 根据诉讼法理，即使最极端的职权主义理论主张者亦支持对原告诉权的基本尊重。在"环境司法专门化"背景下，依然需要坚持"不告不理"之底线，更需清醒地认识该审判模式是工具绝非目的，方可避免司法权僭越行政权。②

2. 单向制约，实现环境公益诉讼对环境行政执法的监督

司法权的介入亦有利于实现权力制衡。权力制衡要求在对立法权、行政权及司法权作出权力配置与划分的基础上，三者相互制约与监督，以达权力之平衡。而在环境公共利益方面，因存在制度性障碍及"权力寻租"的可能，环境行政权的滥用与不作为尤为突出，迫切需要制度对环境行政权以新的制衡，因而环境司法（主要指环境行政公益诉讼制度）应运而生。环境行政公益诉讼制度的建立促进环境司法对环境行政权力的制约，形成"权力制约权力"模式。党的十八届四中全会报告明确要求强化对行政权行使的约束与监督。③ 因此，环境行政需要环境司法的制衡，防止不当、违法的环境行政行为发生。环境司法的介入需要公众行使诉权，以启动环境行政公益诉讼。由此，环境行政与环境司法以环境行政公益诉权为前提，以环境行政公益诉讼为制度媒介，实现行政权与司法权的互动与防控。

与此同时，随着依法治国的推进，公众参与国家治理以及对国家行政部门进行监督的意识逐渐增强，社会公众逐渐认识到参与国家治理对于自身权利保障的重要意义。现代民主体制主张政府在行使权力时，尤其是政府公共政策在制定进程中，应该给社会公众参与全过程的权利。④ 伴随着我国环境问题的加剧，社会公众事实上已经不再是环境公共利益救济过程中被动的观望者。在互联网时代下，公众能够随时关注我国不断爆发的环境问题，时刻监督环境行政机关。当环境行政机关不作为或违法作为之时，公众通过多种途径向国家倾诉其利益主张以及对环境行政机关的期望，乃至启动司法权对环境行政行为予以纠正。

概言之，环境公益诉讼是国家落实环境保护义务或责任的应有组成部

---

① 段厚省：《环境民事公益诉讼基本理论思考》，《中外法学》2016年第4期。
② 颜运秋、杨志华：《环境公益诉讼两造结构模式研究》，《江西社会科学》2017年第2期。
③ 2014年10月发布的《中共中央关于全面推进依法治国若干重大问题的决定》中规定："强化对行政权力的制约和监督……努力形成科学有效的权力运行制约和监督体系，增强监督合力和实效。"
④ 王绍光：《中国公共政策议程设置的模式》，《中国社会科学》2006年第5期。

分，该制度的实施应该放在整体的环境公共利益救济体系中来看。作为因行政机关保护与救济生态环境公共利益不足而生的制度，环境公益诉讼与环境行政执法应是"互补"与"监督"关系，在环境行政执法"客观不能"之处发挥其"补充"性作用，在环境行政执法"主观不能"之时发挥其"监督"作用。其中，环境民事公益诉讼更多体现为对环境行政执法的补充，环境行政公益诉讼则体现为对环境行政执法的监督。环境公益诉讼的二分类型化完整、充分地展现了与环境行政执法的关联样态。

二 环境公益诉讼与环境行政执法之制度衔接

2015年9月通过的《生态文明体制改革总体方案》中明确提出"完善行政执法与环境司法的衔接机制"。作为一种司法制度，与行政执法相比，环境公益诉讼是与其相独立的、平行的制度，共筑环境公共利益救济体系。不管在适用范围、救济方式抑或是功能定位方面，二者既相互区别又相互联系。正因如此，基于执法或司法人员对二者之辨析及理解不清，在环境纠纷处理方面不可避免出现环境公益诉讼与环境行政执法在环境公共利益救济中冲突以及司法权越位之问题。结合上述对司法权与行政权之关系以及环境公益诉讼与环境行政执法制度定位剖析，本书认为应从以下几点加以完善，以促进二者的协作与功能最优化发挥。

（一）以"行政优先、诉讼兜底"与"多元治理、尊重专长"为衔接原则

"行政优先、诉讼兜底"是指由于行政权具有管理权之本质属性，其在公共事务管理、公共决策制定和公共权益维护等方面具有先决优势，因此应当将上述事务首先交由行政机关解决，当行政执法无法实现目的之时方能采取诉讼方式让司法介入。行政执法是国家利益或社会公共利益实现的重要路径。当一个"强势机关"环境行政机关无法解决环境纠纷之时通过公益诉讼这一新型救济方式，即交由"弱势机关"法院加以处理，但这种路径不仅周期长、成本高，而且其时效性更加让人怀疑。[①] 因此，环境行政机关只有在穷尽行政救济下仍无法使环境公共利益得以救济时才能提起环境公益诉讼。现实中被告拒不履行环境法定义务导致生态环境损害持续发生的情形并不鲜见。然而，这并不能作为启动公益诉讼的充分理

---

① 韩波：《公益诉讼制度的力量组合》，《当代法学》2013年第1期。

由。若是归因于被告主观"不重视"而拒不执行法定义务，即使启动诉讼程序将该相同内容写入民事判决书亦存在不履行之风险。实际上，对不执行生效处罚决定的被告，处罚机关可直接申请法院"非诉执行"而无须启动诉讼程序。舍弃现行法这一便利条款，转而考虑诉讼的方式，既无法及时解决问题，也无法实现司法资源的集约利用。因此，环境公益诉讼与环境行政执法之间的竞合适用，应遵循"行政优先、诉讼兜底"原则，以环境行政执法优先为主，环境公益诉讼为辅，同时注意司法的理性、有限能动性，防止司法越位，正确处理好司法权与行政权之关系。正如有学者所言："能动司法会让司法权始终存在越过职能范围的危险倾向，处理不好甚至会产生消极作用。基于法治发展的总体趋势和环境公共事务、环境行政以及法治的特点，并考虑我国现阶段的国情，司法部门能动性司法只能在非常限缩的范围内产生作用，若进一步完善我国的环境法治，就必须在理论和实践上依法尊重环境行政监管部门的准立法权、行政执行权以及准司法权，避免从'司法缺位'到'司法越位'的跃进。"[1]

"多元治理、尊重专长"是指生态环境损害救济应该构建公—私主体、行政—司法路径的多元共治体系，并根据其各优势加以协作。由于司法权的本质属性是裁判权，专长于个案裁量与利益平衡、争议的判断与法律适用；行政权的本质属性是管理权，擅长于社会公共事务的管理与社会活动问题的解决、批量化纠纷与专业技术问题的处理。[2]"多元治理、尊重专长"即是对过往生态环境损害救济单一主体及路径的突破，将多元主体及路径纳入救济体系，并依据各自专长对行政权与司法权的权力配置与职能划分进行理性、科学的处理原则。域外对此原则早已先行实践，在行政与司法救济制度上全面建构与灵活适用。例如，日本 20 世纪六七十年代发生多起严重的环境公害事件，虽然受害人经过诉讼方式请求赔偿人身损害，但经济成本与时间成本巨大，无法得到高效、及时的救济。由此，日本在严重环境公害救济模式上，转变了过往以司法救济为核心的传统侵权损害救济模式，创立以行政救济为核心的"公害健康被害行政补偿制

---

[1] 王明远：《论我国环境公益诉讼的发展方向：基于行政权与司法权关系理论的分析》，《中国法学》2016 年第 1 期。

[2] 孙笑侠：《司法权的本质是判断权——司法权与行政权的十大区别》，《法学》1998 年第 8 期。

度"，通过政府给付的路径为受害人提供救济，及时有效地保护受害人的权利。① 我国生态环境损害救济也可遵循这一逻辑，在司法救济与行政救济的选择路径上因时因地地灵活适用与转换。总之，"多元治理、尊重专长"原则是对环境公益诉讼与环境行政执法之协作关系的合理阐释与高度概括。一方面，通过创新和完善环境行政执法制度，如环境行政责任、环境行政处罚以及监督相对人进行生态环境修复等增强行政执法之力量；另一方面，进一步完善环境公益诉讼制度，如公私参与主体的多元化、诉讼程序的优化、民事责任方式的调适等。

（二）环境公益诉讼的诉前程序的优化

诉前程序是指诉讼主体在没有适用特定内部或行政救济之前，不得通过司法路径寻求救济。② 为理顺行政权和司法权的关系，遵循"行政优先、诉讼兜底"与"多元治理、尊重专长"原则，我国环境公益诉讼制度设计就必须对此有所回应，以保证司法机关对行政机关的专业性和优先性的尊重，又确保对环保行政职能部门权力的有效约束。③ 纵观我国相关法律规范文件，无论是《行政诉讼法》《民事诉讼法》抑或《环境保护法》均未对此作出规定或回应。但是部分国家政策文件及最高人民法院与最高人民检察院司法解释中环境行政公益诉讼前置程序的设计则是对此问题的积极响应。如全国人民代表大会常务委员会《关于授权最高人民检察院在部分地区开展公益诉讼试点工作的决定》关于"提起公益诉讼前，人民检察院应当依法督促行政机关纠正违法行政行为、履行法定职责，或者督促、支持法律规定的机关和有关组织提起公益诉讼"的规定暗含着行政执法前置于公益诉讼的逻辑，而最高人民检察院公布的《检察机关提起公益诉讼改革试点方案》第3—4条明确将督促纠正违法行政行为或者依法履行职责作为检察机关提起公益诉讼的"诉前程序"。概言之，我国已建立起以检察机关为起诉主体的公益诉讼"诉前程序"，主要包括民事公益诉讼的先予履行督促程序与支持起诉程序、行政公益诉讼须先予履行督促程序。前者体现了检察机关在民事公益诉讼中的补充地位以及与其他诉

---

① 罗丽：《日本公害健康被害行政救济制度的启示》，《环境保护》2009年第20期。
② 张锋：《检察环境公益诉讼之诉前程序研究》，《政治与法律》2018年第11期。
③ 王明远：《论我国环境公益诉讼的发展方向：基于行政权与司法权关系理论的分析》，《中国法学》2016年第1期。

讼主体的协作性；① 后者则是避免司法权与行政权行权竞合的重要手段，更是遵循"行政优先、诉讼兜底"原则的程序保障。

但遗憾的是，我国环境民事公益诉讼中却只规定了诉前通知程序及撤销规定，如最高人民法院《关于审理环境民事公益诉讼案件适用法律若干问题的解释》第 20 条和《关于适用〈中华人民共和国民事诉讼法〉的解释》第 286 条要求人民法院受理环境民事公益诉讼后 10 日内告知对被告行为负有环境保护监督管理职责的部门；最高人民法院《关于审理环境民事公益诉讼案件适用法律若干问题的解释》第 26 条规定，人民法院应当准许原告以负有环境保护监督管理职责的部门依法履行监管职责而使原告诉讼请求全部实现为由的撤诉申请。本书认为，环境民事公益诉讼的诉前通知与撤销规定，并未真正实现"行政优先、诉讼兜底"原则。为了保证环境公共利益得到最佳保障与救济，应该进一步完善环境民事公益诉讼制度前置程序的相关规定。关于环境民事公益诉讼前置程序的完善的翔实阐释已在第四章第二节中做出回应，在此就不再赘述。

(三) 环境公益诉讼与环境行政执法中责任方式的完善和协调

通过对我国环境民事公益诉讼的实践梳理可知，对已受行政机关处罚的同一违法行为"追加"环境民事公益诉讼已变成环境民事公益诉讼原告的一个通常路径。在 2015 年环境民事公益诉讼案件中采用最多的"停止侵害"，即责令违法行为人停止超标排污或实现达标排放等，② 而这些内容完全可通过环境行政执法中规定的"责令停止""责令限期治理"等行政责任完成，不需要再耗费巨大的司法成本和时间成本来实现相同的目标。换言之，目前我国环境公益诉讼中的民事责任与环境行政执法中的行政责任存在重叠与交叉，那么如何协调二者在责任方式重叠的困境则成为我们亟待解决的一大问题。要真正解决此问题，本书认为，首先必须厘清环境民事公益诉讼的责任方式与环境行政执法中的责任方式，此为提前。由于本书第一章第三节中对环境公益诉讼的民事责任予以阐明，下文将首先重点阐述环境行政执法中的行政责任。其次针对重叠或交叉的责任方式予以调适。

---

① 陆军、杨学飞：《检察机关民事公益诉讼诉前程序实践检视》，《国家检察官学院学报》2017 年第 6 期。

② 巩固：《2015 年中国环境民事公益诉讼的实证分析》，《法学》2016 年第 9 期。

1. 环境行政执法中行政责任的完善

第一，环境行政执法中环境行政命令与环境行政处罚之识别。①

首先，环境行政命令与环境行政处罚之识别困境——责令性行政行为属性难辨。根据我国相关法律规定，环境行政执法中的责任方式，实质上主要集中在环境行政命令与环境行政处罚两大行政责任形式上。环境行政处罚是指环境行政主体对违反环境行政法律规范的行为人所实施的一种行政制裁，它以行为人的行为尚未构成犯罪为条件。② 环境行政命令是指行政主体责成违法行为人停止和纠正违法行为，以恢复原状，维持法定的秩序或者状态。③ 根据环境行政责任功能划分，可分为惩罚性环境行政责任与救济性环境行政责任两大类。所谓的惩罚性环境行政责任是指环境行政违法行为导致的在法律上对违法主体进行的惩罚的法律后果，主要责任形式为环境行政处罚。所谓救济性环境行政责任，是与惩罚性环境行政责任相对应的，是指环境资源行政违法行为人主体补救履行自己的法定义务或补救自己的违法行为造成的危害后果，以恢复遭受破坏的环境资源行政法律关系和行政法律秩序为目的的环境资源行政责任，④ 其主要表现形式即为环境行政命令。

环境行政命令与环境行政处罚从概念、特征及类型上看似乎二者界分清晰、关系明了，不具有可比性。但事实上，对于环境行政处罚，理论界未概括出其核心特性以区别于环境行政命令。立法界采用"列举+兜底"方式对其进行类型化，但兜底条款却为环境行政处罚与环境行政命令的混淆留有空间。对于环境行政命令，由于上位概念行政命令的基础理论问题在理论界一直存在着争议。如行政命令的性质是抽象的还是具体的行政行为⑤、是内部的还是外部的行政行为⑥等基本理论问题在行政法学界均未

---

① 该部分内容已作为《环境行政命令与环境行政处罚的错位与匡正——界分基准与功能定位的视角》一文的组成部分，发表于《大连理工大学学报》（社会科学版）2019 年第 6 期。

② 张梓太：《环境法律责任研究》，商务印书馆 2004 年版，第 162 页。

③ 程雨燕：《试论责令改正环境违法行为之制度归属——兼评〈环境行政处罚办法〉第 12 条》，《中国地质大学学报》（社会科学版）2012 年第 1 期。

④ 蔡守秋主编：《环境资源法教程》（第二版），高等教育出版社 2010 年版，第 373 页。

⑤ 张建飞：《论行政命令》，《浙江学刊》1998 年第 3 期。

⑥ 胡晓军：《论行政命令的型式化控制——以类型理论为基础》，《政治与法律》2014 年第 3 期。

达成统一认识。同时,据笔者所统计的不同时期的行政法教材均未涉及[1]或极少涉及行政命令[2],且把行政命令作为一种独立的行政行为加以阐述与研究的文献亦甚少,导致行政命令理论体系缺乏完整性与系统性。[3] 循此为进,环境法学界对于环境行政命令的基础理论同样存在着分歧。较早关注环境行政命令的学者如陈泉生将环境行政命令作为区别于环境法律的、由环境行政主体作出的一种具有强制约束力的抽象行政行为,她认为所谓的环境行政命令是环境行政机关依法所作的具有强制拘束力的单方意思表示;[4] 随着《行政处罚法》与《环境行政处罚办法》等法律规范的出台与修订,关于环境行政命令的性质的认识也随之发生变化,由抽象行政行为向具体行政行为转变,如涂永前从环境行政法律责任制度层面将环境行政命令作为具体行政行为加以阐释。

正是由于上述环境行政命令与环境行政处罚二者基础理论的供给不足、立法的界定不清,使得二者边界关系模糊在环境执法或司法适用时极易造成混乱与困惑,如吴武汉与广州市黄埔区环境保护局环保处理决定上诉案。[5] 该案之所以出现争议,在于对"责令停止餐饮项目的生产"的行为属性认定的不同。不同的认定结果将直接导致不同的裁判结果。显然,无论是理论界还是实务界均未能很好地把握环境行政命令与环境行政处罚二者之关系界分,使得此类责令性行政行为[6]徘徊在二者之间,进而影响环境行政命令与环境行政处罚的准确适用。所谓责令性行政行为是指以"责令……"为立法表述内容的行政行为。一般学界将其行为分为两种表达方式:一种以胡建淼等为代表的行政责令行为[7],另一种以杨生为代表的责令性行政行为[8]。本书采用责令性行政行为。简言之,目前理论及实务对环境行政命令与环境行政处罚模糊地带——责令性行政行为属性难

---

[1] 参见杨海坤《行政法与行政诉讼法》,法律出版社1992年版。
[2] 参见章剑生《现代行政法总论》,法律出版社2014年版。
[3] 参见叶必丰《行政法与行政诉讼法》,中国人民大学出版社2003年版。
[4] 陈泉生:《论环境行政命令》,《环境导报》1997年第2期。
[5] 参见广东省广州市中级人民法院(2014)穗中法行终字第315号行政判决书。
[6] 杨生:《论"责令"性行政行为的性质及类属》,《行政法学研究》1997年第3期。
[7] 胡建淼、胡晓军:《行政责令行为法律规范分析及立法规范》,《浙江大学学报》(人文社会科学版)2013年第1期。
[8] 杨生:《论"责令"性行政行为的性质及类属》,《行政法学研究》1997年第3期。

辨。因此，下文将对责令性行政行为即责令改正及其变形这一特殊行政责任加以阐释以识别环境行政命令与环境行政处罚。

其次，责令性行政行为之属性认定。责令性行政行为是环境行政命令与环境行政处罚界分模糊地带的典型代表。责令性行政行为在我国法律规范领域呈现出表现形式各异、内涵不一等问题。责令性行政行为的典型代表形式是责令改正。关于责令改正及其变形（以下称为责令性行政行为）已被广为运用，而其性质之争，学术界仍无定论且延宕至今，主要分为行政处罚说、行政强制说、行政命令说三大主要阵营。① 有学者认为，环境行政命令中各种责令性行政行为不具有独立性，乃属环境行政处罚。② 理由有二：其一，环境行政处罚的惩罚性功能可分为相对惩罚性与绝对惩罚性。前者是指督促行政相对人履行或继续履行其原应尽之义务或以其他方式达到与履行义务相同之状态，未要求承担新的义务；后者则是科以行政相对人新的义务。③ 环境行政命令中责令性行政行为没有使行政相对人负担额外的义务，主要着眼于违法状态的消除和法律秩序的恢复，与相对惩罚性相契合。其二，环境行政命令还具有可被吸收性。由此决定了当它与环境行政处罚一并适用时，往往被吸收纳入环境行政处罚行为之中进行统一规制。④ 2010 年《环境行政处罚办法》的出台则在环境行政领域首次明晰了责令改正的性质，试图平息立法与实践的性质之争。该法第 12 条规定："根据环境保护法律、行政法规和部门规章，责令改正或者限期改正违法行为的行政命令的具体形式有：（一）责令停止建设；（二）责令停止试生产；（三）责令停止生产或者使用；（四）责令限期建设配套设施；（五）责令重新安装使用；（六）责令限期拆除；（七）责令停止违法行为；（八）责令限期治理；（九）法律、法规或者规章设定的责令改正或者限期改正违法行为的行政命令的其他具体形式。"由此可见，我国环境立法将责令性行政行为定性为环境行政命令。至此，责令改正的"行政命令说"性质被立法所确定，从而否定了行政处罚说或行政强制说。但是，基于环境行政命令理论先天不足，加之以"责令……"为立法表述内容

---

① 李孝猛：《责令改正的法律属性及其适用》，《法学》2005 年第 2 期。
② 蔡守秋主编：《环境资源法教程》（第二版），高等教育出版社 2010 年版。
③ 程雨燕：《试论责令改正环境违法行为之制度归属——兼评〈环境行政处罚办法〉第 12 条》，《中国地质大学学报》（社会科学版）2012 年第 1 期。
④ 胡建淼：《行政法学》（第四版），法律出版社 2015 年版，第 384 页。

的责令性行政行为纷繁多样，虽然责令改正的性质在立法上给予了明晰，边界模糊、难于判断的问题在实践中仍然存在。据在北大法宝数据库中搜索统计，截至2018年5月，在现行有效的行政法规中含"责令"一词的法律规范共计394篇，其中"责令"出现的频率为2235次。对于这些立法中出现的责令性行政行为一般根据其所处的领域和情形加以表达，内容杂糅，表达多样。因此，导致在具体判断责令性行政行为属环境行政处罚抑或环境行政命令时常无所适从的尴尬局面。

本书认为：其一，从性质定位上看，环境行政命令是一种独立行政决定行为且有别于环境行政处罚。从其内容上看，环境行政命令是以要求行政相对人履行一定的义务为核心内容的，包括作为与不作为义务，前者如"责令改正""责令停止违法行为"等，后者如"禁止船舶进港"等禁令，属于命令性行政行为，有别于形成性行为和确认性行为。① 从特征上看，环境行政命令将抽象的义务规范与个案具体履行相对接，具有更强的特定性与具体性，区别于抽象行政行为；对行政相对人设定义务，以环境行政权为后盾，依职权而非依申请而启动，并对不遵守义务者可能科以被制裁的后果，具有单方性与强制性，区别于依申请或协商性行政行为。总之，无论是内容与特征，环境行政命令同环境行政处罚均属独立的行政决定行为，具有公法性、强制性、单方性、具体性等行政决定的一般性特征。环境行政命令属于基础性行政行为，环境行政处罚属于保障性行政行为，二者存在次序先后性。② 基础性行为与保障性行政行为相较，是整个行政权力运行链条中的较前端环节，是优先行政措施或手段；保障性行政行为是以违法法律规定或基础性行为为前提，是整个行政权力运行链条中的后端环节，不具有优先性，并规定了严格的法定程序与条件。若基础性行政行为能够实现行政之目的，那么保障性行政行为一般不宜提倡；只有在基础性行政行为无法或实现有障碍之时，保障性行政行为才有适用的空间。由此决定了环境行政命令相较于环境行政处罚具有适用的优先性与前置性，

---

① 该分类移植于德国行政行为以内容为标准的最基础分类法。该三大行政行为脱胎于司法判决中的给付之诉、形成之诉及确认之诉三大诉讼类型，由此催生了命令性行政行为（即行政命令）概念在我国的确立。参见 [德] 哈特穆特·毛雷尔《行政法学总论》，高家伟译，法律出版社2000年版，第207页。

② [德] 哈特穆特·毛雷尔：《行政法学总论》，高家伟译，法律出版社2000年版，第207页。

处于基础性、主导地位。其二,从功能定位上看,环境行政处罚惩罚性和环境行政命令救济性的功能定位,使二者关系具有互补性。环境行政命令通过对法律义务的责令履行来实现对违法行为的有效和及时救济,环境行政命令的救济性功能决定了其应当是及时而有效率的;而环境行政处罚则通过对违法行为人的惩罚来实现一般预防和特殊预防的双重目的,以最终减少未来的违法行为,达到环境保护的目标。由于其涉及对违法行为相对人的惩罚,因此应当遵循严格的法律程序,这种惩罚应当是公正的,具有能够有效预防未来违法行为的效果。这两种行政决定相互补充。一方面通过环境行政命令有效地应对当下的违法状态;另一方面通过环境行政处罚有效地预防未来的违法行为。两种功能共同作用,实现对生态环境的保护和对损害的有效救济。

最后,环境行政命令与环境行政处罚之界分标准。关于环境行政命令与环境行政处罚界分标准主要存在以下观点:一种是形式说,认为以是否表现为意思表示行为为形式标准加以识别与区分,只要该行为表现为意思表示行为,则可认定为环境行政命令;反之,则为环境行政处罚。[①] 另一种是实质说,认为将是否具有制裁性为实质内容标准加以判断。如果行为实质内容具有制裁性,则可认定为环境行政处罚;否则,该行为为环境行政命令。[②] 在对环境行政命令与环境行政处罚的性质进行全面剖析后,那么对于上述界分标准之争议,本书认为性质定位是二者界分的基础,实质说中的惩罚性是二者界分基准的核心,形式说中的意思表示行为是二者界分基准的补充。首先,环境行政命令属具有独立性的行政决定行为且有别于环境行政处罚,性质定位决定了其不可能归属于环境行政处罚,从而否定了处罚说。其次,以是否具有惩罚性实质内容为界分基准核心,是由二者基础性与保障性行为性质决定的。环境行政命令是在事前引导履行义务或事后以补救方式要求重新履行义务,是本源性行政行为,未科以新义务或限制剥夺合法权益(尤其如经济利益的减损,守法成本是其应付之成本,因此不能纳入减损范围)。环境行政处罚是事后惩罚机制,对行政相对人科以新的义务或限制剥夺合法权益,常与环境行政命令并用,旨在防

---

① 罗豪才、湛中乐:《行政法学》,北京大学出版社 2006 年版,第 170 页。
② 王志华:《行政命令与行政处罚关系之辨析与整合》,《河南公安高等专科学校学报》2008 年版第 5 期。

止行政相对人再犯，保障环境行政命令的顺利实现。因此，以是否具有惩罚性为实质内容作为界分基准的核心无疑是妥当且合理的。最后，以是否表现为意思表示行为为形式标准的形式说，存在着不周延或自相矛盾，因而无法成为界分基准的核心要素。如环境行政处罚行为罚中的"责令停产停业行为"即为意思表示行为，由此无法仅凭此要素进行界分。但形式说并非毫无意义，它作为内容的载体，能够更深入准确地理解实质内容，具有补充性功能。当无法判断是否具有惩罚性时，以此作为补充界分要素。

第二，环境行政执法中恢复原状责任方式之完善。①

作为责令改正表现形式之一的恢复原状，属救济性环境行政责任，它要求责任人通过科学合理的方式使受破坏的生态环境尽可能恢复到未破坏前的状态或通过合理的风险控制措施防止因人为活动对人类健康和生态环境带来安全隐患，防患于未然。由于恢复原状是生态环境修复责任的最重要表现方式之一，而对于恢复原状的性质，目前未达成共识。与此同时，恢复原状适用条件是什么及其标准如何界定等问题亦尚待解决。因此，在环境执法实际操作中适用生态环境修复责任时就存在诸多障碍。

首先，关于恢复原状的性质，实际上属于一种环境行政命令。环境行政命令是一种环境行政主体依法要求特定主体进行一定的环境作为或不作为的具有强制力的单方的意思表示。其具有以下特征：第一，环境行政命令是由有权发布命令的主体做出的，是依照法律规定的职权做出的；第二，环境行政命令的内容是要求环境行政相对人为或不为一定的行为，其本质是要求相对人履行所要求的义务；第三，环境行政命令具有强制力，如果环境行政相对人不履行行政命令，环境行政机关可以采用相应的强制措施或通过施加惩罚性的法律后果来确保行政命令的执行。因环境行政命令是对行政相对人违法第一性义务而设定第二性义务，故环境行政命令同属环境行政法律责任的表现形式之一。就此观之，《环境保护法》第63条规定的"恢复原状"具备行政命令之特性。其一，它是在违反环境义务的前提下对其设定的第二性义务；其二，它设立之本质在于保障环境义务履行；其三，它是由环保部门依职权直接采取相应措施的。

其次，关于恢复原状何时适用，实际上是利益博弈过程。享有环境保护

---

① 该部分内容已作为《论建设项目环境影响评价制度的法律责任》一文的组成部分，发表于《江苏大学学报》（社会科学版）2016年第3期。

监督管理职责的部门必须在生态环境利益、项目开发者利益、其他公共利益、相关利益人等多元利益中进行权衡，以决定是否责令恢复原状。以建设项目为例，若建设项目开工后，对生态环境有重大不利且这种不利难以消除、生态环境公共利益明显受到重大威胁或损害时，环保监督管理部门则有权采取撤销项目、责令搬迁或撤除、停止生产或使用等恢复原状方式。

最后，关于适用恢复原状标准，它要求恢复至未破坏之前的状态或消除人身健康、生态安全隐患。由于在实践中多出现在建设项目破坏生态环境问题上，以建设项目为例对于生态环境资源受破坏之状态，司法实践中对其原状认定却莫衷一是：第一种观点认为原状是与未进行项目建设前的生态环境资源完全一致的状态；第二种观点认为原状是与未进行项目建设前的生态环境资源基本一致的状态；第三种观点认为原状符合国家相关环境质量标准即可。① 众所周知，由于项目建设导致生态环境资源的破坏实难恢复至破坏前的完全一致状态，因此适用恢复原状标准是相对的，即恢复至项目未建设前的原来生态或初步生态即可。具体而言，恢复原状应"根据现有掌握的科学技术、生态环境资源的特质、人身健康等因素来分类确定应当恢复的环境标准"②。对于后一种消除人身健康、生态安全隐患之状态，则一般采取责令搬迁或撤除、停止生产或使用等恢复原状方式。

2. 环境公益诉讼与环境行政执法的责任方式调适

正如本书第一章第三节中所述，在环境公益诉讼与环境行政执法中的救济性责任功能重叠主要集中为"损害赔偿"与"恢复原状"这两大责任方式。责任方式的立法重叠，一方面可能造成行为人的负担过重，违反环境规制的比例性原则；③ 另一方面极易导致本应平行的诉讼与执法两条路径出现冲突或重复执法，需要我们对各自责任形式进行适度调适，以符合法律体系化设计要求原则。

（1）赔偿损失不应纳入环境行政执法的行政责任范畴。在我国，赔偿损失被公认为最重要及主要的责任方式，但对赔偿损失之适用领域却一直存在争议。因此，着重对赔偿损失责任方式进行翔实阐述，以断学

---

① 如王灿发教授主张只要将环境要素的质量恢复到其环境质量标准的要求即可视为恢复原状。参见王灿发主编《环境法学教程》，中国政法大学出版社1997年版，第135页。

② 胡卫：《环境污染侵权与恢复原状的调适》，《理论界》2014年第12期。

③ 徐以祥：《论我国环境法律的体系化》，《现代法学》2019年第3期。

术之争及遵循"多元治理、尊重专长"原则。本书认为赔偿损失属于物质上赔偿性的责任形式，应将该责任形式作为环境公益诉讼特有诉讼请求，而不应纳入环境行政责任范畴。首先，赔偿损失是指造成生态环境损害的行为人以自己的金钱、财物弥补、赔偿对生态环境造成的经济损失，它主要以损害填补为主要目的或功能，这符合民事责任损害填补之特性。环境行政命令是使违法行为人改正其违法行为、履行其法定之义务，着眼于违法状态的消除和法律秩序的救济，因而其就违反法定义务、破坏行政管理法律秩序的行为具有救济性功能。显然，该功能不兼具预防、惩罚及赔偿之特性。故赔偿损失是民事责任之专长，且不符合环境行政命令之内涵及应有之功能。其次，究竟损害了多少公共利益是一个需要严格的鉴定、举证和质证的复杂过程，赔偿数额的确定通过和解或者一个双方对抗的司法程序来进行更为合理，而不能简单地通过一个行政命令来解决问题。停止违法行为、履行义务、消除危险等行政命令的内容可能会与环境公益诉讼之预防性责任方式重叠，保留其作为环境行政责任的形式有其正当性。但不能将赔偿损失这种典型的民事责任也通过环境行政命令的方式来进行。①

（2）恢复原状不应纳入环境公益诉讼的民事责任范畴。对于恢复原状责任方式，应在环境民事公益诉讼司法解释的责任方式中加以删除，实现"生态环境损害修复责任"与传统民事责任脱钩。② 笔者认为理由如下：第一，现行《生态环境损害赔偿制度改革方案》已建立起了生态环境损害赔偿磋商与诉讼追究机制，规定了生态环境修复类责任。在环境民事公益诉讼中也规定修复类责任，容易导致二者责任重叠，关系不清。第二，在民法体系中，恢复原状是指要求行为人以修理等手段使受损的财产恢复到损害前状态的责任方式。③ "生态环境损害修复责任"属于公法责任，旨在对生态环境本身物理、化学或生物功能的退化采取人工措施加以补救，以实现整个生态环境系统的平衡与功能损害的恢复。由此观之，民事责任的恢复原状无法涵盖生态环境损害修复之内涵。第三，虽然生态环

---

① 薛艳华：《环境行政命令与环境行政处罚的错位与匡正——界分基准与功能定位的视角》，《大连理工大学学报》（社会科学版）2019年第6期。

② 巩固：《环境民事公益诉讼性质定位省思》，《法学研究》2019年第3期。

③ 张梓太、李晨光：《生态环境损害赔偿中的恢复责任分析——从技术到法律》，《南京大学学报》（哲学·人文科学·社会科学版）2018年第4期。

境损害修复是源于民事责任的"恢复原状",但随着生态环境问题的日益复杂化与严重化以及国家环境保护义务与公民环境权的推行,国家公权机关理当成为生态环境损害修复的主导力量。从域外经验来看,早在 20 世纪 90 年代,荷兰、德国、丹麦、美国等国家就陆续将生态环境损害修复责任作为国家的环境保护义务和行政责任纳入法律体系中。[①]

总之,环境民事公益诉讼中的"赔偿损失"是其特有之责任方式,从而实现对环境行政执法之补充。环境行政执法的行政责任中的责令"治理、恢复"等恢复性内容的责任条款应作为生态环境损害修复责任判决的依据,从而为环境行政执法提供实体依据。[②]

第二节 我国环境公益诉讼与环境私益诉讼的制度衔接

同一环境污染或生态破坏行为可能同时损害环境公共利益与私人环境权益,两类损害在致害原因、时间、源头等方面具有同一性,在审理对象、案件事实认定等方面具有紧密性,但在诉讼目的与功能、诉讼请求等方面又有差异性。[③] 由此产生了环境公益诉讼与环境私诉诉讼之间适用的冲突或重叠。因此,在此需要厘清环境公益诉讼与私益诉讼的区分标准及在诉讼类型化情况下的各类诉讼之间的协调适用问题。

一 环境公益诉讼与环境私益诉讼的区分标准

所谓的环境私益诉讼是指自然人、法人或其他组织在其人身、财产权益因环境污染或生态破坏行为受到损害或有损害之虞时,依法向法院提起诉讼请求,法院进行审理与判决的诉讼活动。[④] 在我国诉讼体系中,环境私益诉讼包括了环境行政私益诉讼与环境民事私益诉讼,后者又包括了普

---

① 李挚萍:《环境修复目标的法律分析》,《法学杂志》2016 年第 3 期。
② 谭冰霖:《环境行政处罚规则功能之补强》,《法学研究》2018 年第 4 期。
③ 杜群:《海洋资源用益损失和生态损害的赔偿与救济——以渤海溢油污染事故为案例》,转引自曾晓东、周珂主编《中国环境法治》(2013 年卷·下),法律出版社 2014 年版,第 12 页。
④ 余耀军、张宝、张敏纯:《环境污染责任:争点与案例》,北京大学出版社 2014 年版,第 277 页。

通环境侵权诉讼、环境集团诉讼和相邻权诉讼。所谓环境公益诉讼是指特定的国家机关、相关团体和公民个人,对有关民事主体或政府机关侵犯环境公共利益的行为向法院提起诉讼,由法院依法追究行为人法律责任的活动。[1] 一般而言,环境公益诉讼包括了环境民事公益诉讼与环境行政公益诉讼。正如前文所述,环境公益诉讼具有公益与私益的连带性、权利基础的二元性以及生态环境损害预防与救济性等特质,尤其是公益与私益的连带性导致环境公益诉讼与私益诉讼之间区分显得难以厘清。实质上,环境公益诉讼与环境私益诉讼的区分标准可以从以下几点加以明晰:

第一,实质(利益)标准区分法。所谓实质(利益)标准区分法即依据环境保护利益的差异性可分为环境公益诉讼与环境私益诉讼。环境公益诉讼是指为保护环境公共利益的诉讼,这里的环境公共利益包括了国家利益及狭义的社会公共利益。目前我国立法已规定了法定的有关机关和社会组织均可提起诉讼。环境私益诉讼是指为保护环境私有权益的诉讼,只有权益受到妨害的特定主体才有权提起诉讼。[2] 对于起诉主体必须符合直接权益受损原则方可提起诉讼。

具体而言,以利益为核心,可从其属性与特征入手加以分析。首先,从利益属性来看,环境利益是与人格利益(包括人身利益与精神利益)、财产利益并列的第三类的人之利益,只有当对"环境本身的损害"(Damages to the Environment Itself)之时,才是对环境公共利益的损害。环境公益诉讼意味着原告与欲求实现的诉讼效果之间没有人格上的、私人独占或金钱上的利益关系。[3] 换言之,环境公益诉讼是对环境利益的损害,而不是对与环境相关的人格利益或财产利益的损害;环境私益诉讼则是对环境相关的人格利益、财产利益的损害。

其次,从利益特征上,环境公益诉讼的"环境利益"具有公共性,为全体成员所享有,具有排他性与非竞争性。对于公共性之判断,可以从整体性与普遍性加以分析。环境公共利益的整体性是指它以整体性的方式

---

[1] 吕忠梅:《环境公益诉讼辨析》,《法商研究》2008年第6期。
[2] 杨炎严:《环境诉讼:从案例到制度的深层分析》,法律出版社2017年版,第22页。
[3] See C. Schall, "Public Interest Litigation Concerning Environmental Matters before Human Rights Courts: A Promising Future Concept?", *Journal of Environmental Law*, Vol. 20, No. 3, March 2008, pp. 417-454.

存在，尽管每个人都可享受该环境利益，但却不能分割使用。① 普遍性是指为多数不特定人所普遍享有。环境私益诉讼的"与环境相关的人格利益或财产利益"具有私人性，为特定个体或特定多数人所享有。对于私人性之判断，则可以从个体性与特定性加以判断。② 环境私益的个体性是指它是以个体的方式存在，非公共不可分割的利益。特定性是指私主体（特定个体或特定多数人）所享有的，维护特定私人权益。

简言之，环境公益诉讼中的环境公共利益的判断依据，如果要以人类的利益形式作为衡量标准的话，那就是多数不特定人在良好环境中生存和发展的权利不受侵害的普遍状态。环境私益诉讼中的环境私人利益，如果以人类的利益形式作为衡量标准的话，那就是特定个体或特定多数人的，与环境相关的人格利益或财产利益不受侵害的状态。

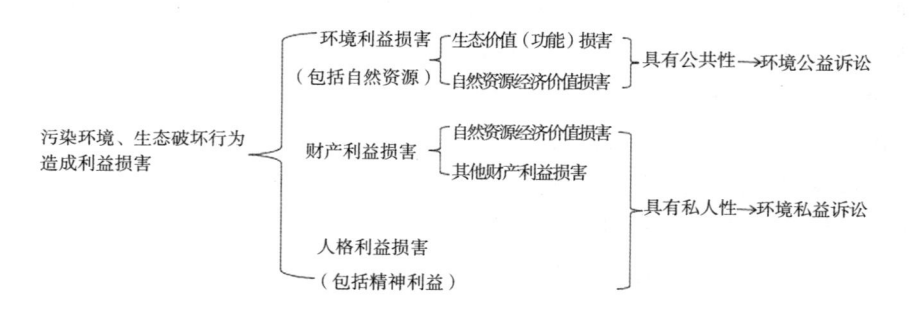

图 5-1 实质（利益）标准区分法

第二，形式标准区分法。环境公益诉讼与环境私益诉讼除内在核心利益的区分法外，亦可从外在形式加以区分。首先，从责任形式上来看，按照我国立法相关规定，环境公益诉讼的责任形式包括停止侵害、排除妨碍、消除影响、赔偿损失等环境民事公益诉讼责任方式以及撤销或者部分撤销违法行政行为、在一定期限内履行法定职责、确认行政行为违法或无效等环境行政公益诉讼责任方式。环境私益诉讼相较环境公益诉讼的责任形式，在损害赔偿范围上更为广泛，包含了精神损害赔偿。其次，从诉讼制度上来看，环境公益诉讼在原告适格制度、管辖制度、法院释明权、自

---

① 陶建国等：《消费者公益诉讼研究》，人民出版社 2013 年版，第 6 页。

② 实质上，对于公共利益与私人利益之际的界分尚未在学界达成共识，相应地，公益诉讼与私益诉讼的界限也就难以明晰。

认规则、证据收集制度、生效判决执行制度与司法救助制度等方面均具有特殊性。① 环境私益私诉则除了在环境侵权规则（如举证责任、构成要件等）上具有与环境公益诉讼交叉外，一般遵循普通诉讼法相关程序制度规定。最后，在诉讼构造上来看，环境公益诉讼侧重于采用职权主义，环境私益诉讼则倾向于采用传统当事人主义。所谓职权主义是指建立在对民事主体自由意志否定的基础上，更多地以国家意志代替当事人意志，其本质或者基本倾向是束缚当事人的自由意志，限制当事人的处分权利。在职权主义模式中，法院对诉讼活动享有主导权利，在诉讼程序的推进、审理对象的确定、主张以及证据收集等方面，不受当事人意志的约束。与职权主义相对应的是当事人主义。当事人主义强调当事人在诉讼程序中的主导权，在审理对象的确定、诉讼主张的证明、证据资料的提出，以及诉讼程序的推进等方面都由当事人决定，法院处于中立的消极裁判者地位。② 本书前文提及的"贵阳模式""江苏模式"在诉讼模式上就体现出了与一般私益诉讼的极大差异性。

二　环境民事公益诉讼与环境民事私益诉讼的功能区分及相互衔接

（一）环境民事公益诉讼与环境民事私益诉讼的功能区分

所谓环境民事公益诉讼是指原告主体对有关民事主体侵犯环境公共利益的行为向法院提起诉讼的活动。环境民事公益诉讼具有原告主体的广泛性、诉讼目的的公益性、程序上职权主义色彩浓烈等特征。依责任形式之不同，可分为预防性之诉③、恢复性之诉与赔偿性之诉④。所谓环境民事私益诉讼是指当事人因环境污染或生态破坏行为损害了自己的民事权益或对自己的民事权益有损害之虞，故向法院提起诉讼的活动。环境民事私益诉讼具有诉讼主体的扩张性、举证责任倒置、因果关系推定、诉讼时效延长等特征。同时，依性质之不同可划分为停止侵害之

---

① 参见最高人民法院《关于审理环境民事公益诉讼案件适用法律若干问题的解释》相关规定。
② 黄松有：《和谐主义诉讼模式：理论基础与制度构建——我国民事诉讼模式转型的基本思路》，《法学研究》2007年第4期。
③ 主要是指停止侵害、排除妨害、消除危险三种责任承担方式之诉。
④ 此二者之诉分别是指恢复原状和赔偿损失的责任承担方式。

诉、排除妨害之诉、消除危险之诉、恢复原状之诉、损害赔偿之诉等诉讼类型。① 由此观之，无论是环境民事公益诉讼还是环境民事私益诉讼在责任形式上具有同质性，包括了预防性之诉、恢复性之诉与赔偿性之诉三大类责任类型。

就诉讼目的而言，环境民事公益诉讼以保护环境公共利益为宗旨，环境民事私益诉讼则以实现个人环境利益为目标。前者突破民事责任的个人责任与个人补偿原则，体现的是环境法上的社会责任与公益补偿责任，其核心在于协调对生态环境本身的损害与对人的损害的确认。后者则是与普通民事诉讼具有同质性，体现民事责任的个人责任与个人补偿原则。② 就功能价值取向而言，环境民事公益诉讼注重于环境本身损害的修复与公共利益的维护，因而其以损害预防性功能为首选，以损害恢复性为核心，损害赔偿性为补充。环境私益诉讼则注重于私权益的维护，当事人享有充分的自由权、选择权与处分权，以实现自身利益维护的最大化，因而其多以损害赔偿性为主，损害恢复性为辅，损害预防性为例外。③

概言之，与环境民事公益诉讼兼具预防与救济双重功能不同，环境民事私益诉讼一般只具有救济性功能，只有当自身与环境相关的人身、财产权益受到环境违法行为损害之时，方可提起诉讼，要求恢复或赔偿因环境违法行为所遭受的损害，实现私人权益的救济，④ 而对生态环境损害的预防则更多是附带效益。

（二）环境民事公益诉讼与环境民事私益诉讼的衔接

在环境民事公益诉讼中，其主要目的在于预防与救济生态环境本身的损害，保护和增进环境公共利益。在环境民事私益诉讼中，其主要目的则在于救济人身或财产损害，同时可能间接救济生态环境本身的损害。环境民事公益诉讼和环境民事私益诉讼属于相互独立的诉。法律规定的机关和社会组织提起环境民事公益诉讼的，不影响公民、法人和其他组织依法提起私益诉讼，从而避免出现以涉及公益为名将私益诉讼拒之门外的现象。

---

① 吕忠梅主编：《环境法导论》（第三版），北京大学出版社2015年版，第243—248页。
② 吕忠梅主编：《环境法导论》（第三版），北京大学出版社2015年版，第257页。
③ 胡卫：《环境侵权中修复责任的适用研究》，法律出版社2017年版，第347页。
④ 张辉：《论环境民事公益诉讼的责任承担方式》，《法学论坛》2014年第6期。

同时，环境民事公益诉讼和私益诉讼不能合并审理。① 换言之，环境民事公益诉讼与环境民事私益诉讼之间属于平行之诉，互不影响，可同步进行或错位进行，但不可合并审理。虽是如此，但是由于环境公益诉讼具有公益与私益的连带性，那么就存在环境民事公益诉讼与环境民事私益诉讼之间的交叉地带——"公益诉讼+私益诉讼"的混合案件，如朱某茂、中华环保联合会诉江阴港 A 有限公司环境污染侵权案中，A 公司的行为既对大气、水体、土壤造成污染导致空气质量差、水质变差、河道堵塞等环境损害，又对周边 80 多户居民的健康生活权和安宁权造成侵害，是对私益与公益的共同侵害。② 此类混合案件的冲突突出体现在诉讼请求及事实认定的协调问题上。因此，本书认为科学、合理地处理二者之间的衔接则需要从以下几点着手：

1. 环境公益诉讼与环境私益诉讼的诉讼请求冲突处理

（1）赔偿性之诉优先性问题。我国当前对环境民事私益诉讼与环境民事公益诉讼两种诉讼的关系、运行特点及价值和具体程序的建构缺乏深入的研究，成为阻碍我国公益诉讼与私益诉讼共生的环境权益司法保护模式建立的深层次原因，也使我国在康菲溢油事故中政府主导解决公益赔偿基金后对如何处理渔民等众多私益诉讼的赔偿问题变得无所适从，使本应优先于公益诉讼索赔请求的环境民事私益索赔请求一再搁置处理。③ 虽然我国司法解释对环境公私环境权益的利益位阶作出明确规定，即最高人民法院《关于审理环境民事公益诉讼案件适用法律若干问题的解释》第 31 条规定"被告因污染环境、破坏生态在环境民事公益诉讼和其他民事诉讼中均承担责任，其财产不足以履行全部义务的，应当先履行其他民事诉讼生效裁判所确定的义务，但法律另有规定的除外"，但当法院先于私益诉讼判决公益诉讼损失，导致私益诉讼赔偿面临赔偿能力不足困境之时，就需要我们对此困境作出协调。

对于此问题，本书比较赞同有学者所提倡的，首先，应遵循私益诉讼

---

① 罗书臻：《规范环境公益诉讼案件审理，切实维护环境公共利益——最高人民法院环境资源审判庭负责人就〈关于审理环境民事公益诉讼案件适用法律若干问题的解释〉答记者问》，《人民法院报》2015 年 1 月 7 日第 4 版。

② 参见江苏省无锡市中级人民法院（2009）锡民初字第 0021 号民事调解书。

③ 王翠敏：《我国墨西哥湾溢油污染受害者诉英国石油公司财产损失和解集团诉讼案》，载杨炎严等《外国环境公益诉讼和集团诉讼案例评析》，法律出版社 2014 年版，第 111 页。

原告有利原则，即私益诉讼原告享有"搭便车"权利以及选择中止诉讼等程序选择权。① 如此一来，当事人享有申请中止审理私益诉讼的自由处分权来协调公益诉讼与私益诉讼之间的先后顺序，决定权交由原告自身。② 其次，可引入社会组织充当环境民事公私益诉讼第三人制度，这样将环境民事公益诉讼与环境民事私益诉讼置于同一诉讼机制内，使二者的利益位阶得以保障。③

（2）非赔偿性之诉冲突处理问题。此处非赔偿性之诉包括了预防性与恢复性之诉，即提起停止侵害、消除危险、恢复原状等诉讼请求，环境民事公益诉讼与环境民事私益诉讼均适用。那么就存在一个现象：环境民事公益诉讼或环境民事私益诉讼中提起了非赔偿性之诉时，后一诉讼是否还可提起相同诉求呢？对于此问题，最高人民法院《关于适用〈中华人民共和国民事诉讼法〉的解释》第 247 条与最高人民法院《关于审理环境民事公益诉讼案件适用法律若干问题的解释》第 28 条作出了可另行提起相同诉求之诉的三种情况。也即，环境民事公益诉讼与环境民事私益诉讼之间互不抵触，当其中一种诉讼未实现非赔偿之诉之时，另一诉讼可以提起。但若环境民事私益诉讼原告提起非赔偿之诉时，被告履行了非赔偿之责任形式，如承担了恢复原状之费用，原告却未履行修复之责任，那么应当由负有恢复原状之义务的诉讼权利人承担修复环境损害责任。④

2. "先决事实"或"免证事实"证明力问题

对于环境民事公益诉讼已裁判认定之事实或免证事实这一问题，根据最高人民法院《关于审理环境民事公益诉讼案件适用法律若干问题的解释》第 30 条之规定，"已为环境民事公益诉讼生效裁判认定的事实，因同一污染环境、破坏生态行为依据《民事诉讼法》第 119 条规定提起诉讼的原告、被告均无须举证证明，但原告对该事实有异议并有相反证据足以推翻的除外。对于环境民事公益诉讼生效裁判就被告是否存在法律规定的不承担或者减轻责任的情形、行为与损害之间是否存在因果关系、被告承担责任的大小等所作的决定，因同一污染环境、破坏生态行为依据《民

---

① 王展飞：《环境公益诉讼与私益诉讼的衔接》，《人民法院报》2014 年 12 月 17 日第 8 版。
② 胡卫：《环境侵权中修复责任的适用研究》，法律出版社 2017 年版，第 344 页。
③ 秦天宝：《我国环境民事公益诉讼与私益诉讼的衔接》，《人民司法》2016 年第 19 期。
④ 胡卫：《环境侵权中修复责任的适用研究》，法律出版社 2017 年版，第 344 页。

事诉讼法》第 119 条规定提起诉讼的原告主张适用的，人民法院应予支持，但被告有相反证据足以推翻的除外。被告主张直接适用对其有利的认定的，人民法院不予支持，被告仍应举证证明"。环境民事私益诉讼原告主体具有"搭便车"权利，这是基于两种诉讼在认定事实、法律适用等方面具有共通性以及对环境民事私益诉讼原告诉讼能力不足等因素的综合考量。但是，对于环境民事公益诉讼和环境民事私益诉讼中免证事实或先决事实问题，能否进行"反转"？即如果私益诉讼在先而公益诉讼在后的，私益诉讼生效判决所认定的事实能否被因同一污染环境、破坏生态行为而提起公益诉讼的原告所主张？我国现有法律规范并未作出规定。本书认为，无论是环境民事公益诉讼与环境民事私益诉讼孰前孰后，因环境纠纷的特殊性，其有利于原告原则及节约司法资源、提高诉讼效力的理念应贯穿始终。因此，"基于环境民事公益诉讼与私益诉讼两者之间的同质性，且有利于原告原则及节约司法资源、提高诉讼效力的理念，如果环境民事公益诉讼的原告主张法院在此前的私益诉讼中所作出的有利于私益诉讼原告的事实认定的，法院应允许和支持"[①]。

三 环境行政公益诉讼与环境行政私益诉讼的功能区分及相互衔接

（一）环境行政公益诉讼与环境行政私益诉讼的功能区分

所谓环境行政私益诉讼是指公民、法人或其他组织认为行政机关的环境具体行政行为侵犯了其合法权益，依法向人民法院提起的诉讼。它是环境行政管理相对人认为其合法权益受到行政机关及其工作人员的环境具体行政行为侵犯时，向法院主张其权利的一种司法救济形式，具有基础行为的法定性、被告的恒定性以及原告的限定性等特征。同时，依环境行政争议之不同可划分为环境行政赔偿之诉、环境行政履行之诉及环境行政司法审查之诉等诉讼类型。[②]

环境行政私益诉讼的功能具有双重性，一方面，它是对"私人利益"的救济，一般要求对原告本人的权益直接造成损害才可诉讼，属于主观诉

[①] 傅贤国：《环境民事公益诉讼制度研究——以贵州省贵阳市"生态保护两庭"司法实践为中心的分析》，法律出版社 2016 年版，第 139 页。

[②] 吕忠梅主编：《环境法导论》（第三版），北京大学出版社 2015 年版，第 250 页。

讼，对由于环境污染或生态破坏导致的环境公共利益无法起到预防与救济作用。另一方面，它具有司法审查功能。环境行政私益诉讼的核心在于审查环境具体行政行为的合法性，对环境行政机关及其工作人员的职权行使实行有效监督。环境行政公益诉讼的功能在于对环境行政机关违法环境法律秩序所提起的诉讼，其目的在于维护国家和社会公共利益，对环境行政行为进行监督和制约，确保环境行政法得以客观、公正适用与环境行政职权的合法、合理行使，属于客观诉讼。从功能特质来看，环境行政公益诉讼属于环境公益诉讼的一类，具有事先预防性与事中救济性特质。前者是环境公共利益因行政机关行政管理与治理行为而在未来可能遭受损害而提起的诉讼，环境公共利益损害尚未实际发生，指向未来。如政府违法环境行政程序的环境行政许可、环境影响评价报告的违规审批等。后者是因为环境行政行为导致环境污染或生态破坏，要求环境行政机关采取相应的行政措施以制止违法行为的继续发生或损害后果的扩大。环境行政私益诉讼一般是事后救济性，它是因环境具体行政行为导致环境污染或生态破坏，进而对个人的人身与财产造成损害。

（二）环境行政公益诉讼与环境行政私益诉讼的衔接

1. 部分功能的同质性是二者互动的前提基础

环境行政公益诉讼与环境行政私益诉讼能够互动并衔接的前提基础是，具有部分功能的同质性。具体而言，首先，二者均能够实现环境司法对环境行政的制衡。如前所述，权力需要制衡。权力制衡要求在对立法权、行政权及司法权作出权力配置与划分的基础上，三者相互制约与监督，以达到权力的平衡。而在环境利益（包括公共利益与私人利益）方面，因存在制度性障碍及"权力寻租"的可能，环境行政权的滥用与不作为尤为突出，迫切需要制度对环境行政权予以新的制衡，因而环境行政诉讼制度应运而生。二者的建立均能促进环境司法对环境行政权力的制约，形成依法治权的权力制衡模式。因此，环境行政离需要环境司法的制衡，防止不当的环境行政行为发生，环境司法的介入需要诉权，以启动环境行政（公益或私益）诉讼。由此，环境行政与环境司法以环境行政诉权为制度构建的原点，以环境行政诉讼为制度媒介，实现行政权与司法权的互动与制衡。

其次，二者均发挥司法能动性对环境权益的保障。公民诉权是公民权利的自然延伸，历经了从"何权利可以提起诉讼"到"为何可以提起诉讼"再到"任何人可以自主决定是否提起诉讼"的发展轨迹。① 折射出诉讼从审判本位到诉权本位的演进,更是司法权对公民权利保障的重要进步体现。公民权利的实现与救济离不开充分发挥司法能动性。司法能动性的核心在于,司法部门在除考虑法律规则所产生的法律效果外,还应考虑社会影响、伦理道德等因素所产生的社会效果,以实现法律效果与社会效果的统一性。这就要求当法律规定与社会现实存在间隙时,发挥司法能动性与创造性,弥补法律与现实的空白,引导、推动公众参与环境公共利益救济,并以公众的利益诉求为导向不断重塑其角色与功能定位。法律所调整的社会关系,随着社会经济的发展而不断变化。当立法或行政机关无法满足新型权利实现时,公民就求助于法院的裁判,由此产生权利的连带效应,权利在司法救济的环境下生生不息;反之,权利的实现与救济总是以受挫与失败告终,权利可能最终被窒息。② 公民诉权的行使与司法能动性的发挥,是法治社会所要求环境权利生成与保障的必要条件。

最后,促进污染者对环境法律的遵守。环境行政诉权(包括私诉与公诉)的设置,一方面能够保障公民环境私人权益得以保护;另一方面在于保障公民环境参与权,发挥公众在实施环境法律方面的积极作用。这既包括督促环境行政部门依法执法,同时也敦促企业遵守环境法律,以弥补政府环境执法之不足。政府在被赋予越来越多环境保护职责的同时,相应的人力、物力和财力等保障性措施却未与之同步。政府环境执法资源的客观有限性不能完全满足实施环境法律的需求,加之政府受地方经济发展、经济与政治利益等因素制约出现"有力无为",主观上不愿意履行其职责。在政府不履行或不完全履行环境法律职责,污染者违反环境法律之规定,致使环境(公共或私人)利益遭受或可能遭受侵害,期冀通过环境行政诉权之行使,借助司法权予以弥补,以克服环境执法之乏力。美国公民诉讼制度对此作了很好的诠释:"美国政府永远不可能拥有足够的执法资源在全国范围内监控每个污染源,而了解该污染源的公民或环保组织常常是违法排污行为最经济、最有效的监控者。"③ 因此,通过赋予公民环境行

---

① 夏勇:《人权概念起源》,中国政法大学出版社 2003 年版,第 132 页。
② 李湘刚:《诉权理论与公民诉权》,《求索》2011 年第 2 期。
③ 李静云:《美国的环境公益诉讼——环境公民诉讼的基本内容介绍》,载别涛主编《环境公益诉讼》,法律出版社 2007 年版。

政（公益或私益）诉权，基于对私权益维护的内在动机，公民由被动的守望者，转变为环境公共利益救济的积极参与者，以监督污染者守法，其无疑是环境公共利益救济社会化、民主化、科学化的重大进步。

2. 处理环境行政公益诉讼与环境行政私益诉讼关系之原则

（1）一体化法律协调设计原则。只有将环境行政公益诉讼相关规则与环境行政私益诉讼规则有机结合起来，才能使环境行政诉讼制度设计更加有效与运行流畅。这一原则的核心就是要把环境行政公益诉讼立法目标融入其他相关规则的各个部分，其他相关行政诉讼规则应把环境公益诉讼作为一个必要的考量因素，从而确保环境公益诉讼与其他相关行政诉讼规则协调一致，确保环境行政公益诉讼规则与环境行政私益诉讼规则的安定性价值。[1] 这就是该原则的基本内容，是对环境行政公益诉讼与环境行政私益诉讼之间互动关系的准确把握，是整体主义思考方式在运行环境行政公益诉讼制度中的创造性运用。根据一体化的法律协调设计原则，我国在制定环境行政公益诉讼规则时应更加注重与环境行政私益诉讼的协同效应，尤其在二者存在相互交叉、相互渗透之处。根据环境行政公益诉讼可诉范围，制定与出台新的相关立法时要考虑已有环境私益诉讼的衔接与有机结合，保证发挥协同效应，最大限度地发挥立环境行政公益诉讼与环境行政私益诉讼的同质性功能。

（2）共同但各有侧重点原则。该原则的"共同"是指无论是环境行政公益诉讼还是环境行政私益诉讼，其共同之处在于都以"对环境行政权的监督与制衡"为功能之一，都以直接或间接的方式督促环境行政机关依法行政。但应该注意到，如前文所述基于二者的目的功能的差异性，决定了二者的原告主体、目标指向、调整对象等方面存在差异，导致二者的侧重点、功能亦不同。环境行政公益诉讼的预防性功能是环境行政私益诉讼所无法替代和拥有的功能。因此该原则要求我们必须正确处理好私益与公益之间的关系，在环境行政诉讼的共同目标下，注重二者的功能侧重点，处理好整个行政诉讼法律框架的体系性问题，避免负面协同效应。

（3）协同合作避免冲突原则。这条原则主要应用于法律适用领域。在同一部宪法之下，法律规范的统一性，是法律人心中的永恒追求。但

---

[1] 秦前红：《宪法视野下的中国立法模式变迁——从"变革性立法"走向"自治性立法"》，《中国法学》2005 年第 3 期。

是，实践证明，这只是法律人的一个美梦，无论一国的法治多么成熟，立法技术多么发达，都不可能完全避免法律规范冲突。① 在我国，随着环境与资源保护日益受到重视，环境行政公益诉讼与环境行政私益诉讼案件数量不断增加。这就导致了在环境行政公益诉讼规则体系尚未完备下，与环境行政私益诉讼法律适用之间的冲突不可避免。针对环境行政公益诉讼与环境行政私益诉讼在解决环境纠纷问题上出现冲突的情况，应当以利益位阶为导向，也即在私益与公益之间冲突之时，优先保护私益，要求今后立法遵循协同合作避免冲突这一原则，从而加强二者间的协调与配合功效，使它们成为社会切实可行的生态环境司法救济渠道。

3. 环境行政公益诉讼与环境行政私益诉讼的竞合处理

由于我国环境行政公益诉讼规则尚未建构完善，对环境行政公益诉讼与环境行政私益诉讼两种诉讼关系、运行机制及功能定位等缺乏深入研究与探索，因此导致我国环境行政公益诉讼与环境行政私益诉讼在维护环境权益（公益与私益）共生的情况下出现冲突与竞合。环境民事公益诉讼和环境民事私益诉讼之间的冲突与协调实质上与环境行政公益诉讼和环境行政私益诉讼具有部分同质性与关联性。有所不同的是，二者基于诉讼类型的差异性导致诉讼功能、诉讼对象、诉讼请求等方面不同。因此，本书认为当环境行政公益诉讼与环境行政私益诉讼之间存在交叉、混合情形时，可参照环境民事公益诉讼和环境民事私益诉讼之间的关系处理方式。

首先，对于关于环境行政公益诉讼与环境行政私益诉讼的顺位问题，参照最高人民法院《关于适用〈中华人民共和国民事诉讼法〉的解释》第288条之规定："人民法院受理环境民事公益诉讼案件的，不影响同一侵权行为的受害人根据《民事诉讼法》第119条的规定以直接利害关系的身份提起私益诉讼。"与之相似的，最高人民法院《关于审理环境民事公益诉讼案件适用法律若干问题的解释》第29条规定："法律规定的机关和社会组织提起环境民事公益诉讼的，不影响因同一污染环境、破坏生态行为受到人身、财产损害的公民、法人和其他组织依据民事诉讼法第119条的规定提起诉讼。"由此观之，在环境民事诉讼立法规则中均认可公益诉讼在先，私益诉讼在后。而在行政诉讼领域，是否私益诉讼在先公

---

① 董书萍：《论法律规范冲突——以同一部宪法下的法律规范为分析对象》，《法学论坛》2010年第5期。

益诉讼在后,则未作出规定。本书认为,基于借鉴环境民事诉讼的做法及公益诉讼和私益诉讼都属于诉讼的范畴,两者具有同质性,故无论公益诉讼在先或私益诉讼在先均应允许。①

其次,对于环境行政公益诉讼与环境行政私益诉讼的诉讼请求问题,一般而言,由于环境公益诉讼具有公益与私益之间的连带性,在环境行政私益诉讼中能够间接实现保护环境公共利益的目的,那么基于司法资源的节约与诉讼效率的考量,本书认为当环境行政私益诉讼实现环境行政公益诉讼之目的时,环境行政公益诉讼就无须再另行提起。如在金沙县人民检察院诉毕节市七星关区大银镇人民政府不履行行政职权案②中,被告辩称本案不符合环境行政公益诉讼的条件的理由之一是本案存在受害的公民,且其有能力要求被告履行职责或依法向人民法院提起行政或民事诉讼。③从该司法案例中可知,在环境行政公益诉讼实践当中,对于环境行政私益诉讼之诉讼请求足以实现环境行政公益诉讼之部分或全部目的之时,那么环境行政公益诉讼就无提起之必要。简言之,无论是个别化的私益诉讼或集体化的私益诉讼,只要其诉讼请求有助于实现对环境公共利益的维护,那么这种主观为私益,客观为公益的混合案例是值得提倡的。

值得注意的是,这种存在公益与私益复合情形的环境行政私益诉讼,④在处理程序上仍有一些特殊规定,如涉及公共利益部分,允许作出对公益诉讼有利的判决的认定,如对公益诉讼不利的,那么判决不利的认定对公益诉讼不具有约束力,法院需进行重新认定与判决。反之,亦然。⑤

---

① 傅贤国:《环境民事公益诉讼制度研究——以贵州省贵阳市"生态保护两庭"司法实践为中心的分析》,法律出版社 2016 年版,第 136—137 页。
② 参见贵州省仁怀市人民法院(2016)黔 0382 行初 3 号行政判决书。
③ 刘超:《环境行政公益诉讼受案范围之实践考察与体系展开》,《政法论丛》2017 年第 4 期。
④ 吕忠梅:《论环境侵权纠纷的复合性》,《人民法院报》2014 年 11 月 12 日第 8 版。
⑤ 胡卫:《环境侵权中修复责任的适用研究》,法律出版社 2017 年版,第 348 页。

结　　语

　　2017年，党的十九大报告就提出要"构建政府为主导、企业为主体、社会组织和公众共同参与的环境治理体系"。2019年11月，党的十九届四中全会提出"推进国家治理体系和治理能力现代化"，"坚持和完善生态文明制度体系，促进人与自然和谐共生"是其中的重要内容。2020年，中共中央办公厅、国务院办公厅印发《关于构建现代环境治理体系的指导意见》，进一步强调"坚持多方共治"基本原则，提出"坚持党的集中统一领导为统领，以强化政府主导作用为关键，以深化企业主体作用为根本，以更好动员社会组织和公众共同参与为支撑，实现政府治理和社会调节、企业自治良性互动"。作为生态环境治理重要路径之一的环境公益诉讼制度，既是联通社会公众与国家的媒介，在一定程度实现二者的融通，为社会组织与公众共同参与环境治理提供重要途径；亦是构筑环境司法与环境执法的桥梁，实现权力与权力二重互动，为生态环境损害救济机制添砖加瓦。它诞生于经济体制变革、社会结构变动、利益格局调整、思想观念变化、生态环境恶化之时代，中国社会剧烈转型催生了具有中国特色的环境公益诉讼制度。回顾环境公益诉讼制度演变历程，不觉已十余载，其在时光中不断成长，在实践中日益完善。

　　本书是以环境公益诉讼制度的立法与环境司法实践现状入手，深入剖析环境公益诉讼现实问题之焦点何在，此为本书之逻辑起点。聚焦于环境公益诉讼制度的理论反思，提出环境公益诉讼制度构造理论，此为本书之核心。着重于内部制度之完善与外部制度间冲突之协调，此为本书之落脚点。本书旨在夯实生态环境损害救济理论基础，实现司法资源与行政资源高效运作、公共执法与私人执法通力合作、国家与公民社会自治组织的良性互动，进而促进生态环境损害救济体系化建设，合力推动我国生态环境治理的法治发展与生态文明制度建设。

本书之逻辑起点：（1）立法视角之审视。伴随着我国环境公益诉讼立法不断完善，尤其是近年来环境行政公益诉讼实立法发展，环境公益诉讼制度内容更加丰富庞杂。在此法治语境下，首先，我国建立起了以社会组织、政府部门、检察机关三种不同主体提起环境公益诉讼制度格局，如何实现环境公益诉讼制度优化，并明确界定各种诉讼主体提起环境民事公益诉讼的功能定位和相互关系，则需进一步探讨。其次，环境行政公益诉讼的加入，使一直以环境民事公益诉讼为主线的立法状况发生改变，那么现有立法体系中，两大公益诉讼类型的整体性构建与相互衔接是否科学合理呢？（2）司法实践之检视，以2016年"常州毒地案"为例，该案最核心的争议在于行政监督管理机关已采取相应环境污染预防与治理措施，依法履行行政职责发挥生态环境损害救济功能，是否有必要提起环境公益诉讼或通过对诉讼请求的支持以实现司法救济？这些问题实质上折射出我国环境公益诉讼缺乏高瞻远瞩的整体性安排和严丝合缝的制度衔接设计，更深层次的原因在于环境公益诉讼的理论准备不充分，忽视了其宏观性、本源性中的一个基础性问题，即环境公益诉讼制度构造。该问题是在我国环境公益诉讼制度取得实质性进展的前提下，对实践中出现问题的经验总结与理论反思，是近年来随着环境公益诉讼不断深入提出的一个基础理论问题。

本书之核心点：环境公益诉讼制度构造之中国选择。首先对我国环境公益诉讼进行理论重构，主要从其本质特征与功能两方面予以阐释，揭示环境公益诉讼与其他传统诉讼的区别与联系，更好地保障各种诉讼制度各行其道，同时也为我国环境公益诉讼制度构造选择提供参考因素。其次在域外环境公益诉讼制度构造实证考察的基础上，指出我国环境公益诉讼制度构造选择应考量包括产生背景、司法制度及传统、现实环境公益诉讼运行状况以及环境公益诉讼在我国的角色及其功能定位四大因素。最后得出最终结论：二元并存的环境公益诉讼制度构造是我国的最佳选择。

本书之落脚点：环境公益诉讼二元并存的制度构造之优化。该部分亦是本书重点所在处。第一，为实现我国环境公益诉讼二元构造制度顺利运行，应对相关运行规则进行完善。环境民事公益诉讼以排除环境危害，赔偿环境损害，弥补环境行政执法不足为主要功能，其中赔偿损失是环境公共利益事后救济特有之功能，应以此功能为导向，优化环境民事公益诉讼具体规则。具言之，运用解释论适当扩大原告资格范围，包含行政机关、检察机关、环保组织及公民个人四元主体；设置环境民事公益诉讼前置程序，保障司法权与行政权的有序运行；建立援助机制，激发公众参与执行和监督的积极性。环境行政公益诉讼以维护客观环境法律秩序，监督环境行政执法，实现对环境公共利益预防性救济为主要功能，应以此功能为导向，优化环境行政公益诉讼具体规则。具言之，明确环境行政公益诉讼在环境公益诉讼中的地位，确立环境行政公益诉讼原告资格标准，将具体行政行为与抽象行政行为均纳入可诉范围，设置诉前行政告知程序与诉讼激励机制等保障制度。

第二，对环境公益诉讼中的原告主体的角色定位及其分工作出合理设计，以保障制度运行的科学性与自洽性。在二元并存构造下，环保组织作为环境公益诉讼的最佳原告，是环境公益诉讼的核心力量，可提起环境民事公益诉讼与环境行政公益诉讼。行政机关仅能基于自然资源所有权及生态环境损害赔偿而提起环境民事公益诉讼。检察机关则基于其法律监督者之角色定位，而提起环境民事公益诉讼和环境行政公益诉讼。在环境民事公益诉讼中，检察机关更多承担的是支持者、监督者的角色；在环境行政公益诉讼中，其则成为重要的原告主体。公民个人作为潜在原告，其在环境公益诉讼中的主要功能是启动公益诉讼的程序，即诉讼启动者角色，对其资格有一定限制。

第三，消解环境公益诉讼与环境行政执法之冲突。首先，二者相互协作，共筑环境公共利益救济体系。具言之，基于环境行政范围日益扩张及其行政优势，环境行政执法应为环境公共利益救济的主力；鉴于环境司法能够充分发挥其能动性及公众参与环境治理理念，环境公益诉讼应为环境公共利益救济的助力。其次，环境公益诉讼对环境行政执法形成单向制约，实现权力的监督。在对环境公益诉讼与环境行政执法关系进行厘定后，我们应以"行政优先、诉讼兜底"及"多元治理、尊重专长"为原则。循此为进，完善环境公益诉讼诉前程序，重点根据环境行政执法与环境公益诉讼请求的匹配度进行精细化设计。调适环境公益诉讼与环境行政执法的责任方式，将赔偿损失作为环境民事公益诉讼特有之责任方式，而恢复原状不应纳入环境公益诉讼的责任范畴。

第四，采用功能主义研究范式与类型化研究方法，对环境行政公益诉讼与环境行政私益诉讼的功能及相互衔接进行翔实论述。二者均能够实现环境司法对环境行政的制衡及发挥司法能动性，对环境权益保障功能的同质性是二者互动的前提基础。在此基础上，处理环境行政公益诉讼与环境行政私益诉讼的关系应遵循三大原则：其一，一体化法律协调设计原则。我国在制定环境行政公益诉讼规则时应更加注重与环境行政私益诉讼的协同效应，尤其在二者存在相互交叉相互渗透之处。根据环境行政公益诉讼可诉范围，制定出台新的相关立法时要考虑与已有环境行政私益诉讼的衔接与有机结合，保证发挥协同效应，最大限度发挥环境行政公益诉讼与环境行政私益诉讼的同质性功能。其二，共同但各有侧重点原则。该原则的"共同"是指无论是环境行政公益诉讼还是环境行政私益诉讼，其共同之处在于都以"对环境行政权的监督与制衡"为功能之一，都以直接或间接的方式督促环境行政机关依法行政。但应该注意到，基于二者的目的功能的差异性，决定了二者的原告主体、目标指向、调整对象等方面存在差异，导致二者的侧重点、功能亦不同。环境行政公益诉讼的预防性功能是环境行政私益诉讼所无法替代和拥有的功能。因此该原则要求我们必须正确处理好私益与公益之间的关系，在环境行政诉讼的共同目标下，注重二者的功能侧重点，处理好整个行政诉讼法律框架的体系性问题，避免负面协同效应。其三，协同合作避免冲突原则。二者关系应当以利益位阶为导向，也即在私益与公益冲突之时，优先保护私益，要求今后立法遵循协同合作避免冲突这一原则，从而加强二者间的协调与配合功效，使它们成为社会切实可行的司法救济渠道。在三大原则的基础上正确处理环境行政公益诉讼与环境行政私益诉讼的竞合问题。

当前，在我国现行的生态环境损害救济的体系下，形成了环境民事责任与行政责任双线并行，环境公益诉讼、环境行政执法与生态环境损害赔偿制度等多头并举的责任追究机制格局。因此，对各自运行制度的定位与衔接就至关重要。该问题实质上是指向生态环境损害行政救济与司法救济双轨路径如何进行协作之议题。由于个人视野及智慧之所限，本书之研究仅仅是该议题中的一部分，不免有疏漏之处，仅作抛砖引玉，期待更多学者指正，共同在研究的道路上前进。

参考文献

一　中文参考文献

（一）著作类

［德］K. 茨威格特、H. 克茨：《比较法总论》，潘汉典、米健、高鸿钧、贺卫方译，法律出版社2003年版。

［德］伯恩·魏德士：《法理学》，丁晓春、吴越译，法律出版社2003年版。

［德］伯恩·魏德士：《法理学》，丁晓春、吴越译，法律出版社2013年版。

［德］弗里德赫尔姆·胡芬：《行政诉讼法》，莫光华译，法律出版社2003年版。

［法］莱昂·狄冀：《宪法学教程》，王文利等译，郑戈校，辽海出版社、春风文艺出版社1999年版。

［法］孟德斯鸠：《论法的精神》，张雁深译，商务印书馆1961年版。

［法］皮埃尔·特鲁士：《法国司法制度》，丁伟译，北京大学出版社2012年版。

［法］托克维尔：《论美国的民主》（上、下卷），董果良译，商务印书馆1989年版。

［法］亚历山大·基斯：《国际环境法》，张若思编译，法律出版社2000年版。

［法］约翰·亨利·梅利曼：《旧制度与大革命》，冯棠译，商务印书馆1992年版。

［美］埃尔斯特、［挪］斯莱格斯塔德编：《宪政与民主》，潘勤、谢

鹅程译，生活·读书·新知三联书店1997年版。

［美］波斯纳：《道德和法律理论的疑问》，苏力译，中国政法大学出版社2002年版。

［美］波斯纳：《法理学问题》，苏力译，中国政法大学出版社2002年版。

［美］达玛什卡：《国家和司法权力的多种面孔》，郑戈译，中国政法大学出版社2004年版。

［美］杰弗里·C.哈泽德、米歇尔·塔鲁伊：《美国民事诉讼法导论》，张茂译，中国政法大学出版社1998年版。

［美］理查德·B.斯图尔特：《美国行政法的重构》，沈岿译，商务印书馆2002年版。

［美］理查德·B.斯图尔特：《美国行政法的重构》，沈岿译，商务印书馆2011年版。

［美］罗杰·理若·米勒、丹尼尔·K.本杰明、道：《公共问题经济学》（第十二版），楼尊译，张军校，上海财经大学出版社2002年版。

［美］罗斯科·庞德：《普通法的精神》，唐前宏、廖湘文、高雪原译，法律出版社2001年版。

［美］孟德斯鸠：《行政法》，徐炳译，群众出版社1986年版。

［美］史蒂文·苏本玛格瑞特（绮剑）·伍：《美国民事诉讼的真谛》，蔡彦敏、徐卉译，法律出版社2002年版。

［美］唐·布莱克：《社会学视野中的司法》，郭星华等译，法律出版社2002年版。

［美］约翰·亨利·梅利曼：《大陆法系》，顾培东、禄正平译，李浩校，法律出版社2004年版。

［美］约瑟夫·R.斯特雷耶：《现代国家的起源》，华佳、王夏、宗福常译，格致出版社、上海人民出版社2011年版。

［日］田中英夫、竹内昭夫：《私人在法实现中的作用》，李薇译，法律出版社2006年版。

［日］原田尚彦：《环境法》，于敏译，法律出版社1999年版。

［意］彼德罗·彭梵得：《罗马法教科书》，黄风译，中国政法大学出版社1992年版。

［意］莫诺·卡佩莱蒂等编：《福利国家与接近正义》，刘俊祥主译，

法律出版社 2000 年版。

［印］M. P. 赛夫：《德国行政法——普通法的分析》，周伟译，山东人民出版社 2006 年版。

［英］戴维·赫尔德：《民主的模式》，燕继荣等译，中央编译出版社 1998 年版。

［英］马丁·洛克林：《公法与政治理论》，郑戈译，商务印书馆 2002 年版。

［英］约瑟夫·绍尔卡：《法国环境政策的形成》，韩宇等译，中国环境科学出版社 2012 年版。

别涛：《环境公益诉讼》，法律出版社 2007 年版。

蔡守秋主编：《环境资源法教程》（第二版），高等教育出版社 2010 年版。

蔡守秋：《基于生态文明的法理学》，中国法制出版社 2014 年版。

蔡维力：《环境诉权初探》，中国政法大学出版社 2010 年版。

曹明德：《环境侵权法》，法律出版社 2000 年版。

常纪文、王宗延主编：《环境法学》，中国方正出版社 2003 年版。

常纪文：《环境法前沿问题——历史梳理与发展探索》，中国政法大学出版社 2001 年版。

常怡主编：《比较民事诉讼法》，中国政法大学出版社 2002 年版。

陈慈阳：《环境法总论》，中国政法大学出版社 2003 年版。

陈冬：《美国环境公民诉讼研究》，中国人民大学出版社 2014 年版。

陈海嵩：《国家环境保护义务论》，北京大学出版社 2015 年版。

陈海嵩：《解释论视角下的环境法研究》，法律出版社 2016 年版。

陈亮：《环境公益诉讼研究》，法律出版社 2015 年版。

陈泉生主编：《环境法学》，厦门大学出版社 2008 年版。

陈瑞华：《刑事审判原理》，北京大学出版社 1997 年版。

陈玉范：《环境公益诉讼初探》，吉林人民出版社 2006 年版。

程琥：《历史法学》，法律出版社 2005 年版。

邓一峰：《环境诉讼制度研究》，中国法制出版社 2008 年版。

樊杏华：《环境损害责任法律理论与实证分析研究》，人民日报出版社 2015 年版。

傅剑清：《论环境公益损害救济——从"公地悲剧"到"公地救

济"》，中国社会科学出版社 2017 年版。

顾培东：《社会冲突与诉讼机制》，法律出版社 2004 年版。

顾肃：《自由主义基本理念》，中央编译出版社 2005 年版。

韩德培主编：《环境保护法教程》，法律出版社 2003 年版。

胡卫列：《行政诉讼目的论》，中国检察出版社 2014 年版。

黄锡生：《生态利益衡平的法治保障研究》，北京大学出版社 2020 年版。

黄锡生：《生态文明视阈下的环保监管模式创新研究》，中国社会科学出版社 2019 年版。

黄学贤、王太高：《行政公益诉讼研究》，中国政法大学出版社 2008 年版。

金瑞林、汪劲：《20 世纪环境法学研究评述》，北京大学出版社 2003 年版。

劳东燕：《北大法律评论》，北京大学出版社 2005 年版。

李波：《公共执法与私人执法的比较经济研究》，北京大学出版社 2008 年版。

李传轩：《生态经济法——理念革命与制度创新》，知识产权出版社 2012 年版。

李楯主编：《环境公益诉讼观察报告》，法律出版社 2016 年版。

李心鉴：《刑事诉讼构造论》，中国政法大学出版社 1997 年版。

梁上上：《利益衡量论》（第二版），法律出版社 2016 年版。

刘飞：《德国公法权利救济制度》，北京大学出版社 2009 年版。

刘善春：《行政诉讼价值论》，法律出版社 1998 年版。

刘湘刚：《和谐社会语境下中国行政公益诉讼制度构建》，中国书籍出版社 2015 年版。

罗豪才主编：《现代行政法制的发展趋势》，法律出版社 2004 年版。

罗丽主编：《环境法教程》，中国法制出版社 2014 年版。

吕忠梅、徐祥民主编：《环境资源法论丛》（第 3 卷），法律出版社 2003 年版。

吕忠梅：《沟通与协调之途——论公民环境权的民法保护》，中国人民大学出版社 2005 年版。

吕忠梅等：《环境司法专门化：现状调查与制度重构》，法律出版社

2017年版。

吕忠梅等:《中国环境司法发展报告(2015—2017)》,人民法院出版社2017年版。

吕忠梅主编:《环境法导论》(第三版),北京大学出版社2015年版。

马骧聪主编:《环境保护法》,四川人民出版社1998年版。

彭世忠:《国际民商事诉讼法原理》,中国法制出版社2000年版。

齐树洁、林建文主编:《环境纠纷解决机制研究》,厦门大学出版社2005年版。

钱福臣:《美国宪政生成的深层背景》,法律出版社2005年版。

秦天宝主编:《环境法——制度·学说·案例》,武汉大学出版社2013年版。

史彤彪:《法国大革命时期的宪政理论与实践研究(1789—1814)》,中国人民大学出版社2004年版。

史玉成、郭武:《环境法的理念更新与制度重构》,高等教育出版社2010年版。

谭兵主编:《民事诉讼法学》,法律出版社1997年版。

谭宗泽:《行政诉讼结构研究:以相对人权益保障为中心》,法律出版社2009年版。

汪劲、田秦:《绿色正义——环境的法律保护》,广州出版社2000年版。

汪劲:《环保法治三十年:我们成功了吗——中国环保法治蓝皮书(1979—2010)》,北京大学出版社2011年版。

汪庆华:《政治中的司法:中国行政诉讼的法社会学考察》,法律出版社2011年版。

王灿发:《环境法学教程》,中国政法大学出版社1997年版。

王妮华:《法国环境法典》,国际文化出版公司1996年版。

王海燕:《刑事诉讼模式的演进》,中国人民公安大学出版社2004年版。

王洪:《逻辑的训诫——立法与司法的准则》,北京大学出版社2008年版。

王名扬:《法国行政法》,中国政法大学出版社1988年版。

王明远:《环境侵权法律救济制度》,中国法制出版社2001年版。

王曦：《美国环境法概论》，武汉大学出版社 1992 年版。

王亚新：《社会变革中的民事诉讼》，中国法制出版社 2001 年版。

翁岳生：《行政法》（上册），中国法制出版社 2009 年版。

吴卫星：《环境权研究》，法律出版社 2007 年版。

武小川：《公众参与社会治理的法治化研究》，中国社会科学出版社 2016 年版。

夏甄陶：《关于目的的哲学》，上海人民出版社 1982 年版。

谢伟：《环境公益诉权研究》，中国政法大学出版社 2016 年版。

徐祥民、胡中华、梅宏等：《环境公益诉讼：以制度构建为中心》，中国法制出版社 2009 年版。

徐祥民、陶卫东：《生态文明建设与环境公益诉讼》，知识产权出版社 2011 年版。

徐以祥：《行政法学视野下的公法权利理论问题研究》，中国人民大学出版社 2014 年版。

杨伟东：《权力结构中的行政诉讼》，北京大学出版社 2008 年版。

杨炎严：《外国环境公益诉讼和集团诉讼案例评析》，法律出版社 2014 年版。

叶俊荣：《环境政策与法律》，中国政法大学出版社 2003 年版。

应松年、袁曙宏主编：《走向法治政府》，法律出版社 2000 年版。

于安：《德国行政法》，清华大学出版社 1999 年版。

张辉：《美国环境法研究》，中国民主法制出版社 2016 年版。

张式军：《环境公益诉讼原告资格研究》，山东文艺出版社 2012 年版。

张卫平：《民事诉讼法教程》，法律出版社 1998 年版。

张文显：《法哲学范畴研究》，中国政法大学出版社 2001 年版。

张忠民：《一元到多元：生态诉讼的实证研究》，法律出版社 2016 年版。

张梓太：《环境法律责任研究》，商务出版社 2004 年版。

周训芳、李爱年：《环境法学》，湖南人民出版社 2008 年版。

朱谦：《公众环境保护的权利结构》，知识产权出版社 2008 年版。

竺效：《生态环境损害的社会化填补法理研究》，中国政法大学出版社 2017 年版。

左卫民：《诉讼权研究》，法律出版社 2003 年版。

（二）论文类

薄晓波：《环境公益损害救济请求权基础研究》，《甘肃政法学院学报》2020 年第 3 期。

卞建林、许慧君：《论刑事诉讼中检察机关的职权配置》，《中国刑事法杂志》2015 年第 2 期。

别涛：《环境公益诉讼立法的新起点——〈民诉法〉修改之评析与〈环保法〉修改之建议》，《法学评论》2013 年第 1 期。

别涛：《环境民事公诉及其进展》，《环境保护》2004 年第 4 期。

别涛：《中国环境公益诉讼的立法建议》，《中国地质大学学报》（社会科学版）2006 年第 6 期。

蔡守秋、张文松：《检察机关在突破环境民事公益诉讼难局中的法律困境与规则建构——基于公益诉讼改革试点方案的思考》，《中国地质大学学报》（社会科学版）2016 年第 3 期。

蔡守秋：《司法中心环境权理论之批判》，《河南大学学报》（社会科学版）2015 年第 3 期。

蔡守秋：《从环境权到国家环境保护义务和环境公益诉讼》，《现代法学》2013 年第 6 期。

蔡守秋：《环境权初探》，《中国社会科学》1982 年第 3 期。

蔡守秋：《论环境公益诉讼的几个问题》，《昆明理工大学学报》（社会科学版）2009 年第 9 期。

蔡彦敏：《中国环境民事公益诉讼的检查担当》，《中外法学》2011 年第 1 期。

曹树青：《"怠于行政职责"之辩——环保行政部门环境公益诉讼原告资格之论见》，《学术界》2012 年第 3 期。

常纪文：《环境行政公益诉讼目前仍被搁置》，《环境与生活》2015 年第 11 期。

陈虹：《环境公益诉讼功能研究》，《法商研究》2009 年第 1 期。

陈茂云：《论公民环境权》，《政法论坛》1990 年第 6 期。

陈泉生：《关于我国环境侵权起诉要件和被诉对象的建议》，《环境导论》1996 年第 3 期。

陈泉生：《环境权之辨析》，《中国法学》1997 年第 2 期。

程多威、王灿发：《论生态环境损害赔偿制度与环境公益诉讼的衔接》,《环境保护》2016 年第 2 期。

程雨燕:《试论责令改正环境违法行为之制度归属——兼评〈环境行政处罚办法〉第 12 条》,《中国地质大学学报》(社会科学版) 2012 年第 1 期。

丁国民、高炳巡:《论我国环境公益诉讼的归位与诉讼模式的选择》,《中国社会科学院研究生院学报》2016 年第 6 期。

丁国民、郭仕捷:《环境侵权诉讼中公益私益界定难题及策略选择》,《社会科学战线》2020 年第 11 期。

丁海俊:《预防型民事责任》,《政法论坛》2005 年第 4 期。

杜刚建:《日本的环境权理论和制度》,《中国法学》1994 年第 6 期。

杜辉:《环境司法的公共治理面向——基于"环境司法中国模式"的建构》,《法学评论》2015 年第 4 期。

杜群、梁春艳:《我国环境公益诉讼单一模式及比较视域下的反思》,《法律适用》2016 年第 1 期。

段厚省、郭宗才:《论我国检察机关提起公益民事诉讼》,《法学》2006 年第 1 期。

段厚省:《环境民事公益诉讼基本理论思考》,《中外法学》2016 年第 4 期。

傅沿:《困局与破解:我国环境公益诉讼成本分摊规则的功能主义审视》,《法律适用》2016 年第 5 期。

耿玉基:《超越权力分工:行政司法化的证成与规制》,《法制与社会发展》2015 年第 3 期。

巩固:《大同小异抑或貌合神离?中美环境公益诉讼比较研究》,《比较法研究》2017 年第 2 期。

巩固:《自然资源国家所有权"非公权说"检视》,《中国法律评论》2017 年第 4 期。

巩固:《环境民事公益诉讼性质定位省思》,《法学研究》2019 年第 3 期。

巩固:《美国环境公民诉讼之起诉限制及其启示》,《法商研究》2017 年第 5 期。

郭会玲:《环保 NGO 在环境民事公益诉讼的困境与出路》,《环境保护》2009 年第 19 期。

郭武：《论环境行政与环境司法联动的中国模式》，《法学评论》2017年第2期。

韩英夫、黄锡生：《生态损害行政协商与司法救济的衔接困境与出路》，《中国地质大学学报》（社会科学版）2018年第1期。

何艳、汪广龙：《"政府"在中国：一个比较的反思》，《开放时代》2012年第6期。

洪大用：《关于中国环境问题和生态文明建设的新思考》，《探索与争鸣》2013年第10期。

侯继虎：《客观法秩序维护模式：行政事实行为可诉的理论基础》，《江苏警官学院学报》2012年第5期。

侯佳儒：《环境公益诉讼的美国蓝本与中国借鉴》，《交大法学》2015年第4期。

胡静：《环保组织提起的公益诉讼之功能定位——兼评我国环境公益诉讼的司法解释》，《法学评论》2016年第4期。

胡中华：《论美国环境公益诉讼中的环境损害救济方式及保障制度》，《武汉大学学报》（哲学社会科学版）2010年第6期。

黄锡生、谢玲：《环境公益诉讼制度的类型界分与功能定位——以对环境公益诉讼"二分法"否定观点的反思为进路》，《现代法学》2015年第6期。

黄亚宇：《生态环境公益诉讼起诉主体的多元性及序位安排——兼与李挚萍教授商榷》，《广西社会科学》2013年第7期。

黄忠顺：《环境公益诉讼制度扩张解释论》，《中国人民大学学报》2016年第2期。

黄忠顺：《论公益诉讼与私益诉讼的融合——兼论中国特色团体诉讼制度的构建》，《法学家》2015年第1期。

解志勇：《论公益诉讼》，《行政法学研究》2002年第2期。

柯坚：《当代环境问题的法律回应——从部门性反应、部门化应对到跨部门协同的演进》，《中国地质大学学报》（社会科学版）2011年第5期。

孔繁华：《法德英美四国行政诉讼性质比较考察》，《环球法律评论》2010年第2期。

李爽：《论刑事附带民事诉讼制度的立法完善——寻求利益平衡的途

径》,《中国人民公安大学学报》(社会科学版) 2012 年第 1 期。

李艳芳、吴凯杰:《论检察机关在环境公益诉讼中的角色与定位——兼评最高人民检察院〈检察机关提起公益诉讼改革试点方案〉》,《中国人民大学学报》2016 年第 2 期。

李艳芳:《美国的公民诉讼制度及其启示——关于建立我国公益诉讼制度的借鉴性思考》,《中国人民大学学报》2003 年第 2 期。

李义松、王亚男:《论环境公益诉讼的司法推进——基于能动司法的视角》,《江海学刊》2011 年第 1 期。

李义松、朱强:《新〈环保法〉背景下的环境公益诉讼》,《湖北社会科学》2015 年第 4 期。

李玉娟:《环境民事公益诉讼中环保 NGO 法律地位的反思与重构》,《南昌大学学报》(人文社会科学版) 2011 年第 1 期。

李玉娟:《论 NGO 在环境民事公益诉讼中的路径选择与突破》,《行政论坛》2010 年第 3 期。

李挚萍:《生态修复案件中的责任承担和法律适用——以广州市白云区鱼塘污染公益诉讼案为例》,《环境保护》2015 年第 8 期。

李挚萍:《外国司法专门化的经验及挑战》,《法学杂志》2012 年第 11 期。

李挚萍:《中国环境公益诉讼原告主体的优劣分析和顺序选择》,《河北法学》2010 年第 1 期。

梁春艳:《我国环境公益诉讼的模式选择》,《郑州大学学报》2015 年第 6 期。

梁玉超:《民事公益诉讼模式的选择》,《法学》2007 年第 6 期。

廖柏明:《检察机关介入环境公益诉讼的思考与建议》,《法学杂志》2011 年第 6 期。

刘超:《环境行政公益诉讼受案范围之实践考察与体系展开》,《政法论丛》2017 年第 4 期。

刘慧如:《从环境影响评估及团体诉讼制度看德国环境法的欧洲化冲击》,《欧美研究》2011 年第 2 期。

刘清生:《论环境公益诉讼的非传统性》,《法律科学》(西北政法大学学报) 2019 年第 1 期。

刘卫先:《环境公益诉讼制度独立性的基础及其目的》,《四川行政学院学报》2009 年第 3 期。

刘卫先：《我国生态环境损害补救路径的整合》，《暨南学报》（哲学社会科学版）2020 年第 10 期。

刘正泉、敖双红：《论公益与私益关系的定位》，《求索》2005 年第 5 期。

罗丽：《检察院提起环境公益行政诉讼的若干思考》，《苏州大学学报》（哲学社会科学版）2015 年第 5 期。

罗丽：《日本公害健康被害行政救济制度的启示》，《环境保护》2009 年第 20 期。

罗丽：《日本环境权理论和实践的新开展》，《当代法学》2007 年第 3 期。

罗丽：《我国环境公益诉讼制度的建构问题与解决对策》，《中国法学》2017 年第 3 期。

吕忠梅：《环境公益诉讼辨析》，《法商研究》2008 年第 6 期。

吕忠梅：《环境司法理性不能止于"天价"赔偿：泰州环境公益诉讼案评析》，《中国法学》2016 年第 3 期。

吕忠梅：《论公民环境权》，《法学研究》1995 年第 6 期。

吕忠梅：《再论公民环境权》，《法学研究》2000 年第 6 期。

梅宏：《由新〈民事诉讼法〉第 55 条反思检察机关公益诉讼的法律保障》，《中国海洋大学学报》（社会科学版）2013 年第 2 期。

彭清燕：《环境群体性事件司法治理的模式评判与法理创新》，《法学评论》2013 年第 5 期。

秦天宝、段帷帷：《论我国环境行政公益诉讼制度的发展——以全国首例检察机关提起环境行政公益诉讼案为例》，《环境保护》2015 年第 1 期。

秦天宝：《环境公益诉讼中"公益"的再审视》，《郑州大学学报》（哲学社会科学版）2020 年第 6 期。

曲新久：《论刑事附带民事诉讼中公权与私权的协调》，《法学》2003 年第 8 期。

沈素红、邢来顺：《20 世纪 80 年代以来德国绿党对德国政治的影响析论》，《长江论坛》2006 年第 4 期。

史玉成：《环境保护公众参与的理念更新与制度重构——对完善我国

环境保护公众参与法律制度的思考》,《甘肃社会科学》2008 年第 2 期。

税兵:《自然资源国家所有权双阶构造说》,《法学研究》2013 年第 4 期。

宋宗宇、郭金虎:《扩展与限制:我国环境民事公益诉讼原告资格之确立》,《法学评论》2013 年第 6 期。

孙洪坤:《环境公益诉讼立法模式之批判与重构》,《东方法学》2017 年第 1 期。

孙笑侠:《司法权的本质是判断权——司法权与行政权的十大区别》,《法学》1998 年第 8 期。

孙佑海:《"十一五"中国环境法治回顾、评价与展望》,《中国政法大学学报》2012 年第 1 期。

陶红英:《美国环境法中的公民诉讼制度》,《法学评论》1990 年第 6 期。

陶建国:《德国环境行政公益诉讼制度及其对我国的启示》,《德国研究》2013 年第 2 期。

汪劲:《中国的环境公益诉讼:何时才能浮出水面》,《世界环境》2006 年第 6 期。

王灿发、程多威:《新〈环境保护法〉下环境公益诉讼面临的困境及其破解》,《法律适用》2014 年第 8 期。

王灿发、冯嘉:《我国环境诉讼的困境与出路》,《环境保护》2016 年第 15 期。

王明远:《论我国环境公益诉讼的发展方向:基于行政权与司法权关系理论的分析》,《中国法学》2016 年第 1 期。

王蓉、陈世寅:《关于检察机关不应作为环境民事公益诉讼原告的法理分析》,《法学杂志》2010 年第 6 期。

王绍光:《中国公共政策议程设置的模式》,《中国社会科学》2006 年第 5 期。

王诗宗:《法理理论与公共行政学范式进步》,《中国社会科学》2010 年第 4 期。

王树义、刘静:《美国自然资源损害赔偿制度探析》,《法学评论》2000 年第 1 期。

王锡锌:《利益组织化、公众参与和个人权利保障》,《东方法学》

2008 年第 4 期。

王曦、章楚加：《完善我国环境公益诉讼制度的思考》，《中州学刊》2016 年第 3 期。

王曦：《论环境公益诉讼制度的立法顺序》，《清华法学》2016 年第 6 期。

王小钢：《近二十年来的中国环境权理论述评》，《中国地质大学学报》（社会科学版）2007 年第 4 期。

王小钢：《论环境公益诉讼的利益与权利基础》，《浙江大学学报》（人文社会科学版）2011 年第 3 期。

王小钢：《为什么环保局不宜做环境公益诉讼原告？》，《环境保护》2010 年第 9 期。

夏梓耀：《论环境公益诉讼原告的范围与顺位》，《甘肃政法学院学报》2014 年第 1 期。

肖建国：《利益交错中的环境公益诉讼原理》，《中国人民大学学报》2016 年第 2 期。

肖建国：《民事公益诉讼的基本模式研究——以中美德三国为中心的比较法考察》，《中国法学》2007 年第 5 期。

谢伟：《德国环境团体诉讼制度的发展及其启示》，《法学评论》2013 年第 2 期。

熊易寒：《市场"脱嵌"与环境冲突》，《读书》2007 年第 9 期。

徐以祥、薛艳华：《论建设项目环境影响评价制度的法律责任》，《江苏大学学报》（社会科学版）2016 年第 3 期。

徐以祥：《公众参与权利的二元性区分——以环境行政公众参与法律规范为分析对象》，《中南大学学报》（社会科学版）2018 年第 2 期。

徐以祥：《环境权利理论、环境义务理论及其融合》，《甘肃政法学院学报》2015 年第 2 期。

徐以祥：《论生态环境损害的行政命令救济》，《政治与法律》2019 年第 9 期。

徐以祥：《论我国环境法律的体系化》，《现代法学》2019 年第 3 期。

徐以祥：《我国环境公益诉讼的模式选择——兼评环境行政公益诉讼为主模式论》，《西南民族大学学报》（人文社会科学版）2017 年第 10 期。

许清清、颜运秋、周晓明：《好事者除外：公益诉讼原告资格标准》，《湖南科技大学学报》（社会科学版）2012年第2期。

薛刚凌：《论实体法治与程序法治》，《法制日报》2007年3月11日。

薛艳华：《环境行政命令与环境行政处罚的错位与匡正——界分基准与功能定位的视角》，《大连理工大学学报》（社会科学版）2019年第6期。

薛艳华：《论环境公益诉讼与环境行政执法之冲突与消解》，《中国软科学》2020年第4期。

薛艳华：《美国环境公民诉讼制度对我国的启示——以环境民事公益诉讼为视角》，《科技与法律》2012年第6期。

颜梅林：《探究我国公益诉讼制度之构建》，《东南学术》2006年第2期。

颜运秋、杨志华：《环境公益诉讼两造结构模式研究》，《江西社会科学》2017年第2期。

晏景、贾清林：《法国环境司法对我国的借鉴》，《法律适用》2016年第2期。

杨朝霞：《环境权：生态文明时代的代表性权利——以人类文明的变迁和新型权利的兴起为视》，《清华法治论衡》2013年第3期。

杨朝霞：《环境司法主流化的两大法宝：环境司法专门化和环境资源权利化》，《中国政法大学学报》2016年第1期。

杨朝霞：《论环保部门在环境民事公益诉讼中的作用——起诉主体的正当性、可行性和合理性分析》，《太平洋学报》2011年第4期。

杨朝霞：《论环保机关提起环境民事公益诉讼的正当性——以环境权理论为基础的证立》，《法学评论》2011年第2期。

杨朝霞：《论环境公益诉讼的权利基础和起诉顺位——兼谈自然资源物权和环境权的理论要点》，《法学论坛》2013年第3期。

杨朝霞：《论环境权的性质》，《中国法学》2020年第2期。

杨秀清：《我国检察机关提起公益诉讼的正当性质疑》，《南京师范大学学报》（社会科学版）2006年第6期。

姚莉、显森：《论能动司法的社会管理功能及其实现》，《法商研究》2013年第1期。

叶勇飞：《论环境民事公益诉讼》，《中国法学》2004年第5期。

应星:《行政诉讼程序运作中的法律、行政与社会》,《北大法律评论》2008年第1期。

于建嵘:《共治威权与法治威权——中国政治发展的问题和出路》,《当代世界社会主义问题》2008年第4期。

于文轩、曾娅平:《检察机关之环境行政公益诉讼原告资格探讨》,《人民法治》2015年第5期。

詹建红:《论环境公益诉讼形态的类型化演进》,《河北法学》2006年第8期。

湛中乐、尹婷:《环境行政公益诉讼的发展路径》,《国家警察学院学报》2017年第2期。

张大海:《论我国环境保护团体诉讼的建构——以德国环境保护团体诉讼为参考》,《法律适用》2012年第8期。

张恩典:《"司法中心"环境权理论之批判》,《河南大学学报》(社会科学版)2015年第3期。

张海燕:《论环境公益诉讼的原告范围及其诉权顺位》,《理论学刊》2012年第5期。

张廉:《公益诉讼之法理分析》,《求是学刊》2004年第3期。

张敏纯、陈国芳:《环境公益诉讼的原告类型探究》,《法学杂志》2010年第8期。

张萍、杨祖婵:《近十年来我国环境群体性事件的特征简析》,《中国地质大学学报》(社会科学版)2015年第2期。

张式军、谢伟:《检察机关提起环境公益诉讼问题初探》,《社会科学家》2007年第5期。

张式军:《德国环保NGO通过环境诉讼参与环境保护的法律制度介评——以环境公益诉讼中的原告资格为中心》,《黑龙江省政法管理干部学院学报》2007年第4期。

张晓民、汪剑歆:《公益诉讼及其"外部性"的经济学分析》,《社会科学》2005年第8期。

张晏:《环境公益诉讼的法律适用——基于对环境公益诉讼功能定位的思考》,《南京工业大学学报》(社会科学版)2016年第4期。

张忠民:《论环境公益诉讼的审判对象》,《法律科学》(西北政法大学学报)2015年第4期。

章礼明：《检察机关不宜作为环境公益诉讼的原告》，《法学》2011 年第 6 期。

章志远：《行政公益诉讼热的冷思考》，《法学评论》2007 年第 1 期。

赵宇：《公益诉讼界定之分析》，《贵州大学学报》（社会科学版）2008 年第 6 期。

郑贤宇：《我国环境公益诉讼原告资格的完善》，《东南学术》2011 年第 4 期。

周佳荣、高明瑞：《德国环境运动发展与环境团体表现》，《环境与管理研究》2007 年第 1 期。

朱谦：《公众环境公益诉权属性研究》，《法治论丛》2009 年第 2 期。

朱谦：《环境公共利益的法律属性》，《学习与探索》2016 年第 2 期。

朱谦：《环境公共利益的宪法确认及其保护路径选择》，《中州学刊》2019 年第 8 期。

竺效、丁霖：《论环境行政代履行制度入〈环境保护法〉——以环境私权对环境公权的制衡为视角》，《中国地质大学学报》（社会科学版）2014 年第 3 期。

竺效：《生态损害公益索赔主体机制的构建》，《法学》2016 年第 3 期。

竺效：《论环境民事公益诉讼救济的实体公益》，《中国人民大学学报》2016 年第 2 期。

左为民、刘全胜：《中国民事诉讼制度：透视、评析和改革》，《法学》1994 年第 1 期。

(三) 其他文献

常州市政府官方微博：《常外"毒地"事件调查结果通报》，https://m.weibo.cn/status/4012826740305132。

国家环境保护总局：《关于山西省运城市天马文化用纸厂环境犯罪案有关情况的通报》（环发［1998］350 号），http://www.110.com/fagui/law_94178.html。

国家环境保护总局：《中国环境状况公报（2001）》，http://www.mep.gov.cn/hjzl/zghjzkgb/lnzghjzkgb/201605/P020160526552473168912.pdf。

蒋欢：《新民诉法修改后环境公益诉讼对人民法院的挑战与回应》，2013 年 3 月 28 日，http://xyzy.chinacourt.org/article/detail/2013/03/id/

932454. shtml。

李学勇：《2014 年江苏省人民政府工作报告》，2014 年 10 月 10 日，http：//leaders. people. com. cn/n/2014/0219/c58278-24401415. html。

泰兴市政府办：《泰兴市政府关于对泰兴市广陵化工厂等 6 家化工生产企业实施关闭的决定》，http：//www. jiangsu. gov. cn/jsgov/sx/xianshi/taixings/201406/t20140627_ 439326. html。

新闻中心—中国网：《近年来我国环境群体性事件高发年均递增 29%》，2012 年 10 月 27 日，http：//news. china. com. cn/2012-10/27/content_ 26920089. htm。

中国裁判文书网：《江苏省徐州市中级人民法院刑事裁定书（2015）徐环刑终字第 3 号》，http：//wenshu. court. gov. cn/content/content? DocID = 69aa679a-40a9-4f4c-a60c-3d52cc9149d1。

中国人大网：《党的十七大报告解读：建设生态文明，基本形成节约能源资源和保护生态环境的产业结构、增长方式和消费模式》，2007 年 11 月 25 日，http：//www. npc. gov. cn/npc/zt/2007-11/25/content_ 1382650. htm。

中华人民共和国国家统计局：《中国统计年鉴—2011》（表 12-27：各地区二氧化硫排放量），http：//www. stats. gov. cn/tjsj/ndsj/2011/indexch. htm。

中央政府门户网站：《中国的能源政策（2012）白皮书》，2012 年 10 月 24 日，http：//www. gov. cn/jrzg/2012-10/24/content_ 2250377. htm。

最高人民检察院网：《检察机关公益诉讼试点全面"破冰"——13 个试点地区均提起公益诉讼》，2016 年 7 月 18 日，http：//www. spp. gov. cn/xwfbh/wsfbt/201607/t20160718_ 152659. shtml#1。

二 外文参考文献

（一）著作类

Joel A. Mintz, Clifford Rechtschaffen, Robert Kuehn, *Environmental Enforcement*: *Cases and Materials*, Carolina：Carolina Academic Press, 2007.

Lisa Jorgenson, Jeffrey J. Kimmel, *Environmental Citizen suits*：*Confronting the Corporation*, Washington, D. C. ：Bureau of National Affairs, 1988.

Michael Barzelay, Breaking Thrvugh Bureatwacy：A New Visim of or Management in Guoernment, Oakland：Umiversity of Calfarnia Press, 1992.

Sunstein C. R. ed. , *After the Rights Revolution–Reconceiving the Regulatory State*, Cambridge: Harvard University Press, 1990.

(二) 论文类

Ann E. Carlson, "Standing for the Environment", *UCLA Law Review*, Vol. 45, No. 4, April 1998.

Barry Friedman, "William Howared Taft Lecture, The Importance of Being Positive: The Nature and Function of Judicial Review", *University of Cincinnati Law Review*, Vol. 72, No. 4, April 2004.

C. Schall, "Public Interest Litigation Concerning Environmental Matters before Human Rights Courts: A Promising Future Concept?", *Journal of Environmental Law*, Vol. 20, No. 3, March 2008.

Cass R. Sunstein. "A Tribute to Kenneth L. Karst: Standing for Animals (with Notes Animal Rights) ", *UCLA Law Review*, Vol. 47, No. 6, June 2000.

Gail J. Robinson, "Interpreting the Citizen Suit Provision of the Clean Water Act 37 Case", *Western Reserve Law Review*. Vol. 37, No. 3, March 1987.

Hudson P. Hen, "A Shift in Citizen Suit Standing Doctrine: Friends of the Earth, Inc. v. Laidlaw Environmental Services", *Ecology Law Quarterly*, Vol. 28, No. 2, April 2001.

Jean – Philippe Colson, "Remedies Discussion Forum", *Brandeis Law Journal*, Spring, 2001.

Joseph L.Sax, "The Public Trust Doctrine in Natural Resources Law: Effective Judicial Intervention", *Michigan Law Review*, Vol. 68, No. 3, March 1970.

Kristi M. Smith, "Who's Suing Whom? A Comparison of Government and Citizen Suit Environmental Enforcement Actions Brought under EPA Administered Statutes, 1995-2000", *Colum. J. Envtl. L.* , Vol. 29, No. 2, April 2004.

LouisL. Jaffe. "Standing to Secure Judieial Review: Private Action", *The Harvard Law Review*, Vol. 75, No. 2, April 1961.

Michael S. Greve, "The Non-Reformation of Administrative Law: Standing to Sue and Public Interest Litigation in West German Environmental Law", *Cornell International Law Journal*, Vol. 22, No. 2, Summer 1989.

P. A Samuelson, "The Pure Theory of Public Expenditure", *The Review of Economics and Statistics*, Vol. 36, No. 4, April 1954.

Scott J. Jordan, "Awarding Attorney's Fees to Environmental Plaintiffs Under a Private Attorney General Theory", *Boston College Environmental Affairs Law Review*, Vol. 14, No. 2, April 1987.

Surya Deva, "Public Interest Litigation in India: A Critical Review", *Gvil Justice Quarterly*, Vol. 28, No. 1, January 2009.

(三) 其他类

Alexander Schmidt, Die Entwicklung der naturschutzrechtlichen Verbandsklage von 2002 bis 2006, Eine empirische Untersuchung im Auftrag des Bundesamtes für Naturschutz, Fachgebiet II 1.1, Oktober 2007, http://www.bfn.de/fileadmin/MDB/documents/service/Schmidt_ Zschiesche_ Verbandsklage. Pdf.

后　　记

　　光阴似箭，时光荏苒，不知不觉本书已画上句号。《中国环境公益诉讼制度构造研究》是我的第一部拙稚之作，最终得以出版，坦率地说，内心既感荣幸，更为惶恐。它是在我博士学位论文的基础上，经过整理、修正后形成。它的形成之初，波折良多。对于该选题，几经徘徊与变更，方得定数。如何选题一直萦绕在我心头。有学者做了精辟的回答："作者必须发现现实中存在的问题，从中提炼出一个学术上的话题，然后给出自己的命题并加以论证。"简言之，选题必须立足于社会客观现实，凝练社会问题并能够回应社会问题。以此逻辑，我以2016年"常州毒地案"为剖析对象，并进一步查阅相关文献及更多司法实践案例，发现环境公益诉讼在理论与司法实践中仍然存在诸多争议。以此为切入点，意欲寻求一个学术命题，最终确定以"环境公益诉讼制度构造"为命题。

　　学术研究需要脚踏实地地专研，持之以恒地精耕。自知该书仍有诸多不足之处，故成为我往后的学术生涯中不断思考与修正的动力，亦为我所主持的国家社科基金项目"生态环境损害救济制度冲突与消解研究"奠定了坚实的前期基础。虽对环境公益诉讼制度构造研究暂已落幕，但生态环境损害救济研究却路漫漫。回首往昔，忆读博之初衷。于我，能够听从自己内心真实的意愿，做自己喜欢做的事情，与自己喜欢的人相处，简单而又充实，如是而已。读书写作这件事，有时，毫无头绪，来回踱步，惆怅之心油然而生；有时，茅塞顿开，挑灯夜写，豁然之感涌上心头。这就是与书为伴、与文为友的真实写照，更是一种心理磨砺历程。无论如何，于读书写作，我始终认为"好书不厌读百回，熟读精思子自知"。多年的努力与坚持，收获的不仅是一纸学历与一门知识，更是思维的独立与思想的成熟。

  本书的完成离不开我的博士导师徐以祥老师的谆谆教诲与耐心指导。从选题到撰写，从结构到内容，每一次的沟通与交流，都给予我莫大的启迪与帮助。导师对环境公益诉讼制度模式的见解给予我深刻的影响与扩展空间。感谢我的导师一路以来对我学业的关心与无尽的帮助，导师温润随和的待人方式、豁达包容的处世态度、踏实严谨的治学理念，都是我学习的榜样与楷模。能成为导师之学生，是吾之幸也。导师对我悉心栽培与关照，学生铭记于心。同时还要感谢师母鸿雁老师在生活上对我关怀有加，在写博士学位论文期间时常叮嘱我要保重身体，教我调理方法，这些细心的举动都让我感动不已！

  感谢我的博士后合作导师黄锡生老师，在重庆大学法学院两年多的时间给予我诸多的指导与提携。感谢您的鼓励与支持，坚定了我走向学术之路的决心。每次与您的交流，焦虑之心总能得以平复，工作困惑总能得以纾解。一路从不经世事的博士生到专职科研人员的蜕变，给予我的不仅是学术的熏陶，更是工作的态度，一种接人待物的通达。感谢我的硕士导师邓禾老师，正是您的指引让我对环境法产生浓厚的兴趣，并跌跌撞撞地走上学术之路。

  本书的完成还离不开诸多老师们的集思广益，真挚地感谢每一位老师在博士学位论文与书稿成形中提供的宝贵意见与帮助。感谢环境与资源保护法学科组刘俊老师，选题与写作过程给予的完善意见，学生受益良多。感谢开题组及预答辩组张志辽老师、赵爽老师、张辉老师等对论文提出的真知灼见，让学生对论文的不足有了更全面清晰的认识及明确修改方向。感谢博士学位论文的各位评阅专家及答辩组的秦鹏老师、曹明德老师、许明月老师、胡大武老师和唐绍均老师在答辩时对论文提出了宝贵的建议。因为你们的睿智指正，促成了本书不断地修改完善。最后，由衷感谢中国社会科学出版社梁剑琴老师及其他编辑们的专业指导和大力支持，感谢你们对本书的用心编辑和认真校对，方能让本书面世。

  学术之路注定是孤独，但不乏有同行者的鼓励与陪伴。感谢同门张炎师兄、谭先银师兄、张文波师兄、王宏师兄以及同窗徐永德博士、陈鸣博士、房建恩博士、唐军博士、王文文博士、杨丽梅博士、刘恒科博士、钟颖博士、何松龄博士、陈建博士等在求学路上让我认识到更多校外的故事。感谢一路与我吵吵闹闹的挚友莫张勤，在我困难与迷糊之时提点我。

感谢在写作过程中给予帮助的小伙伴陈耿华博士、徐超博士、周骁然博士、廖呈钱博士、向超博士等，写作岁月一起携手同行。感谢彭致强老师、战东升老师、郑飞、刘志伟、裘晓燕、骆晓露、贾蒙蒙、邵桦毅、闫夏秋、王柏林、李兴宇师妹、梁忠师弟、何江师弟、杨昌彪师弟等老师朋友陪伴走过写作的艰难岁月。

最后，要感谢我的家人，尤其是我的父母亲，多年来对我学业的支持与鼓励。"父母在，不远游，游必有方。"身为女儿，常年在外，无法陪伴左右尽子女之道，你们总是给予理解与包容，常常叮嘱我要保重身体，好好照顾自己。每次短暂的团聚，总希望时间能够慢下来。谢谢你们的无私奉献与默默支持，女儿才能在学校心无旁骛写作学习。

谨以此书献给所有帮助与支持我的亲、师、友。

薛艳华
2020 年 12 月于重庆